Gesundheitsberufe im Wandel

Mabuse-Verlag
Wissenschaft 95

Heinrich Bollinger, Anke Gerlach,
Michaela Pfadenhauer (Hrsg.)

Gesundheitsberufe im Wandel

Soziologische Beobachtungen und Interpretationen

Mabuse-Verlag
Frankfurt am Main

Bibliografische Information der Deutschen Nationalbibliothek

Die Deutsche Nationalbibliothek verzeichnet diese Publikation in der
Deutschen Nationalbibliografie; detaillierte bibliografische Angaben
sind im Internet unter http://dnb.d-nb.de abrufbar.

2. Auflage 2008
© 2005 Mabuse-Verlag GmbH
Kasseler Str. 1a
60486 Frankfurt am Main
Tel.: 0 69-70 79 96-14
Fax: 0 69-70 41 52
www.mabuse-verlag.de

Druck: Prisma Verlagsdruckerei, Frankfurt am Main
ISBN: 978-3-935964-93-7
Printed in Germany

Inhaltsverzeichnis

Heinrich Bollinger, Anke Gerlach, Michaela Pfadenhauer
Soziologie und Gesundheitsberufe

Das Berufsfeld Gesundheit befindet sich in Deutschland derzeit im Umbruch.

Mehrere nicht-ärztliche Gesundheitsberufe in Deutschland haben in den letzten zehn Jahren den Weg an die Hochschulen gefunden; mittlerweile wurden neben der Humanmedizin mehr als 50 gesundheitsbezogene Studiengänge eingerichtet, die überwiegende Zahl davon im Bereich der Pflege, einige aber auch für Physiotherapie und Ergotherapie. Andere Disziplinen wie etwa die Logopädie streben dies an. Parallel dazu wird versucht, eigenständige Wissenschaftsprogramme zu entwickeln; vor allem die Pflegewissenschaft kann hierbei auf eine lange Theorietradition im angelsächsischen Raum zurückgreifen. Daneben entstanden und entstehen an den Hochschulen Ausbildungsprogramme mit völlig neuen Bezeichnungen, etwa Public Health, Gesundheitsförderung, Gesundheitsmanagement, Gesundheitskommunikation usw.

In der Selbstthematisierung der Disziplinen imponiert in diesem Zusammenhang der Begriff „Professionalisierung". Nicht selten wird mit dieser Bezeichnung auch explizit auf Erkenntnisse der Berufs- und Professionssoziologie Bezug genommen, vor allem mit Blick auf merkmalsorientierte Ansätze und auf Konzepte wie Wissensbasierung und Autonomie.

Angesichts dieser Entwicklungstendenzen und Selbstthematisierungen stellt sich die Frage nach dem Verhältnis zu professionstheoretischen Analysen – und zwar in doppelter Weise: Inwiefern spiegeln sich in den Realprozessen tatsächlich (welche) Resultate professionstheoretischer Analysen und umgekehrt, was bedeuten diese Veränderungsprozesse für eine Theorie der Professionen oder der Berufe?

1964 erschien im American Journal of Sociology der Aufsatz von Harold L. Wilensky mit dem Titel: „The Professionalization of Everyone?", in der deutschen Übersetzung durch Walter M. Sprondel: „Jeder Beruf eine Profession?"[1]. Seine recht provokative Schlussfolgerung lautet: „Wenn es richtig ist, dass Professionen vor allem durch ihr Kompetenzmonopol und tatsächlich durchgesetztes Dienstideal gekennzeichnet sind, dann ist die Vorstellung, alle Berufe seien mehr oder weniger auf dem Weg, sich zu professionalisieren, eine Geschichte aus dem soziologischen Märchenbuch."

Handelt es sich bei der „Professionalisierung der nicht-ärztlichen Gesundheitsberufe" um eine solche Geschichte? Oder geschieht im Berufsfeld Gesundheit doch etwas, das mehr ist als ein interessensgeleiteter Bezug auf ausgewählte professionstheoretische Befunde? Wenn ja, was bedeutet dies für *die* Profession schlechthin, die Medizin? Befördern die Emanzipationsbemühungen der nicht-ärztlichen Gesundheitsberufe die *Deprofessionalisierung* des Ärztestandes, wie manche vermuten? Macht es (theoretisch) einen Sinn, gleichzeitig Prozesse der Professionalisierung nicht-ärztlicher Gesundheitsberufe und der Deprofessionalisierung des Ärztestandes zu konstatieren? Oder wie wären die beobachtbaren Prozesse des Wandels der Gesundheitsberufe innerhalb der soziologischen Berufs- und Professionstheorie sonst zu verorten?[2]

Professionssoziologie und Gesundheitsberufe stehen in enger wechselseitiger Beziehung zueinander. Seit den Anfängen soziologischer Beschäftigung mit Professionen (vgl. z.B. Carr-Saunders 1928; Carr-Saunders/ Wilson 1933) bildet der Ärztestand – zusammen mit dem Juristenstand – den zentralen Bezugspunkt theoretischer Überlegungen und den bevorzugten Gegenstand empirischer Untersuchungen. Umgekehrt werden professionssoziologische Erkenntnisse von einzelnen Berufen des Gesundheitswesens dazu verwendet, berufspolitisch erwünschte Entwicklungen, z.B. die Akademisierung der Berufe, zu befördern.

---

[1] Wilensky (1972)

[2] Diesen Fragen sollte in einem Workshop nachgegangen werden, der am 18./19. Juni 2004 an der Fachhochschule Fulda stattfand. Der vorliegende Band enthält die nach der Diskussion ausgearbeiteten Beiträge der Referentinnen und Referenten, ergänzt um einige weitere Beiträge. Der Workshop wurde gemeinsam veranstaltet vom Arbeitskreis „Professionelles Handeln" der Deutschen Gesellschaft für Soziologie und den Fachbereichen Sozial- und Kulturwissenschaften sowie Pflege und Gesundheit der Fachhochschule Fulda.

„Professionalisierung" sei der in den letzten 15 Jahren meistgebrauchte Begriff in der berufspolitischen Debatte um die Pflege, schreiben Arets u.a. bereits 1997. Die Ergebnisse der soziologischen Professionalisierungsforschung bilden eine Art „Blaupause" für die Bemühungen von Gesundheitsberufen, „sich zu professionalisieren". Dies gilt nicht nur für die Pflegeberufe, sondern auch für die Physiotherapie, die Ergotherapie, die Logopädie und den Hebammenberuf. (vgl. hierzu AG MTG 2003)

Allerdings erscheint die Verwendung des Begriffs „Professionalisierung" in diesem Zusammenhang aus soziologischer Perspektive nicht ganz unproblematisch. In der soziologischen Debatte um Profession und Professionalisierung besteht nämlich keineswegs eine einheitliche Vorstellung davon, was Professionen sind und wie sie zu dem geworden sind, was sie sind.[3] Es besteht noch nicht einmal Einigkeit darüber, ob es Professionen im Sinne abgrenzbarer sozialstrukturell relevanter Entitäten überhaupt noch gibt.

Festzustellen ist aber auch, dass die in Deutschland entstandenen professionstheoretischen Arbeiten des letzten Jahrzehnts sich erstaunlich wenig mit den aktuellen Entwicklungen in den Gesundheitsberufen beschäftigen. Es dominiert die Auseinandersetzung mit strukturellen Eigenheiten des „professionellen" Handelns in therapeutisch-pädagogischen Situationen (Oevermann 1996; Schütze 2000). Diese handlungs- und interaktionsbezogene Perspektive wird wohl nicht ganz zufällig erst in jüngster Zeit innerhalb der pflegewissenschaftlichen Beschäftigung mit Profession verstärkt rezipiert (Isfort 2003). In der Pflegewissenschaft wird gleichzeitig in der Debatte um Evidenzbasierung eine der handlungstheoretisch orientierten Professionssoziologie nahestehende Position entwickelt. (Behrens 2005[4]). Allen diesen theoretischen Arbeiten ist nicht nur gemein, dass sie in ihrer analytischen und/oder normativen Ausrichtung ahistorisch sind, sie sind auch geschlechts- und statusneutral, was die Akteure anbelangt.

Daneben existiert eine quer zu den genannten Diskursen stehende soziologische Auseinandersetzung vor allem mit dem Beruf Pflege, in der das Verhältnis von Beruf und Geschlecht im Zentrum steht. Die Genderperspek-

---

[3] Einen knappen Überblick über wichtige soziologische Professionstheorien liefern Gerlach (2005) in diesem Band sowie Mieg/Pfadenhauer (2003).
[4] in diesem Band

tive in berufssoziologischen Arbeiten der 70er Jahre (Ostner/Beck-Gernsheim 1979) führte – ausgehend von Analysen zum Unterschied zwischen Beruf und Hausarbeit (Ostner 1978) – zu der sehr kontrovers diskutierten These vom „weiblichen Arbeitsvermögen" und dessen Bedeutung für die Pflege. (Piechotta 2000)

Die Lage ist also einigermaßen komplex und übersichtlich. Innerhalb der soziologischen Professionstheorien gibt es kontrovers diskutierte Zugänge zum Phänomen „Profession"; die neuere deutsche Professionstheorie fokussiert das professionelle Handeln und ignoriert die handelnden Subjekte; die Berufspolitik der nicht-ärztlichen Gesundheitsberufe bezog und bezieht sich in ihrem Bemühen um Professionalisierung vor allem auf ältere professionssoziologische Arbeiten (Hartmann 1972; Hesse 1967); und neben alledem spielen sich in den Gesundheitsberufen weit reichende Veränderungen ab – neben vielen anderen eben die Akademisierung von nicht-ärztlichen Gesundheitsberufen, aber auch die Berufsflucht im Bereich der Medizin oder personelle Austauschprozesse, was das Geschlecht der Berufstätigen anbelangt, in Medizin, Pflege und Physiotherapie.

Erstaunlich ist auch, dass in der professions- und berufstheoretischen Auseinandersetzung mit den Gesundheitsberufen die konkrete Verfassung des Berufsfeldes Gesundheit fast vollständig außen vor bleibt. In den Studien zum Pflegeberuf wird beispielsweise, von wenigen Ausnahmen abgesehen, schlechterdings ignoriert, dass in Deutschland drei unterschiedliche Pflegeberufe gesetzlich geregelt sind: die Krankenpflege, die Kinderkrankenpflege und die Altenpflege. Dies mag bei der Verfolgung spezifischer soziologischer Perspektiven, etwa der Genderforschung, durchaus gerechtfertigt erscheinen, dennoch dürfte wohl Konsens darüber bestehen, dass alleine die durch die Existenz dreier unterschiedlicher Berufe induzierte und verbandlich organisierte Interessensvielfalt eine Bedeutung für die Entwicklung der Berufe haben kann. (vgl. hierzu Heckenhahn 2005)

Schließlich noch ein Wort zur innerdisziplinären Entwicklung der Soziologie: Für die binnensoziologische Debatte interessant ist, dass die Berufs- und Professionssoziologie sich immer weiter voneinander entfernten. Hatten die frühe, stark von der angloamerikanischen „sociology of professions" geprägte Debatte die Beziehung zwischen Beruf und Profession noch zentral thematisiert (Hartmann 1972) so wurde der Diskurs im weiteren zunächst von der (subjektorientierten) Berufssoziologie (Beck/Brater/Daheim 1980) und jetzt wieder von der Professionssoziologie dominiert. (vgl. hierzu auch Daheim 2001: 23) Nun geht es darum, die unterschiedlichen Pfade der Theorieentwicklung und die Real-Entwicklungen im Geflecht der Gesundheitsberufe wieder aufeinander zu beziehen.

Literatur

Arbeitsgemeinschaft der Medizinalfachberufe in der Therapie und Geburtshilfe (AG MTG) 2003: Positionspapier der AG MTG zur Akademisierung der Medizinalfachberufe in der Therapie und Geburtshilfe.

Arets, J.; Obex, F.; Vaessen, J., Wagner, F. 1997: Professionelle Pflege – Theoretische und praktische Grundlagen, Bocholt.

Beck, U.; Brater, M.; Daheim, H. 1980: Soziologie der Arbeit und der Berufe, Grundlagen, Problemfelder, Forschungsergebnisse, Reinbek bei Hamburg.

Carr-Saunders, A. M. 1928: Professions, Their Organization and Place in Society, Oxford.

Carr-Saunders, A. M.; Wilson P. A. 1933: The Professions, Oxford.

Daheim, H. 2001: Berufliche Arbeit im Übergang von der Industrie- zur Dienstleistungsgesellschaft. In: Kurtz, Th. (Hrsg.): Aspekte des Berufs in der Moderne, Opladen, S. 21-38.

Hartmann, H. 1972: Arbeit, Beruf, Profession. In: Luckmann, Th.; Sprondel, W. (Hrsg.): Berufssoziologie, Köln, S. 36-52.

Heckenhahn, M. 2005: Zwischen Kooperation und Konkurrenz, Berufverbände der Pflegeberufe in der Bundesrepublik Deutschland, unveröffentlichte Diplomarbeit am Fachbereich Pflege und Gesundheit der Fachhochschule Fulda, Fulda.

Hesse, H. A. 1967: Berufe im Wandel, Ein Beitrag zum Problem der Professionalisierung, Stattugart.

Isfort, M. 2003: Was ist Profession, was Professionalität, woran ist professionelles Handeln zu erkennen und wie wird es in der pflegerischen Praxis umgesetzt? Eine theoretische Abhandlung. In: Pflege Aktuell, 5; S. 274-277 und Pflege Aktuell, 6; S. 325-329.

Mieg, H.; Pfadenhauer, M. (Hrsg.) 2003: Professionelle Leistung – Professional Performance, Konstanz.

Oevermann, U. 1996: Theoretische Skizze einer revidierten Theorie professionalisierten Handelns. In: Combe, A.; Helsper, W. (Hrsg.): Pädagogische Professionalität, Untersuchungen zum Typus pädagogischen Handelns, Frankfurt a. M., S. 70-182.

Ostner, I. 1978: Beruf und Hausarbeit, Frankfurt a. M..

Ostner, I.; Beck-Gernsheim, E. 1979: Mitmenschlichkeit als Beruf, Eine Analyse des Alltags in der Krankenpflege, Frankfurt a. M..

Piechotta, G. 2000: Weiblich oder kompetent? Der Pflegeberuf im Spannungsfeld von Geschlecht, Bildung und gesellschaftlicher Anerkennung, Bern.

Schütze, F. 2000: Schwierigkeiten bei der Arbeit und Paradoxien des professionellen Handelns, Ein grundlagentheoretischer Aufriß. In: ZBBS Zeitschrift, 2000, 1, S. 49-96.

Wilensky, H. 1972: Jeder Beruf eine Profession? In: Luckmann, Th.; Sprondel, W. (Hrsg.): Berufssoziologie, Köln, S. 198-218.

Heinrich Bollinger

Profession – Dienst – Beruf
Der Wandel der Gesundheitsberufe aus berufssoziologischer Perspektive

1) Gesundheitsberufe in Deutschland: Basisdaten

Die amtliche Statistik weist für 1999 insgesamt etwa 4 Millionen Beschäftigte aus, die beruflich mit Fragen der Gesundheit im weiteren Sinne befasst sind – das sind mehr als 10% der Erwerbstätigen überhaupt. Etwas mehr als 2,5 Millionen Erwerbstätige gehören einem der Gesundheitsberufe im engeren Sinne an.

Das Berufsfeld Gesundheit ist in Deutschland hoch strukturiert und stark differenziert. 2004 existierten 18 Berufsgesetze, in denen Aspekte einzelner Gesundheitsberufe bundeseinheitlich geregelt sind.

Schaubild 1:

Berufsgesetze der Heilberufe in Deutschland (Stand: 17.06.2004)

1. Altenpflegegesetz	10. Orthoptistengesetz
2. Diätassistentengesetz	11. Podologengesetz
3. Ergotherapeutengesetz	12. Rettungsassistentengesetz
4. Hebammengesetz	13. PTA-Gesetz
5. Heilpraktikergesetz	14. Psychotherapeutengesetz
6. Krankenpflegegesetz	15. Bundesärzteordnung
7. Logopädengesetz	16. Bundes-Apothekerordnung
8. Masseur- und Physio-therapeutengesetz	17. Bundes-Tierärzteordnung
9. MTA-Gesetz	18. Gesetz über die Ausübung der Zahnheilkunde.

In quantitativer Hinsicht dominieren die Pflegeberufe – bei einem Frauenanteil von mehr als 85%. 1999 waren 781.000 Menschen mit einem Berufsabschluss in der Kranken-, Kinderkranken-, Alten- oder Entbindungspflege in der Pflege tätig. Die zweitgrößte Berufsgruppe des Gesundheitswesens bilden die Hilfsberufe mit 646.000 Berufstätigen: Arzthelferinnen, Zahnarzthelferinnen, Pflegehelfer(innen) sowie Tierarzthelfer(innen).

Mit 369.000 Berufstätigen steht die Medizin (Humanmedizin, AIP, Tiermedizin) an dritter Stelle der quantitativen Reihung. Ungeachtet der vergleichsweise geringeren zahlenmäßigen Besetzung, dominiert die Medizin nach wie vor das Berufsfeld Gesundheit. Dies gilt in mehrfacher Hinsicht: Die Medizin hat – von wenigen Ausnahmen abgesehen – eine Monopolstellung, was die Diagnose und Behandlung von Krankheiten anbelangt. Alle anderen Gesundheitsberufe dürfen diagnostisch und therapeutisch erst auf ärztliche Anordnung und Spezifikation hin tätig werden; mit Ausnahme von Heilpraktikern und Psychotherapeuten bleibt der „Erstkontakt" des Patienten mit dem System der Krankenversorgung der Medizin vorbehalten. Die Ärzteschaft verwaltet auch (fast alleine) die meisten Schnittstellen von Krankheit und Gesellschaft; sie hat insbesondere die Definitionsmacht über sozialversicherungsrechtlich relevante Tatbestände (Krankschreibung, Feststellung des Grades der Behinderung usw.) und erfüllt wesentliche gutachterliche Funktionen etwa bei der Definition der Pflegestufe oder im Rahmen von gerichtlichen Verfahren (Zurechnungs- oder Schuldfähigfähigkeit). Schließlich spielt die Medizin in der Ausbildung und in der Berufszulassung der nichtärztlichen Gesundheitsberufe eine bedeutende Rolle.

In allen anderen Gesundheitsberufen waren 1999 zusammengenommen etwa 380.000 Menschen tätig. Die quantitativ bedeutendste Berufsgruppe war dabei mit 116.000 Erwerbstätigen die Krankengymnastik/Massage, die sich vor allem durch ein hohes Wachstum bei der Zahl der Berufstätigen auszeichnet.

2) Gesundheitsberufe in Deutschland: aktuelle Entwicklungstendenzen

Auf verschiedenen Ebenen ist Bewegung geraten in die Gesundheitsberufe bzw. in das Berufsfeld Gesundheit.

Dies gilt vor allem für die Pflegeberufe. Drei der wichtigsten Berufe – die Krankenpflege, die Kinderkrankenpflege und die Altenpflege – wurden in den letzten Jahren gesetzlich neu geregelt. Die Altenpflege wurde nach dem Vorliegen des Urteils des Bundesverfassungsgerichts über die Zuständigkeit des Bundes als Heilberuf anerkannt, Zugang und Ausbildung wurden bundeseinheitlich geregelt und das Führen der Berufsbezeichnung wurde gesetzlich geschützt. Mit der Novellierung des Krankenpflegegesetzes wurde die Berufsbezeichnung erweitert („Gesundheits- und Krankenpflege"), die Ausbildung reformiert und die Lehre in der Gesundheits- und Krankenpflege ein Stück weit pädagogisiert. Tätigkeitsvorbehalte wurden auf berufsrechtlicher Ebene zwar nicht definiert, sie ergeben sich jedoch in vielen Einsatzgebieten der Berufe aus anderen gesetzlichen Regelungen (z.b. SGB XI) oder aus vertraglichen Vereinbarungen, etwa den Qualitätsvereinbarungen zwischen Leistungsträgern und Leistungserbringern.

Bei den gesetzlich regulierten Pflegeberufen handelt es sich nach wie vor um völlig unterschiedliche Berufe. Auf berufsgesetzlicher Ebene fand nur eine Angleichung der Pflegeberufe, nicht aber eine Generalisierung des Pflegeberufs statt. Allerdings zeichnet sich in den anders definierten Tätigkeitsvorbehalten eine weitgehende Substituierbarkeit der Berufe ab. So ist es z.b. gleichgültig, ob jemand eine Ausbildung in der Alten- oder Kinderkrankenpflege abgeschlossen hat, wenn es um die pflegefachliche Leitung eines ambulanten Pflegedienstes geht; zwingend erforderlich dafür ist nur der Abschluss einer der beiden bzw. weiterer definierter Berufsausbildungen. Im Berufsfeld Gesundheit ist mithin ein weit gehender generalisierter Einsatz von unterschiedlichen Berufen der Pflege heute bereits Realität.

Die Entwicklung der Pflegeberufe umfasst jedoch nicht nur die Reform der herkömmlichen Berufsgesetze. Daneben wurde in den letzten 15 Jahren die Akademisierung der Pflege vorangetrieben, und zwar durchweg mit einem generalistischen Konzept – also ohne Unterscheidung zwischen den einzelnen Pflegeberufen. Mit der Akademisierung erfüllte sich eine Jahrzehnte alte berufspolitische Forderung der Pflegeberufe, die unter dem Etikett „Professionalisierung der Pflege" und mit Blick auf die Situation vor allem im angloamerikanischen Raum vorgetragen war. Die Akademisierung galt als wichtiger Schritt auf dem Weg zur Profession Pflege – eine Politik, die mehr oder weniger explizit Bezug nahm auf die frühe soziologische Professionstheorie.

Der Prozessverlauf der Akademisierung der Pflege und die dabei erzielten Erfolge, die auftretenden Barrieren und an vielen Stellen auch das Scheitern bieten wertvolle empirische Einsichten in den laufenden Prozess der

Neustrukturierung eines Gesundheitsberufs und damit auch für die theoretische Auseinandersetzung mit Beruf und Profession.[5]

Neben der Pflege sind auch einige andere nicht-ärztliche Gesundheitsberufe in einen Prozess der Akademisierung eingetreten, die Physiotherapie (Theobald 2004), die Ergotherapie, die Geburtshilfe u.a.m. Für sie gilt in gleicher Weise wie für Pflegeberufe, dass das Verhältnis von traditioneller und akademischer Bildung völlig ungeklärt ist, dass die Einsatzbereiche von Absolventinnen und Absolventen derzeit nicht strukturiert sind und dass sich daraus vielfältige Ungereimtheiten und Widersprüche ergeben.

Die Situation wird dadurch noch unübersichtlicher, dass die Hochschulen Deutschlands nun völlig neue Studiengangsprofile anbieten, denen im Beschäftigungssystem Gesundheit keine bereits konturierten Einsatzbereiche entsprechen: Public Health, Gesundheitsmanagement, Gesundheitsförderung u.a.m. Verschärft wird diese „neue Unübersichtlichkeit" dadurch, dass im Zuge der Vereinheitlichung des Europäischen Hochschulraumes („Bologna-Prozess") eine Angleichung der Abschlussbezeichnungen herbei geführt wird. Auf den Arbeitsmarkt treten nun Menschen mit einem akademischen Grad (B.A., B.Sc., M.A. M.Sc.), den sie in sehr unterschiedlichen Ausbildungsgängen erworben haben. Theoretisch stellt sich die Frage, ob wir es in diesen Fällen überhaupt noch mit Berufen im herkömmlichen Sinne zu tun haben.

Inwieweit und in welcher Weise die Medizin durch den Bologna-Prozess betroffen sein wird, lässt sich derzeit noch nicht abschätzen. Wie auch bei den anderen klassischen Fakultätsdisziplinen (Jurisprudenz, Theologie) und anderen später entwickelten Disziplinen (z.B. Ingenieursberufe) gibt es anhaltenden Widerstand gegen die Neustrukturierung der akademischen Ausbildung in Deutschland. An vielen anderen Stellen zeigen sich jedoch auch für die Humanmedizin erhebliche Veränderungen, die hier nur kurz angedeutet werden sollen.[6] Zu beobachten sind eine weitgehende Geschlechtsneutralisierung in der Ausbildung (vgl. hierzu Dettmer u.a. 1999) und der ärztlichen Berufstätigkeit, die Forcierung der ökonomischen Steuerung ärztlichen

---

[5] In den Beiträgen von Kälble (2005), Grewe/Stahl (2005) und Gerlach (2005) in diesem Band finden sich dazu eine Fülle von Beobachtungen und Interpretationen.
[6] Andere Aspekte werden in den Beiträgen von Vogd (2005) und Pfadenhauer (2005) in diesem Band thematisiert.

Handelns sowohl im stationären Bereich wie bei niedergelassenen Ärztinnen und Ärzten und eine damit einhergehende Einbettung in bürokratische Handlungszwänge, eine zumindest partiell wirksame Reduktion der Einkommen sowie – wohl nicht zuletzt als Ergebnis all dieser Tendenzen – eine Flucht aus der ärztlichen Berufsausübung in Deutschland durch Wechsel in andere Staaten oder eine Flucht aus dem Beruf überhaupt in nicht-ärztliche Arbeitsfelder.

3) Interpretationsrahmen: Subjektorientierte Berufssoziologie
Bei der Interpretation der beobachtbaren Entwicklungstendenzen in den Gesundheitsberufen soll an die subjektorientierte Berufssoziologie der 80er Jahre – ich beziehe mich bei der Darstellung auf die Arbeiten von Beck/Brater/Daheim (1980) und Beck/Brater (1978, 1977) – angeknüpft werden. Grundlage der subjektorientierten Berufssoziologie ist deren strikte Orientierung an der Arbeitskraft der Berufstätigen. Berufe sind in dieser Perspektive spezifische Zuschnitte und Bündelungen von Fähigkeiten – Zuschnitte und Bündelungen, die für jeden Beruf ein relativ dauerhaftes, typisches und spezifisches „Arbeitskraftmuster" ergeben. Der Beruf im Sinne solcher Muster der Arbeitskraft prägt die Berufsinhaber und ihre „Subjektstruktur", verleiht ihnen berufliche Identität und trägt damit wesentlich auch zur sozialen Identität überhaupt bei. Die Qualifikations-, Fähigkeits- oder Kompetenzzuschnitte knüpfen an vorberufliche milieuspezifische Erfahrungen und Fähigkeitsentwicklungen an, die in beruflichen Bildungsprozessen aufgenommen und in je spezifischer Weise überformt und umstrukturiert werden.

Das für einzelne Berufe typische Arbeitskraftmuster entsteht dabei nicht zufällig, sondern ist Gegenstand von Aushandlungsprozessen, in die unterschiedliche Interessen in je historisch-spezifischen Kontexten eingebracht werden. Das Ergebnis solcher Konstitutionsprozesse von Berufen entscheidet darüber, welche Fähigkeiten vom Berufsinhaber erwartet (und nicht erwartet) werden und welche Arbeitsbereiche bzw. Tätigkeiten üblicherweise für ihn in Frage kommen oder ihm exklusiv vorbehalten bleiben. Schließlich entscheiden sich auch die Verflechtung mit anderen Berufen, die Modalitäten der Kooperation, die Arbeitsmarktchancen und letztlich die soziale Stellung in der Gesellschaft, soweit diese durch den Beruf, das mit ihm verbundene Prestige und die an ihn geknüpften, üblichen Einkommen definiert wird.

Einen besonderen Schutz vor Konkurrenz beim Einsatz oder beim Verkauf der eigenen Arbeitskraft bietet es natürlich, wenn ein Beruf die alleinige Zuständigkeit für bestimmte Aufgaben – Vorbehaltsaufgaben – für sich reklamieren kann. Berufe sind in diesem Sinne zentrale Institutionen zur Verteilung von Lebenschancen und zur Produktion und Reproduktion sozialer Ungleichheit – jedenfalls in einer wesentlich berufsförmig organisierten Gesellschaft. Die Kombination der genannten Facetten entscheidet letztlich dann auch darüber, wer sich überhaupt dafür interessiert, den je spezifischen Beruf zu erlernen, also über Berufswahl und Rekrutierungsmilieu der Berufsangehörigen.

Die gegenwärtigen Bemühungen der nicht-ärztlichen Gesundheitsberufe in Deutschland, die Ausbildung oder zumindest die berufliche Weiterbildung auf ein akademisches Niveau zu heben, lassen sich in diesem theoretischen Rahmen verorten. Im Kern geht es um eine Veränderung der beruflichen Qualifikation und der den Beruf charakterisierenden Fähigkeiten und der Kompetenzen – also des Arbeitskraftmusters. Eine Legitimation für die Neuschneidung von Arbeitskraftmuster erfolgt üblicherweise mit Verweis auf gesellschaftliche Problemlagen, deren Bewältigung mit dem Vorliegen des neuen Qualifikationsmusters überhaupt erst erfolgen könnte oder zu verbessern wäre; im Fall der Pflege gibt es eine ganze Reihe solcher Argumentationsfiguren und Begründungen.

Der wesentliche Unterschied zwischen der Hochschulbildung[7] und der klassischen Berufsbildung an Fachschulen oder im dualen System besteht darin, dass die Hochschulbildung sowohl zur eigenständigen Produktion wissenschaftlichen Wissens und/oder zur Anwendung wissenschaftlichen Wissens befähigen soll, während die klassische Berufsbildung anwendungsbezogenes Wissen sowie berufsspezifische Fertigkeiten und Praktiken vermittelt. Hochschulabsolventinnen und -absolventen sind deshalb üblicherweise auch nur berufsbefähigt, jedoch noch nicht „berufsfertig".

---

[7] Auf die Differenzierung des Bildungsauftrags zwischen Fachhochschulen und Universitäten wird hier nicht weiter eingegangen.

Die Befähigung zur wissenschaftlichen Arbeit bzw. zum angemessenen Umgang mit Ergebnissen wissenschaftlicher Arbeit umfasst vor allem auch den Erwerb der Fähigkeit zur Reflexion von Methoden der „Produktion" und deren kritische Reflexion – Methodenkompetenz. Die Fähigkeit, den öffentlichen Diskurs um eigene und fremde wissenschaftliche Ergebnisse rational zu führen, die Fähigkeit zum innovativen Denken und zur begründeten Kritik sind zentrale Qualifikationen wissenschaftlicher Arbeit. Diese Qualifikationen werden, mehr oder minder gelungen, in den Sozialisationsprozessen an Hochschulen erworben. Dazu bieten diese sozialen Räume, die vom Handlungs- und Verantwortungsdruck der beruflichen Praxis zunächst entlastet sind – um den Preis, dass die Sozialisation in die besonderen Bedingungen dieser beruflichen Praxis dann beim Übertritt in das Beschäftigungssystem erfolgen muss.

Die klassische berufliche Bildung bereitet dagegen direkt auf die berufliche Praxis vor. Die berufliche Kompetenz wird in engem Bezug zur Anwendung und zur Verwertung der im Bildungsprozess stattfindenden Qualifizierung erworben – hier um den Preis, dass nur wenig Raum zur distanzierten und reflektierenden Auseinandersetzung sowohl mit den Inhalten der beruflichen Bildung wie mit den Bedingungen der praktischen Tätigkeit besteht.[8]

Die Akademisierung der nicht-ärztlichen Gesundheitsberufe kann zunächst also ganz einfach als ein Prozess der Konstitution von Berufen ver-

---

[8] Die Akademisierung der nicht-ärztlichen Gesundheitsberufe stellt in diesem Kontext einen Sonderfall dar. Je nach Definition der Eingangsvoraussetzung wenden sich die Studienprogramme entweder nur an einen Personenkreis, der bereits eine berufliche Bildung in einem Gesundheitsberuf durchlaufen hat und über Erfahrungen in der beruflichen Praxis verfügt („Weiterbildungsstudiengänge") oder auch an einen Personenkreis, für den die Hochschulbildung den ersten berufsqualifizierenden Prozess darstellt („grundständige primärqualifizierende Studiengänge"). In beiden Fällen stellen sich für die Hochschulen besondere Herausforderungen: Im ersten Fall kann das Bildungsprogramm an die beruflichen Erfahrungen anknüpfen, häufig besteht jedoch eine sehr starke, ihrer vorgängigen Biographie angemessene Verwertungsorientierung bei den Studierenden, die zunächst enttäuscht wird. Im zweiten Fall sind die Hochschulen gefordert, durch eine starke Verzahnung mit Einrichtungen der beruflichen Praxis und eine vergleichsweise stärkere Fokussierung auf unmittelbar berufspraktisch verwertbare Qualifikationen sicherzustellen, dass die Absolventinnen und Absolventen nicht nur berufsfähig, sondern berufsfertig sind. Vgl. hierzu die Beiträge von Grewe/Stahl (2005) und Gerlach (2005) in diesem Band.

standen werden – besser vielleicht als ein Prozess, in dem bestehende Berufe und Arbeitskraftmuster verändert, erweitert und neu geschnitten werden. Dies ist an sich nichts Besonderes: Immer wieder werden auch andere Berufe in wohl strukturierten und zum Teil langwierigen Prozessen unter Beteiligung relevanter institutioneller Akteure (etwa Bundesministerien, Tarifparteien, Berufsverbände, wissenschaftliche Einrichtungen) neu geordnet, oder es werden völlig neue Berufe „erfunden". Das Besondere der Veränderungsprozesse in den Gesundheitsberufen liegt erstens darin, dass das bestehende Berufsfeld bereits in hohem Maße verrechtlicht ist und dass zweitens die Hochschulen bei der Gestaltung ihrer Bildungsprozesse eine vergleichsweise hohe Autonomie besitzen. Die Prozesse der Berufsveränderung oder - konstitution sind weder so klar strukturiert, wie dies etwas bei der klassischen Berufsbildung oder bei der berufsgesetzlichen Regelung für Gesundheitsfachberufe der Fall ist, noch sind die zu beteiligenden institutionellen Akteure klar definiert, bzw. es handelt sich meist auch um andere Prozessbeteiligte.

Anders als bei der klassischen Berufsbildung (einschließlich der Gesundheitsfachberufe) entsteht durch die relativ autonome Gestaltung von Hochschulbildungsprozessen jedoch das Problem der Kompatibilität zwischen Bildungssystem und Beschäftigungssystem. Banal ausgedrückt: Es ist keineswegs sicher, dass die an den Hochschulen ausgebildeten Arbeitskraftmuster auch nahtlos zu den auf dem Arbeitsmarkt angebotenen Positionen passen. Andererseits können vom Hochschul-Bildungssystem so auch Impulse für die Gestaltung beruflicher Qualifikationen ausgehen, die im Rahmen der für Berufsbildung üblichen Verhandlungen ansonsten nie zustande kommen würden. Nach der Einrichtung von gesundheitsbezogenen Studiengängen stellt sich nun jedoch die Frage, wie die Absolventinnen und Absolventen auf dem Arbeitsmarkt aufgenommen und von ihm absorbiert werden.[9] Von Vorteil ist für die Hochschulabgänger dabei die Tatsache, dass ihre Qualifikation weniger eng geführt ist als dies bei der klassischen Berufsbildung der Fall ist – sie sind in der Regel flexibler einsetzbar.

---

[9] Erste Einsichten in diesen Absorptionsprozess für diplomierte Pflegewirtinnen liefert der Beitrag von Gerlach (2005) in diesem Band.

Dies liegt wiederum am Zuschnitt der Qualifikation. Das in den Bildungsprozessen an Hochschulen entwickelte Arbeitskraftmuster ist – neben der oben dargestellten Befähigung zu wissenschaftlicher Arbeit – breiter angelegt. Die Curricula umfassen meist auch Inhalte, die sich auf die Gestaltung und Steuerung von Leistungs- und Arbeitsprozessen und auf sozialpolitische und -ökonomische Rahmenbedingungen des beruflichen Handelns beziehen. Neben den klassischen Einsatzgebieten und Positionen in der direkten Arbeit mit Patienten oder Klienten und im Führungsbereich und neben dem neuen Aufgabenbereich Wissenschaft werden Qualifikationen zur Besetzung von Positionen in den Bereichen Prävention, Qualitätssicherung, Beratung, Schnittstellenmanagement, Supervision, Patienteninformation, Verlagswesen etc. eröffnet.

Die größere Breite und die höhere Flexibilität haben jedoch ihren Preis: Die Hochschulbildung vermittelt neben der disziplinenbezogenen wissenschaftlichen Fundierung, die in Forschung und Lehre führt, vor allem Qualifikationen, die eher berufsunspezifisch sind, d.h. von mehreren akademischen Berufen geteilt werden. Deshalb werden sich Quasi-Monopole des Einsatzes der Arbeitskraft schwieriger durchsetzen lassen, als dies bei den qualifikatorisch enger geschnittenen Gesundheitsfachberufen der Fall war und ist. So gibt es erhebliche Überschneidungsbereiche zwischen den unterschiedlichen neuen Ausbildungsgängen an Hochschulen, aber auch Überschneidungs-bereiche des neuen Musters der Arbeitskraft mit etablierten Disziplinen wie etwa der Sozialen Arbeit.

Es wird hier jedoch eher umgekehrt ein Schuh daraus: Im Fall der Pflege zeigt sich, dass die diplomierten Pflegewirtinnen und Pflegewirte nur dann in bestimmten Positionen tätig werden dürfen, wenn sie – zusätzlich – über eine abgeschlossene Berufsausbildung in einem der gesetzlich geregelten Pflegeberufe verfügen. Daraus ergibt sich die paradoxe Konstellation, dass die Hochschulbildung mit Blick auf das Berufsfeld „weniger wert" ist als die klassische Ausbildung in einem der Pflegeberufe, obwohl die Voraussetzungen für den Eintritt in die Bildungsprozesse höher sind, was die verlangten vorgängigen Bildungsabschlüsse anbelangt.[10]

---

[10] Im Beitrag von Grewe/Stahl (2005) in diesem Band wird deutlich, welche Herausforderung dies für die Gestaltung der Curricula an Hochschulen bedeutet.

Dies ist natürlich auch Ausdruck von Interessen, die – wie bei jedem Berufskonstitutionsprozess – auch bei der Akademisierung der Gesundheitsfachberufe eine erhebliche Rolle spielen. Eine genaue Rekonstruktion des seit nunmehr etwa fünfzehn Jahre lang laufenden Prozesses der Akademisierung der Pflege und der dabei bestehenden Interessenskonstellation steht noch aus. An der Debatte um die Studie „Pflege neu denken" der Robert Bosch Stiftung zeigt sich jedoch, wie heterogen die Interessenlage bereits innerhalb der Berufsgruppen der Pflege ist. (Robert Bosch Stiftung 2000) Klar ist allen Beteiligten, dass eine durchgängige Durchführung der Ausbildung in den Pflegeberufen bzw. in dem Pflegeberuf auf Hochschulebene derzeit nicht durchsetzbar ist (und für viele auch gar nicht wünschenswert wäre), offen bleibt aber, wie das Berufsfeld angesichts des Nebeneinanders der neuen und der alten Qualifikationsmuster nun gestaltet werden soll - ob und wie eine abschlussbezogene Hierarchisierung stattfindet, wer mit welchem Abschluss für welche Aufgaben zuständig sein soll, wie die Zusammenarbeit innerhalb der Berufsgruppe und an den Schnittstellen zu den anderen Gesundheitsberufen gestalten werden soll.

Neben den bestehenden Pflegeberufen und ihren Vertretungen wirken eine Vielzahl von institutionellen Akteuren mit ihren jeweiligen Interessen und Perspektiven auf den Prozess der Berufskonstitution ein: Bundes- und Länderministerien, Regierungspräsidien, Pflegereferate, Einrichtungen der Leistungsträger und Leistungserbringer im Gesundheitswesen auf Bundes- und auf Länderebene, Gewerkschaften, Hochschulen und hochschulübergreifende Gremien wie etwa die Dekanekonferenz pflegebezogener Studiengänge, wissenschaftliche Einrichtung, Stiftungen usw. Alleine mit der unvollständigen Aufzählung dieser Akteure deutet sich die Komplexität des Konstitutionsprozesses an, der derzeit ergebnisoffen erscheint.

Unabhängig von dieser Ergebnisoffenheit lassen sich einige begründete Vermutungen über erwartbare Folgen anstellen: Die Akademisierung der nicht-ärztlichen Gesundheitsberufe dürfte zu einer langsamen, gleichwohl systematischen Veränderung des Personalbestands entlang der Dimensionen Geschlecht und Vorbildung führen. Galten die Pflegeberufe bisher als Frauenberufe, so deuten die Studierenden- und Absolventenzahlen darauf hin, dass der Anteil der Männer im Vergleich zur traditionellen Ausbildung größer ist. Trotz der Aufnahme besonders befähigter Berufstätiger ohne klassische Hochschulzugangsberechtigung in die Studiengänge wird sich auch der Anteil an Personen erhöhen, die über Abitur oder fachgebundene Hochschulreife verfügen. Man kann wahrscheinlich davon ausgehen, dass diese Personenaustauschprozesse dazu beitragen, dass sich sowohl das mit der beruflichen Tätigkeit verbundene durchschnittliche Aspirationsniveau als auch die durchschnittliche Verweildauer im Beruf erhöhen werden. Solche Effekte können in Verbindung mit der anders gearteten Qualifikation der Absolventinnen und Absolventen selbst – aber dies bleibt vorerst Spekulation – dazu beitragen, dass sich die öffentliche Wahrnehmung der Pflegeberufe und ihre Stellung im Gefüge der Gesundheitsberufe verändert.

4) Profession – Dienst – Beruf

Bei den bisherigen Überlegungen wurde bewusst weitgehend auf die Begriffe „Profession" und „Professionalisierung" verzichtet und die Akademisierung der nicht-ärztlichen Gesundheitsberufe ausschließlich auf der Ebene der Veränderung des bestehenden Berufsgefüges betrachtet – und dies, obwohl die von den Berufen angestoßen Veränderungen üblicherweise unter dem Begriff „Professionalisierung" firmieren.[11] Was als „Professionalisierung" der nicht-ärztlichen Gesundheitsberufe bezeichnet wird, ist nichts anderes als der Versuch, in einem bereits hochdifferenzierten und regulierten Berufsfeld neue Qualifikationsmuster durchzusetzen, damit eine verbesserte Stellung im Gefüge der Gesundheitsberufe einzunehmen und die Kompetenz bereitzustellen, neu auftretende oder wichtiger werdende Problemlagen zu bearbeiten. Ein Rekurs auf soziologische Professionstheorien ist dazu nicht erforderlich.

In Anlehnung an die in der Professionstheorie viel zu wenig beachtete Analyse von Göckenjan (1985) zu „Gesundheit und Medizin in der bürgerlichen Welt" und eigene frühere Arbeiten zur Professionalisierung und zur Deprofessionalisierung des Ärztestandes (Bollinger 1986; Bollinger/Hohl 1981) wird abschließend noch eine sehr grobe Skizze der historischen Entwicklung von Medizin und Pflege vorgelegt werden, mit der dem Professionsbegriff ein historisch-spezifischer Platz im Rahmen einer subjektorien-

---

[11] Vgl. hierzu und zu einer knappen Darstellung soziologischer Professionstheorien Kälble (2005) und Gerlach (2005) – beide in diesem Band.

tierten Theorie der Berufe eingeräumt wird und die eine Einordnung der aktuellen Wandlungsprozesse der Gesundheitsberufe in historischer Perspektive erlaubt. Die These besteht schlicht darin, Medizin und Pflege in ihrer
spezifisch deutschen Ausformung als entwicklungsgeschichtliche Über-
gangsphänomene der Modernisierung zu interpretieren – wie auch die systemtheoretische Professionstheorie dies tut. (Stichweh 1996: 50) Sowohl die
moderne Medizin wie die moderne Pflege werden im 19. Jahrhundert in Reaktion auf die politischen und gesellschaftlichen Bedingungen in den deutschen Ländern „neu erfunden". Sie sind in ihrer Form tief geprägt vom deutschen (Bildungs-)Bürgertum. In der „Profession" findet der Ärztestand als
Teil des sich konstituierenden Bildungsbürgertums nach der fundamentalen
Kritik der Aufklärung seinen anerkannten Platz in der modernen Gesellschaft. (Turner 1980) Die Pflege bietet als „Dienst" den bürgerlichen Frauen
einen sozialen Raum zur Verwirklichung des Anspruchs auf öffentliche Teilhabe im Sinne „geistiger Mütterlichkeit". (Sachße 2002) In beiden Formen
werden die zeitgenössischen, spezifisch deutschen gesellschaftspolitischen
und geschlechtspolitischen Utopien und Diskurse aufgehoben.

Göckenjan bricht – was die Professionalisierung des Ärztestandes in den
deutschen Ländern des 18. und 19. Jahrhunderts betrifft – radikal mit der
einseitigen Betrachtung, diese sei alleine das Ergebnis einer zielgerichtete-
ren, erfolgreichen Interessensvertretung: „Denn im Gegensatz zu den meisten Professionalisierungsansätzen wird (in seiner Untersuchung; Anm. d.
Verf.) davon ausgegangen, dass die Medizin und die Ärzte in ihre universel-
len gesellschaftlichen Zuständigkeiten durch die herrschenden Interessen-
konstellationen kooptiert wurden und dass diese Kooptation einen radikalen
Wandel im Professionscharakter voraussetzte." (Göckenjan 1985: 15f) Die
professionelle „Medizin in ihrer institutionellen Form, wie in ihren Kennt-
nissen, Techniken, Sichtweisen, ihrem Sozialstatus und berufspolitischen
Wünschen (ist) selbst nur eine Antwort (...) auf die sozialen Verhältnisse."
(ebenda: 17) Folgt man dieser Sichtweise, so wird die Professionalisierung
des Ärztestandes entzaubert und sie taugt nicht mehr so einfach als Vorbild
für andere berufsständische Bemühungen, eine der gesellschaftlichen Stellung der Medizin vergleichbare Position einzunehmen.

Die Professionalisierung des Ärztestandes in Deutschland ist wohl ein
interessengeleiteter Prozess, dessen Ziel allerdings nicht darin bestand, ein

Monopol für das Kurieren kranker Körper zu erreichen. Der Ärztestand gehörte zur gesellschaftlichen Elite, bevor seine kurative Kompetenz auf na-
turwissenschaftlicher Grundlage überhaupt entwickelt war, und man schmä-
lert die Verdienste der Ärzteschaft, wenn man ihre sozialmedizinischen Aktivitäten vernachlässigt. (Bollinger 1986; von Bollinger 1909) Das aus heutiger Sicht finalisierte, quasi-berufspolitische Streben nach einem Behand-
lungsmonopol kann auch als ein Prozess des Scheiterns interpretiert werden
– des Scheitern bei der Durchsetzung der gesunden, bürgerlichen Gesellschaft im Schulterschluss mit den anderen Mitgliedern des Bürgertums und
gegen die herrschende Aristokratie. (Göckenjan 1985; Schipperges 1968)

„Die professionelle Medizin transportiert ihre Wurzeln mit sich, sie ist
männlich, bürgerlich und ständisch-elitär, und sie fühlt sich auch weiterhin
fürs Ganze zuständig." (Bollinger 1986: 154) Profession und Beruf unterscheiden sich in dieser Perspektive ganz grundsätzlich und nicht nur entlang
der etwa bei Hartmann (1972) formulierten Kriterien. Der Gesamtzusammenhang von Person, Qualifikation und Aufgabe ist anders strukturiert: Für
den Professionellen heißt arbeiten leben; der Berufstätige arbeitet, um zu
leben. Dies impliziert völlig andere Schwerpunktsetzungen, was Motivati-
onsstrukturen, Sozialisation, Orientierungen und Fähigkeiten anbelangt:"
Man ist Professioneller, aber man hat einen Beruf'. (Bollinger, Hohl 1981b:
178ff).

Wenn dies eine richtige Diagnose des Ergebnisses ärztlicher Professionalisierung in Deutschland ist, dann treffen auch die Befunde zur Deprofessionalisierung des Ärztestandes zu." Deprofessionalisierung" meint in diesem Zusammenhang den „Übergang von der Profession zum Beruf" und
impliziert „tief greifende Veränderungen der ‚Gestalt' ärztlicher Existenz,
das heißt des Gesamtzusammenhangs von ärztlicher Persönlichkeit, Tätigkeit und Sozialisation, von Kooperation mit anderen Berufsgruppen, der Beziehung zu Patienten und Vorgesetzen etc.". (Bollinger, Hohl 1981a: 443)

Der bürgerliche Entwurf der Medizin in Deutschland erscheint retrospek-
tiv von Beginn an anachronistisch, wenngleich im Übergang von der vormodernen Gesellschaft zur modernen durchaus funktional. Bollinger und
Hohl (1981a) sehen dann in einer Vielzahl von Aspekten auf unterschiedlichen Ebenen die Grundlagen dafür, dass die „Gestalt" professioneller Medizin verschwindet. „Bleibt die Frage zu klären, warum die Anachronizität

heutzutage zur Aufhebung der Profession führt, warum der nachhinkende Hort feudaler Relikte sich auflöst. Hier gilt: ‚Der Mohr hat seine Schuldigkeit getan, der Mohr kann gehen!' Mit dem ‚Reifen' der neuen Gesellschaft (...) entwickelt sich das allgemeine Bewusstsein weiter; die Rationalisierung ist weitgehend geglückt, die Bevölkerung hängt kaum noch alltagtheoretischen Krankheitserklärungen nach. Der Beruf als zur Profession alternative Organisationsform der Arbeitskraft hat sich weitgehend durchgesetzt, womit die negativen Momente der Profession deutlicher hervortreten; ständische Ungleichheit (...) wird nicht mehr akzeptiert – auch die Professionen werden nun an der Effizienz ihrer Gegenstandbearbeitung gemessen." (Bollinger, Hohl 1981a: 456) Ergänzend werden eine ganze Reihe von konkreten Faktoren genannt, die den Prozess der Deprofessionalisierung befördern – etwa die Emanzipationsbestrebungen der nicht-ärztlichen Gesundheitsberufe, die emanzipierte Haltung von Patienten, der Rückzug der Ärzte aus der hausärztlichen Versorgung, die zunehmenden Staatseingriffe in die Rekrutierungsmechanismen der Profession. (ebenda: 456ff)

Inhaltlich ganz anders, strukturell jedoch durchaus ähnlich, stellt sich der Prozess der Entwicklung der Pflege in Deutschland dar. Mit Verzögerung zur Entwicklung des Ärztestandes entsteht die „moderne" Pflege historisch als „Dienst". Diesem Dienst sind – wie der Profession – einzelne Aspekte des Berufs, etwa ein Mindestmaß an Fachlichkeit, eigen. Diese sind jedoch über lange Zeit hinweg nicht dominant und treten erst sukzessive in den Vordergrund.

Wie bei der Ärzteschaft sind es reale gesellschaftliche Problemlagen, vor allem Kriegsfolgen, die es erlauben, die Pflege im 19. Jahrhundert neu zu strukturieren – als sozialen Raum für die öffentliche Tätigkeit von unverheirateten bürgerlichen Frauen. Das Mutterhaus-System der Fliedners (Ostner/Krutwa-Schott 1981) bietet den geschützten Raum gesellschaftlicher Akzeptanz für die pflegerische Arbeit im Sinne „geistiger Mütterlichkeit" ohne Verletzung des bürgerlichen Entwurfs der Geschlechtscharaktere und ihres jeweiligen Platzes in der Gesellschaft. Und selbst die Organisation der nicht mutterhausgebundenen, freien Pflege an der Schwelle zum 20. Jahrhundert nimmt in jedem Symbol Rücksicht auf die Befindlichkeit des zeitgenössischen Bürgertums. „Die Berufsidee der B.O.K.D.-Schwestern kreiste um den Begriff des ‚Dienens'. Schwester Agnes Karll wurde nicht müde zu betonen, dass das Motto ‚Ich dien' nicht zufällig an herausragender Stelle der Zeitschrift der Berufsorganisation (...) stehe. ‚Ich dien' sei ein ‚sicheres Geleitwort' auf dem Weg zu ‚höchster Berufstüchtigkeit, Korpsgeist und Standesehre'". (Schmidbaur 2002: 69)

„Profession" und „Dienst" sind bürgerliche Entwürfe von Arbeitsvermögen, die in hohem Maße geschlechtskonnotiert und exklusiv gestaltet sind – exklusiv im Sinne ihrer jeweiligen Geschlechtszuordnung, aber auch exklusiv im Sinne des zugeordneten Sozialprestiges. Beide Formen eint die Distanz zur gewöhnlichen Lohn- oder Erwerbsarbeit, und in beiden Fällen ist die Trennung von Arbeit und Leben aufgehoben. „Profession" und „Dienst" verhalten sich komplementär zueinander, in der Teilung der Arbeit und der Verteilung der Geschlechter.

„Profession" und „Dienst" erscheinen heute als „vormodern", sind jedoch genuine Konstrukte der bürgerlichen, also der modernen Gesellschaft. In ihnen sind Aspekte der vormodernen Gesellschaft aufgehoben, sie werden jedoch in Reaktion auf die spezifischen gesellschaftlichen Bedingungen neu geschaffen. Heute erscheinen beide Formen als anachronistisch, sind in Auflösung begriffen. Was wir heute beobachten, erscheint als „Normalisierung" in dem Sinne, dass Pflege und Medizin auf dem Weg sind, gewöhnliche Berufe zu werden. Auch als gewöhnliche Berufe können sie sich in dem je zugeordneten Sozialprestige unterscheiden, auch als Berufe können ihnen Tätigkeitsvorbehalte zugeordnet sein – dies gilt in Deutschland auch für Kaminkehrer. Als Berufe verlieren sie jedoch die besonderen Zuschreibungen, die Medizin und Pflege auszeichneten. Der Arztberuf verliert die Gestalt des Paternalen, wie es in der Figur des väterlichen Hausarztes enthalten ist; die Pflege verliert die Züge schwesterlichen Beistands und angewandter Weiblichkeit.

Moderne Berufe unterscheiden sich in ihrem Arbeitskraftmuster, in ihren Einsatzbereichen und Ausbildungsmodalitäten. Diese Unterschiedlichkeit bietet auch genug Raum, die neueren in Deutschland entstandenen professionstheoretischen Ansätze zu verorten. Die Theorie professionalisierten Handelns von Oevermann (1996) oder die interaktionstheoretischen Arbeiten von Schütze (2000) zum professionellen Handeln konzentrieren sich auf therapeutische, pädagogische und sozialpädagogische Arbeitsbereiche. Bei aller Anerkennung der analytischen Qualität dieser Ansätze erstaunt doch deren völlige Ahistorizität und Asubjektivität, wodurch sie implizit einen stark normativen Charakter gewinnen. Um es plastisch zu formulieren: Ich bezweifle, dass das praktische therapeutische Handeln paternalistischer Ärzte jemals „professionelles Handeln" im Sinne Oevermanns war. Wenn dies richtig ist, dann entsteht das Paradox, dass mit dem historischen Übergang von der Profession zum Beruf der Arztberuf erst die Möglichkeit gewinnt, professionell im Sinne der Theorie professionalisierten Handelns zu agieren. Das Paradox ist natürlich nur eines der Begriffswahl, zeigt aber, wie schwierig der Umgang mit dem Professionsbegriff ist.

Offen bleiben muss an dieser Stelle, weshalb sich in Deutschland und nach dem Krieg in Westdeutschland sowohl in der Medizin wie in der Pflege jedenfalls bis in die letzten beiden Jahrzehnte des vergangenen Jahrhunderts vormoderne Elemente von Profession und Dienst so beständig erhalten haben. Dies wird nur zu verstehen sein, wenn die Geschichte der Berufe im spezifischen nationalen Kontext rekonstruiert wird. Die Auseinandersetzungen in der Weimarer Republik[12] spielen dabei eine genauso große Rolle wie das Schicksal der Berufe im Faschismus und ihre Rekonstruktion im westlichen Nachkriegsdeutschland.

Diese besondere Geschichte und das darin eingelassene Beharrungsvermögen hat es gerechtfertigt, dass in den 80er Jahren die professionelle Existenz von Ärzten mit dem Bild vom „Halbgott-in-Weiß" öffentlichkeitswirksam kritisiert wurde. Diese Geschichte hat auch gerechtfertigt, dass die Pflege in den 70er Jahren in soziologischen Analysen noch als „unvollständiger Beruf" charakterisiert wurde. Und diese Geschichte rechtfertigt es, die derzeit beobachtbaren Veränderungsprozesse als nicht anderes als die Normalisierung und zeitgemäße Modernisierung der Berufe Medizin und Pflege, mithin als Verberuflichung, zu interpretieren – dies allerdings unter aktuellen gesellschaftlichen, sozioökonomischen, sozialpolitischen und bildungspolitischen Rahmenbedingungen, die neben den berufspolitischen Interessen darüber entscheiden werden, wie das Feld der Gesundheitsberufe neu strukturiert werden wird.

---

[12] Wichtige Hinweise liefern Schmidbaur (2002) und früher schon Theweleit (1977:107ff)

Literatur

Beck U.; Brater M. 1977: Berufliche Arbeitsteilung und soziale Ungleichheit, Konzeption einer subjektorientierten Theorie der Berufe. In: Beck U., Brater M.: Die soziale Konstitution der Berufe, Materialien zu einer subjektorientierten Theorie der Berufe, Bd. 2, Frankfurt, S. 5-24.

Beck U.; Brater M. 1978: Berufliche Arbeitsteilung und soziale Ungleichheit, Eine gesellschaftlich-historische Theorie der Berufe, Frankfurt.

Beck U.; Brater M.; Daheim H. 1980: Soziologie der Arbeit und der Berufe, Grundlagen, Problemfelder, Forschungsergebnisse, Reinbek bei Hamburg.

Bollinger H.; Hohl J. 1981a: Auf dem Weg von der Profession zum Beruf, Zur Deprofessionalisierung des Ärztestandes. In: Soziale Welt,32, 1981, 4, S. 440-464.

Bollinger H.; Hohl J. 1981b: Der Arzt – Medizinischer Reduktionismus und professionelle Existenz. In: Bollinger H.; Brockhaus G.; Hohl J.; Schwaiger H. (Hrsg.): Medizinerwelten, Die Deformation des Arztes als berufliche Qualifikation, München, S. 145-229.

Bollinger, H. 1988: Die Entstehung des Ärztestandes, Eine professionstheoretische Untersuchung in subjektorientierter Perspektive, Dissertation an der Fakultät für Theoretische Medizin der Universität Ulm, Ulm.

Bollinger, O. v. 1909: Wandlungen der Medizin und des Ärztestandes in den letzten 50 Jahren, Rede gehalten beim Antritt des Rektorats der Ludwig-Maximilians-Universität München am 28. November 1908, München.

Dettmer, S.; Grote, St.; Hoff, E.-H.; Hohner H.-U. 1999: Zum Stand der Professionsentwicklung und zum Geschlechterverhältnis in Medizin und Psychologie, Berichte aus dem Bereich „Arbeit und Entwicklung" am Institut für Arbeits-, Organisations- und Gesundheitspsychologie an der FU Berlin Nr. 13, Berlin.

Göckenjan, G. 1985: Kurieren und Staat machen, Gesundheit und Medizin in der bürgerlichen Welt, Frankfurt a. M.

Hartmann, H. 1972: Arbeit, Beruf, Profession. In: Luckmann, Th.; Sprondel, W. (Hrsg.): Berufssoziologie, Köln.

Mieg, H. 2003: Problematik und Probleme der Professionssoziologie. In: Mieg, H.; Pfadenhauer, M. (Hrsg.): Professionelle Leistung – Professional Performance,

Konstanz, S. 11-48.

Mieg, H.; Pfadenhauer, M. (Hrsg.) 2003: Professionelle Leistung – Professional Performance, Konstanz.

Oevermann, U. 1996: Theoretische Skizze einer revidierten Theorie professionalisierten Handelns. In: Combe, A.; Helsper, W. (Hrsg.): Pädagogische Professionalität, Untersuchungen zum Typus pädagogischen Handelns, Frankfurt a. M., 70-182

Ostner, I., Krutwa-Schott, A. 1981: Krankenpflege – ein Frauenberuf? Bericht über eine empirische Untersuchung, Frankfurt am Main.

Piechotta, G. 2000: Weiblich oder kompetent? Der Pflegeberuf im Spannungsfeld von Geschlecht, Bildung und gesellschaftlicher Anerkennung, Bern.

Robert Bosch Stiftung 2000: Pflege neu denken, Zur Zukunft der Pflegeausbildung, Stuttgart.

Sachße, Ch. 2002: Mütterlichkeit als Beruf, Sozialarbeit, Sozialreform und Frauenbewegung 1871-1929, Weinheim.

Schipperges, H. 1968: Utopien der Medizin, Geschichte und Kritik der ärztlichen Ideologie des 19. Jahrhunderts, Salzburg.

Schmidbaur, M. 2002: Vom „Lazaruskreuz" zu „Pflege aktuell", Professionalisierungsdiskurse in der deutschen Krankenpflege 1903-2000, Königstein/Taunus.

Schütze, F. 2000: Schwierigkeiten bei der Arbeit und Paradoxien des professionellen Handelns, Ein grundlagentheoretischer Aufriß. In: ZBBS Zeitschrift, S. 49-96.

Stichweh, R. 1996: Professionen in einer funktional differenzierten Gesellschaft, In: Combe, A.; Helsper, W. (Hrsg.): Pädagogische Professionalität, Untersuchungen zum Typus pädagogischen Handelns, Frankfurt a. M., S. 49-69.

Theobald, H. 2004: Entwicklung des Qualifikationsbedarfs im Gesundheitssektor: Professionalisierungsprozesse in der Physiotherapie und Dentalhygiene im europäischen Vergleich, Discussion Paper SP I 2004-104 des Wissenschaftszentrums Berlin für Sozialforschung (WZB), Berlin.

Theweleit, K. 1977: Männerphantasien 1. frauen, fluten, körper, geschichte, Frankfurt.

Turner, St. 1980: The Bildungsbürgertum and the Learned Professions in Prussia 1770-1830: The Origins of a Class. In: Histoire sociale, 13, 1980, 25, S. 105-135.

Karl Kälble

Modernisierung durch wissenschaftsorientierte Ausbildung an Hochschulen
Zum Akademisierungs- und Professionalisierungsprozess der Gesundheitsberufe in Pflege und Therapie

1) Einleitung

Im vorliegenden Beitrag werden die die seit dem Beginn der 1990er Jahre zu beobachtenden Akademisierungs- und Professionalisierungsentwicklungen im Bereich der pflegerischen und therapeutischen Gesundheitsfachberufe untersucht. Als prozessualer Leitbegriff fungiert dabei ein im weitesten Sinne an prozess- und machttheoretische Professionstheorien anknüpfendes, jedoch um Elemente aus neueren Professionstheorien erweitertes Professionalisierungsverständnis, das erstens von einem allgemeingültigen Professionalisierungsmodell Abstand nimmt zugunsten der Möglichkeit differenter Professionalisierungswege und -erfolge (vgl. Abbott 1988), das zweitens die klassischen Professionen nicht zum absoluten bzw. normativen Maßstab erhebt, und das drittens Art und Richtung von konkreten Professionalisierungsprozessen bzw. die Möglichkeit der Durchsetzung von Zuständigkeiten und Kontrollchancen der beruflichen Arbeit maßgeblich durch das Zusammenwirken von externen gesellschaftlichen Kontextbedingungen und berufsinternen Ressourcen und Strategien bestimmt sieht. (vgl. z.B. Merten/Olk 1996: 574ff)

Die Untersuchung ist wie folgt aufgebaut: Zunächst werden diejenigen Prozesse des Strukturwandels in der Gesellschaft und im Gesundheitswesen bestimmt, die einerseits zu neuen Arbeits- und Qualifikationsanforderungen und im Gefolge zu berufs- und bildungsstrukturellen Veränderungen im Bereich der Gesundheitsberufe führen, und andererseits zugleich auch Chancen für eine Professionalisierung bieten bzw. entsprechende Prozesse (aber auch gegenläufige Tendenzen) auslösen können. Danach wird der soziologische Diskussionsstand zum Problem der Professionalisierung dargestellt und ein professionalisierungstheoretischer Bezugsrahmen skizziert, anhand dessen

Professionalisierungsprozesse und -fortschritte analysiert werden können. Im dritten Schritt werden Professionalisierungsansprüche, -entwicklungen und -probleme in der Pflege und in den therapeutischen Gesundheitsfachberufen diskutiert. Hoffnungen auf eine weitergehende Professionalisierung, die sich insbesondere auf das im Zuge der Hochschulreform neu eingeführte Graduierungssystem beziehen, werden abschließend erörtert. Ein Resümee beschließt den Beitrag.

2) Gesundheitswesen und Gesundheitsberufe im Wandel

Das deutsche Gesundheitswesen befindet sich seit längerem in einem tiefgreifenden Prozess des Wandels und der Umgestaltung (Mayntz/Rosewitz 1988), der auch die Gesundheitsberufe und ihre qualifikatorischen Voraussetzungen betrifft. Die demografische Entwicklung in Richtung „Gesellschaft des langen Lebens", die Veränderung der gesundheitlichen Problemlage, sich wandelnde Patientenerwartungen, der anhaltende medizinische und medizinisch-technische Fortschritt, eskalierende Kosten bei gleichzeitig sinkenden Einnahmen, sowie daraus resultierende Maßnahmen der Umstrukturierung, Rationalisierung, Effizienzsteigerung und Qualitätssicherung im gesundheitlichen Versorgungssystem (Stichwort: integrierte Versorgung) führen im Kontext übergreifenden sozialen Wandels der Gesellschaft zu neuen Aufgaben und Tätigkeitsfeldern und damit zu neuen Anforderungsprofilen für alle Gesundheitsberufe. Dadurch sind sowohl die Berufs- und Qualifikationsprofile der Gesundheitsberufe als auch die Strukturen ihrer Aus- und Weiterbildung unter Veränderungsdruck geraten. (vgl. Kälble u.a. 2004: 87ff)

Vor diesem Hintergrund wird seit den 1980er Jahren zunehmend mehr die Frage diskutiert, wie Gesundheitsberufe und Ausbildungen zu gestalten sind, damit sie den veränderten Anforderungen eigenständig gerecht werden können. Dabei geht es zugleich auch um die Definition von Zuständigkeiten, um den Zugang zu Ressourcen, um die Besetzung zukunftsträchtiger Handlungsfelder und damit auch um eine konkurrenzwirksame Durchsetzung berufsgruppenspezifischer Interessen. In aktuellen berufs- und bildungsbezogenen Debatten besteht weitgehend Konsens, dass die den gewandelten Anforderungen entsprechenden Qualifikationspotenziale und flexiblen Qualifikationsmuster, nicht zuletzt durch die bestehenden Bildungs- und Berufsstrukturen bedingt, derzeit nicht in ausreichendem Maße zur Verfügung stehen bzw. die vorhandenen Qualifikationen in vielerlei Hinsicht nicht modernen Standards entsprechen. (vgl. z.B. bezogen auf Medizin und Pflege: Sachverständigenrat für die Konzertierte Aktion im Gesundheitswesen 2002) Die Diskrepanz zwischen Qualifikation, Bildungs- und Berufsstrukturen auf der einen und erhöhten Anforderungen aus der beruflichen Arbeitswelt auf der anderen Seite betrifft in besonderem Maße die nichtakademisch ausgebildeten „Fachberufe im Gesundheitswesen", zu denen u.a. die Pflege und ihre Berufe sowie die therapeutischen Berufe der Ergotherapie, Physiotherapie und Logopädie zählen. (vgl. Bundesinstitut für Berufsbildung 2002: 215ff)

Am Ende der 1980er Jahre hat in Deutschland eine Entwicklung eingesetzt, die durch Versuche der Reform, Flexibilisierung und Aufwertung bestehender Aus- und Weiterbildungskonzepte, die Schaffung neuer Berufsprofile sowie die Einrichtung von neuen Qualifikationsmöglichkeiten auf allen Ebenen des gesundheitsberuflichen Bildungssystems gekennzeichnet ist. Insbesondere Hochschulen haben auf die sich verändernde Ausgangslage im Gesundheitswesen reagiert und am Beginn der 1990er Jahre eine bis heute anhaltende Qualifizierungsoffensive gestartet, die sich u.a. in einer Vielzahl und in einem breiten Spektrum an neu eingerichteten Studiengängen der gesundheitsbezogenen Aus- und Weiterbildung manifestiert. (vgl. Kälble/v. Troschke 1998; Kälble u.a. 2004: 89ff) Ein auffallender Aspekt dieser Entwicklung ist der in den 1990er Jahren einsetzende Akademisierungs- und Professionalisierungstrend in den schulisch ausgebildeten Fachberufen des Gesundheitswesens, der mit der Etablierung von Pflegestudiengängen eingeleitet wurde und inzwischen auch auf die therapeutischen Berufe Ergotherapie, Physiotherapie und Logopädie übergegriffen hat. (vgl. dazu Kälble 2001a, 2002, 2003) Zugleich wird an der Etablierung von eigenständigen Fachwissenschaften gearbeitet. Beide Entwicklungen werden in den Gesundheitsfachberufen als Professionalisierungsfortschritte bzw. als Schritte auf dem Weg zur Profession gedeutet. Das dabei verfolgte Ziel ist es, die Berufe als autonome, professionelle Dienstleistungsberufe zu etablieren. (vgl. z.B. für die Pflege: Voges 2002: 147)

3) Profession und Professionalisierung

In der Berufs- und speziellen Professionssoziologie existiert eine ausgedehnte wissenschaftliche Debatte darüber, was Professionen auszeichnet, wie sich die klassischen Professionen herausgebildet haben und welche Berufe professionalisierungsbedürftig und professionalisierbar sind. (vgl. z.B. Macdonald 1995; Combe/Helsper 1996) Eine konsensfähige Theorieposition, die den Gegenstandsbereich Profession und Professionalisierung in der modernen Gesellschaft in all seinen Facetten auszuleuchten vermag, ist jedoch nicht zu erkennen. (Macdonald 1995: XIf; Kurtz 2001: 18) Professionen werden vielmehr aus unterschiedlichen theoretischen Perspektiven betrachtet. (zu den Theorievarianten vgl. z.B. Pfadenhauer 2003: 31ff) Entsprechend den Positionen unterscheiden sich auch die Theorien der Professionalisierung, wobei – zumindest im internationalen Diskurs – tendenziell ein Wandel von „Merkmalstheorien" zu „funktionalistischen Theorien" und schließlich, in den 1970er und 1980er Jahren, zu „Machttheorien" festzustellen ist. (vgl. Coburn/Willis 2001) In der deutschsprachigen Professionssoziologie hingegen bestimmen der systemtheoretische Ansatz professionalisierter Funktionssysteme (Stichweh 1996, 2000), der strukturtheoretische (Oevermann 1996) und der interaktionistische Ansatz (Schütze 1996) weitgehend den professionssoziologischen Diskurs. (vgl. dazu auch Kälble 2005a)

Als Professionen gelten zumeist relativ autonome und wissenschaftlich begründete Expertenberufe im Dienstleistungsbereich (McClelland 1985), die in einem gesellschaftlich relevanten Problemfeld besondere Leistungen für die Gesellschaft und ihre jeweilige Klientel erbringen und dabei einer spezifischen Handlungslogik folgen. Sie zeichnen sich durch Macht und Einfluss sowie durch privilegierte Qualifikations-, Erwerbs- und Kontrollchancen aus. Professionen kennzeichnet zudem ein weitgehendes Monopol auf einen bestimmten Tätigkeits- und Wissensbereich (Abbott 1988), das in Deutschland vor allem mit Hilfe des Staates gegen konkurrierende Berufe durchgesetzt wird (soziale Schließung). Einmal etablierte Professionen sind jedoch keine zeitunabhängigen, unveränderlichen Größen, sondern wandelbare Phänomene. Sie sind durch Prozesse des sozialen Wandels beeinfluss- und veränderbar, d.h., sie haben immer wieder Probleme der Anpassung an die gesellschaftlichen Veränderungen zu bewältigen und können dabei an Einfluss und Unabhängigkeit verlieren. (vgl. Schütze 1996: 194ff) Der Begriff Professionalisierung steht am häufigsten für die vielschichtigen Prozesse, durch die sich ein bestimmter Beruf oder eine bestimmte Berufsgruppe in Richtung auf eine Profession entwickelt. Von manchen Soziologen wird dabei eine zeitlich invariante Sequenz von Entwicklungsschritten – von der Arbeit über den Beruf bis hin zur Profession – unterstellt und zwischen Prozessen der „Verberuflichung" (die Entwicklung von laienhaft ausgeübten Tätigkeiten hin zu einem Beruf, der eine definierte Ausbildung zur Voraussetzung hat) und „Professionalisierung" differenziert. (Hartmann 1972) In eher handlungstheoretisch orientierten Professionalisierungstheorien, die insbesondere die Struktur und die Logik professionellen Handelns fokussieren, meint Professionalisierung nicht so sehr die Entwicklung vom Beruf zur Profession im Sinne eines berufspolitischen Durchsetzungsprozesses, sondern die Herausbildung einer besonderen Handlungskompetenz, die von der Struktur der professionellen Handlung erfordert wird. (vgl. z.B. Oevermann 1996)

Die Diskussion der Professionalisierung (im Sinne eines berufspolitischen Durchsetzungsprozesses) wird im Bereich der Gesundheitsberufe häufig mit Bezug auf das Modell der klassischen Professionen bzw. den merkmalstheoretischen Professionsansatz geführt. Im Zentrum dieses Ansatzes steht dabei die Frage, was Professionen besonders auszeichnet und gegen die Tätigkeitsformen Arbeit und Beruf abgrenzt. Zu den häufig genannten Merkmalen einer Profession zählen u.a.: spezialisiertes Wissen auf der Grundlage einer Hochschulausbildung, berufliche Autonomie, Bezug auf Zentralwerte der Gesellschaft, Berufsethik, Fach- und Berufsverband sowie eine gemeinsame berufliche Identität. (vgl. z.B. Voß 1994: 136) Nur wenn alle Merkmale vorliegen, kann von einer Profession gesprochen werden. Professionalisierung wird demzufolge als Erwerb der Professionsmerkmale verstanden. Akademisierung, definiert als Anhebung einer beruflichen Ausbildung auf Hochschulniveau bzw. als Verlagerung von Ausbildungen aus dem außerhochschulischen in den hochschulischen Bildungssektor, ist demgemäß eine notwendige, keinesfalls aber hinreichende Voraussetzung für Professionalisierung. (vgl. Kurtz 1997: 11f; Kälble 2003: 40f) Die genannten Merkmale, die selten in einen theoretischen Begründungszusammenhang

gebracht werden, dienen vielen Berufen auf dem Weg zur Profession als O-
rientierung. Vor allem in der berufspolitischen Diskussion werden die Kriterien dazu benutzt, um anhand des Erfüllungsgrades der einzelnen Merkmale
einzuschätzen, ob ein bestimmter Beruf den Status einer Profession erworben hat, bzw. was noch zu tun ist, um diesen zu erwerben.

In neueren Professionalisierungskonzepten steht nicht mehr die Frage im
Vordergrund, welchen Berufsgruppen auf Grund welcher Merkmale der Pro-
fessionsstatus zuzuerkennen oder abzusprechen ist, im Zentrum stehen vielmehr Wandlungsprozesse im Gefüge der Berufe und Professionen sowie
Prozesse der Professionalisierung und die sie ermöglichenden Kontextbedingungen. In machttheoretischen Professionalisierungsansätzen z.B. werden die Konzepte Profession und Professionalisierung kontextualisiert und
wird Professionalisierung als ein fortlaufender Prozess verstanden, in dessen
Verlauf es sowohl zu Professionalisierungsfortschritten als auch zu Deprofessionalisierungstendenzen kommen kann. Im Zentrum eines Professionali-
sierungsprozesses stehen aus dieser Sicht die Bemühungen einer Berufsgruppe, sich ein Feld beruflicher Aktivitäten gegen konkurrierende Berufsgruppen zu sichern und zu behaupten, bzw. das Streben nach autonomer
Kontrolle des Wissens und der Berufsausübung. Damit wird der aktiven
Rolle von Berufsgruppen Rechnung getragen, die in Prozessen der Professi-
onsbildung und -etablierung kollektive und individuelle Eigeninteressen verfolgen und politisch durchzusetzen suchen. Von einem erfolgreichen Professionalisierungsprozess kann dann gesprochen werden, wenn es einer Berufsgruppe für einen gesellschaftlichen Problembereich gelingt, den Anspruch auf alleinige Zuständigkeit und die Autonomie der Berufsausübung
durchzusetzen. Hierbei sind Professionen auf die Hilfe des Staates angewiesen, der per Gesetzgebung die entsprechenden Rahmenbedingungen schafft.
Selbstregulation ist ohne staatlichen Schutz nicht durchführbar. Eine ent-
scheidende Voraussetzung für eine konkurrenzwirksame und erfolgreiche
Auseinandersetzung um die Zuständigkeit für die Problemlösung in einem
bestimmten Berufsfeld ist zudem die Kontrolle des eigenen Wissens, d.h.
über seine Produktion (Wissenschaft) und Vermittlung (Ausbildung) und
über seine Anwendung und Evaluation in der Praxis. Vorstellungen, dass
Professionen sich nach einem bestimmten einheitlichen und allgemein gülti-
gen Schema entwickeln und erklären lassen und Vorstellungen, dass es einen

normativen Entwicklungsendpunkt gäbe, werden in neueren Ansätzen einer prozessorientierten Sichtweise auf der Basis von Vergleichsuntersuchungen als theoretisch und empirisch nicht haltbar zurückgewiesen zugunsten der Möglichkeit differenter Professionalisierungsprozesse und auch -erfolge. (vgl. Abbott 1988: 16f, siehe auch Rabe-Kleberg 1993: 91ff, 1996: 286ff; Merten/Olk 1996: 574ff) Das so skizzierte Professionalisierungskonzept, das Art und Ergebnis von Professionalisierungsprozessen zwar von den zeitgebundenen Möglichkeitsbedingungen abhängig macht, Professionalisierung aber als einen prinzipiell nicht abschließbaren, offenen (auch Deprofessionalisierungstendenzen nicht ausschließenden) Prozess begreift (Helsper u.a. 2000: 10), markiert einen entscheidenden Bruch zu den machttheoretischen Ansätzen der 1970er Jahre, die Professionalisierung auf den Idealtypus der klassischen Professionen beziehen. Es hat den Vorteil, dass es dem ständigen Wandel der Berufe und des Berufssystems besser entspricht.

4) Zum Professionalisierungsprozess in den pflegerischen und therapeutischen Gesundheitsberufen

4.1) Zur Situation der pflegerischen und therapeutischen Erstausbildung

Die Krankenpflegeberufe und die therapeutischen Berufe der Ergotherapie, Physiotherapie und Logopädie zählen zu den so genannten „Fachberufen des Gesundheitswesens" bzw. zu den nichtärztlichen Heilberufen im Sinne von Artikel 74 Nr. 19 Grundgesetz, für die der Bund Regelungskompetenz besitzt. (vgl. Bundesinstitut für Berufsbildung 2002: 215ff) Diese bundesrechtlich geregelten Ausbildungsberufe verbindet u.a., dass sie überwiegend von Frauen ausgeübt werden, dass sie sich mangelnder gesellschaftlicher Reputation ausgesetzt sehen, dass ihre jeweils dreijährige Ausbildung an so genannten „Schulen des Gesundheitswesens" oder an Berufsfachschulen und damit nicht wie in vergleichbaren Berufen im Dualen System bzw. unter der Zuständigkeit des Berufsbildungsgesetzes (BBiG) erfolgt, dass die Lehrer, die in der schulischen Berufsausbildung eingesetzt werden, nicht zwingend universitär ausgebildet sein müssen, dass es keine gesetzlichen Mindestvorgaben bezüglich der pädagogischen Qualifikation der praktischen Ausbilder gibt, dass der Anteil der allgemein bildenden Fächer nicht ausreicht, um z.B. eine Fachhochschulreife zu erlangen, dass sie über keine akademische Tradition und eigenständige Bezugswissenschaft verfügen, sowie das berufspolitische Bemühen um Akademisierung und Professionalisierung, das zumeist mit steigenden beruflichen Anforderungen und der Anpassung der Abschlüsse an das europäische bzw. internationale Niveau begründet wird. (vgl. Kälble 2005b)

In der Krankenpflege (und in den therapeutischen Gesundheitsberufen) sind zwar die Berufsbezeichnungen, nicht aber die beruflichen Tätigkeiten gesetzlich geschützt. Ein staatlich garantiertes Monopol auf bestimmte Tätigkeiten oder Tätigkeitsbereiche („Vorbehaltsaufgaben") besteht nicht, wie beispielsweise die Durchsetzung und Etablierung des Medizinischen Dienstes der Krankenversicherung (MDK) als Bedarfsbestimmungs- und Kontrollinstanz der Kostenträger auf dem Pflegemarkt eindrücklich zeigt. (vgl. Strünck 2000) Berufliche Pflege ist somit substituierbar und der Konkurrenz anderer Berufe ausgesetzt. Demzufolge kann und wird Pflege in steigendem Umfang auch von „Laien" und „Angelernten" durchgeführt (u.a. auf Grund der ökonomischen Situation in den Versorgungseinrichtungen), ein Umstand, der nur schwerlich mit einem professionellen Anspruch oder Status zu vereinbaren ist (auch im Pflegeversicherungsgesetz ist die Substituierbarkeit beruflicher Pflegearbeit durch Laienpflege festgeschrieben). Hinzu kommt, dass Pflege – historisch bedingt – in einem spezifischen Unterordnungsverhältnis zur ärztlichen Profession steht, die als „Leitprofession" im Gesundheitssystem (Stichweh 1996) die Arbeit der subordinierten Berufe kontrolliert. Die Pflege muss sich aber nicht nur gegen die klassische Profession der Medizin, sondern zunehmend auch gegen andere Berufe behaupten, die in das angestammte Feld der Pflege hineindrängen. (vgl. Moers 2002: 260)

In der seit Jahren geführten Debatte um eine strukturelle Reform der pflegerischen Erstausbildung besteht zwar dahingehend Konsens, dass die Pflegeausbildung dringend einer Reform bedarf, nicht jedoch darüber, wie die Bildungsreform ausgestaltet werden soll. Hier lassen sich zumindest drei Positionen unterscheiden: Eine Position, die für die Integration der Pflege in das duale System der beruflichen Bildung plädiert (Meifort/Mettin 1998), eine andere, die sich für eine Verortung an Berufsfachschulen ausspricht, und schließlich eine Dritte, welche sich für eine (zumindest teilweise) Verlagerung der pflegerischen Grundausbildung vom Sekundarbereich II in den tertiären Bereich, insbesondere Fachhochschulen, ausspricht. (vgl. Oelke/Menke 2002: 86ff) Auch die therapeutischen Berufe fordern und streben eine Ausbildung auf Hochschulebene an. (vgl. z.B. Deutscher Bundesverband für Logopädie 1999; Arbeitsgemeinschaft der Medizinalfachberufe in der Therapie und Geburtshilfe 2002)

Die Diskussion um eine zukunftsfähige Gestaltung der Pflegeberufe hat den Gesetzgeber inzwischen zu einer Novellierung des Krankenpflegegesetzes veranlasst (zudem ist am 1. August 2003 ein bundeseinheitliches Altenpflegegesetz in Kraft getreten, das im Ausbildungsbereich der Altenpflege zu Angleichungen in den bislang ausschließlich länderspezifischen Bestimmungen führt). Das am 1. Januar 2004 in Kraft getretene Krankenpflegegesetz zielt darauf ab, sowohl die Qualität der Ausbildung zu verbessern als auch die Attraktivität der Pflegeberufe zu erhöhen. Durch das neue Gesetz wird der Krankenpflege u.a. ein „eigenverantwortlicher" Aufgabenbereich und damit mehr Selbstständigkeit zuerkannt. Zudem bleibt Pflege nicht mehr nur auf Kuration beschränkt. Krankenpflege umfasst fortan auch „präventive, rehabilitative und palliative" Maßnahmen. Lehrkräfte und die Schulleitungen der Krankenpflegeschulen benötigen zukünftig einen Hochschulabschluss. Dadurch lassen sich auch die an den Hochschulen vermittelten Kenntnisse der Pflegewissenschaft künftig besser in die Ausbildung einbringen. Entgegen den Forderungen einzelner Krankenpflegeverbände enthalten die Aufgabenbeschreibungen jedoch weiterhin keine Definition von „Vorbehaltsaufgaben" für die beruflich verfasste Pflege. Staatlich geschützt sind nach wie vor ausschließlich die Berufsbezeichnungen und nicht die Ausübung krankenpflegerischer Tätigkeiten. Damit hat die Pflege zwar einen Schritt in Richtung auf mehr Selbstständigkeit vollzogen, den entscheidenden Schritt in Richtung Autonomie – das angestrebte Tätigkeitsmonopol – hat sie jedoch nicht erreicht.

Trotz der aufgeführten Defizite und Reformbedarfe bleibt festzuhalten, dass sich die Ausbildungsprofile der Krankenpflegeberufe im Laufe des vergangenen Jahrhunderts von kaum qualifizierten Arbeitspositionen zu Berufen mit überwiegend dreijähriger Ausbildung auf der Grundlage gesetzlicher Regelungen entwickelt haben. In dieser Hinsicht kann, folgt man dem Berufssoziologen Hesse, der zwischen „Berufskonstruktion" und „Professionalisierung" differenziert (Hesse 1972), oder dem Berufssoziologen Hartmann, der die Berufsentwicklung als eine aufsteigende Rangfolge von Arbeit über

Beruf zur Profession mittels der Prozesse „Verberuflichung" und „Professionalisierung" konstruiert (Hartmann 1972), von einer „Verberuflichung" der Krankenpflege gesprochen werden. Allerdings sind zugleich auch Tendenzen der „Entberuflichung" festzustellen, die sich u.a. im „skill-mix" bzw. in der Zunahme gering qualifizierter Pflegemitarbeiter in Versorgungseinrichtungen zeigen. (Stemmer 2003)

4.2) Zum Akademisierungsprozess in den pflegerischen und therapeutischen Berufen

Pflegekräfte werden in den meisten Ländern Europas an Hochschulen ausgebildet. Auch in Deutschland ist es in den 1990er Jahren, im Sinne einer „nachholenden Modernisierung" (Schaeffer 2003) gelungen, Teilbereiche der Pflege zu akademisieren. Ausgelöst durch die Debatte um den „Pflegenotstand" Ende der 1980er Jahre, in der sowohl die Defizite der pflegerischen Strukturen als auch der wachsende Bedarf an Pflege öffentlich sichtbar und politisch wahrgenommen wurden, sowie (aus Sicht einiger Autoren) begünstigt durch Erosionstendenzen in der ärztlichen Profession (vgl. z.B. Schaeffer 1994; Moers 2002) und befördert durch den verstärkten internationalen Erfahrungsaustausch, durch Emanzipationsprozesse der Frauen und durch Veränderungen an den Hochschulen (z.b. rückläufiges Interesse von Studierenden in etablierten Fächern) hat die berufs- und bildungspolitisch lange geforderte und Anfang der 1990er Jahre in der Denkschrift „Pflege braucht Eliten" (Robert Bosch Stiftung 1993) empfohlene Akademisierung der Pflege inzwischen zur Einrichtung von ca. 50 grundständigen Pflegestudiengängen und einem Dutzend weiterführenden Qualifikationsangeboten geführt, die – dem bildungspolitisch begründeten Trend zum Ausbau der Fachhochschulen folgend – überwiegend an Fachhochschulen angesiedelt sind. (vgl. Schaeffer 1999; Kälble 2001a) Akademisiert wurden insbesondere die Pflegelehrerausbildung und die Ausbildung für Leitungs- und Managementfunktionen (mehr als 85% der grundständigen Studiengänge qualifizieren für diese beiden Aufgabenbereiche). Hinzu kommt die wissenschaftsbezogene Ausbildung in Studiengängen der Pflegewissenschaft, von denen jedoch nur fünf universitär verankert sind. Die meisten der neu entstandenen grundständigen Studiengänge haben, im Hochschulsektor einzigartig, weiterbildenden Charakter, da sie, gesetzlich bedingt, neben der Hochschulreife eine außerhochschulische Ausbildung, d.h. eine abgeschlossene Pflegeausbildung voraussetzen. Vereinzelt wurden an Fachhochschulen, auf der Grundlage europäischer Vereinbarungen, auch klassisch grundständige, d.h. primär qualifizierende Studiengänge der Pflege eingerichtet, die Hochschulzugangsberechtigten ohne vorherige Ausbildung in einem Pflegeberuf offen stehen (z.B. an der FH Fulda). Charakteristisch für das neu entstandene Studienfeld Pflege ist die Heterogenität der Studienstrukturen (z.B. fehlen einheitliche Rahmencurricula) und die Vielfalt der Studienabschlüsse. (vgl. Görres u.a. 2000) Die uneinheitliche Entwicklung ist das Ergebnis unterschiedlicher Zielvorstellungen und Interessen der jeweiligen Hochschulen und Hochschularten sowie der Bundesländer. Der fehlende Konsens hinsichtlich der Strukturierung und Neuordnung des gesamten Berufsfeldes hat ebenfalls zur Entstehung dieser Vielfalt beigetragen. (vgl. Kälble 2002)

Insgesamt betrachtet ist die Pflege bislang nur partiell in das staatliche tertiäre Bildungssystem eingegliedert. Vor allem der große Bereich der „personenbezogenen" bzw. „klientennahen" Pflege ist von der akademischen Entwicklung im Bildungsbereich noch nahezu vollständig ausgeschlossen. Die Ausbildung in der „primären" Pflege erfolgt weiterhin außerhalb von Hochschulen im schulischen Berufsbildungssystem. Gleichwohl gelten die Einrichtung und der quantitative und qualitative Ausbau von Studiengängen an Hochschulen in der Pflege als ein wichtiger Schritt in Richtung akademische bzw. wissenschaftliche Fundierung ihrer Berufe. Nicht zu übersehen sind allerdings auch Gefahren einer „Entberuflichung", wenn z.B. (vor dem Hintergrund der zunehmenden Ökonomisierung im Gesundheitswesen) Interessenskonflikte zwischen ökonomischen Anforderungen und pflegerischen Ansprüchen zu Ungunsten der Letzteren entschieden werden und auf gering qualifizierte Pflegekräfte zurückgegriffen wird. (vgl. Schaeffer 2003)

Begründet mit erhöhten Anforderungen der Berufsausübung und mit dem Verweis, dass die Ausbildung in den Therapieberufen in anderen europäischen Ländern nicht wie in Deutschland auf der Ebene der Berufsfachschulen, sondern auf der Ebene von Hochschulen erfolgt, fordern die Therapieberufe den Zugang an die Universitäten (Logopädie) bzw. Fachhochschulen (Ergo-, Physiotherapie) und eine Öffnung der bundesrechtlichen Regelungen, die bislang verhindern, dass die Ableistung eines grundständigen Studiums als Voraussetzung für eine Berufsanerkennung ausreicht. Während

es in den 1990er Jahren der Pflege gelungen ist, zumindest ihre „Elite" zu
akademisieren (Bollinger/Grewe 2002), hat der Akademisierungsprozess in
den therapeutischen Berufen Ergo-, Physiotherapie und Logopädie erst begonnen (bislang wurden etwa 20 Studiengänge eingerichtet). Akademisiert
werden – wie in der Pflege – insbesondere die Lehrerausbildung und die
Ausbildung für Leitungsfunktionen. Im Gegensatz zur Pflege, in der (noch)
Diplom-Abschlüsse vorherrschen, werden in den therapeutischen Studiengängen – auf Basis des neu eingeführten gestuften Studienmodells mit Ba-
chelor- und Masterabschlüssen (BA/MA) – zumeist BA-Abschlüsse ange-
zielt (MA-Abschlüsse sollen folgen). Eine universitäre Anbindung, die insbesondere für den Aufbau von Wissenschaft und Grundlagenforschung relevant ist, ist in den therapeutischen Gesundheitsfachberufen bislang so gut
wie nicht gegeben. Wie in der Pflege haben die neu entstandenen grundständigen Studiengänge weiterbildenden Charakter, da sie, gesetzlich bedingt,
neben der Hochschulreife, eine schulische Berufsausbildung voraussetzen.
Anders als (bislang noch) in der Pflege werden im Bereich der therapeutischen Berufe auch Bachelorstudiengänge eingerichtet, in denen die dreijährige Berufsausbildung auf das Studium angerechnet wird und somit den Ein-
stieg in das Dritte von sechs Hochschulsemestern ermöglicht. Daneben existieren Modelle einer integrierten Schul- (Berufsausbildung) und Fachhoch-
schulausbildung. (vgl. Kälble 2002, 2003; Elzer/Sciborski 2004)

4.3) Zur Wissensproduktion in der Pflege
Die Wissensproduktion bezogen auf einen Problem- und Zuständigkeitsbe-
reich gilt als eine wichtige Dimension im Prozess der Professionalisierung.
In der Pflege ist man sich heute einig, dass den sich wandelnden inhaltlichen
und gesellschaftlichen Anforderungen an die Pflege durch eine alleinige
Spezialisierung in den Bereichen Pflegemanagement und Pflegepädagogik
nicht ausreichend entsprochen werden kann. Demzufolge wurde und wird
zugleich auch an der Herausbildung einer eigenständigen, grundlagen- und
anwendungsorientierten Pflegewissenschaft und -forschung gearbeitet. Der
in den vergangenen Jahren angelaufene Aufbau einer eigenen Wissen-
schaftsdisziplin zeigt sich in der Etablierung von Studiengängen der Pflegewissenschaft für die Ausbildung des eigenen wissenschaftlichen Nachwuchses. Pflegewissenschaft (mit Promotions- und Habilitationsmöglichkeiten)

42

ist aktuell an fünf Universitäten verankert. Sie wurde aber auch an einigen Fachhochschulen eingerichtet, obwohl sich dieser praxisorientierte Hochschultyp bis heute nicht durch eine besonders forschungsfreundliche Infrastruktur auszeichnet (darüber hinaus sind an Fachhochschulen auch keine Promotions- und Habilitationsmöglichkeiten vorgesehen). Der bisher erreichte Entwicklungsstand der Pflegewissenschaft wird im Hinblick auf die angezielte Konstituierung einer eigenständigen Bezugsdisziplin als nicht ausreichend eingeschätzt. Zum einen mangelt es an weiterführenden „universitären" pflegewissenschaftlichen (Aufbau-) Studiengängen sowie promotions- und habilitationsvorbereitenden Studienmöglichkeiten, zum anderen ist Pflegeforschung – auch aufgrund beschränkter finanzieller Ressourcen und Förderung – gegenwärtig noch ein weitgehend „studentisches" Unternehmen. Sie findet vorwiegend im Rahmen von Diplomarbeiten und Dissertationen statt. Die unzureichende Situation der Pflegeforschung ist u.a. dadurch bedingt, dass es von Seiten der Universitäten Widerstände bezüglich einer universitären Verankerung der Pflegewissenschaft gibt. Damit stehen der Pflege die erforderlichen infrastrukturellen und qualifikatorischen Voraussetzungen um genügend wissenschaftlichen Nachwuchs aus den eigenen Reihen rekrutieren und Pflegewissenschaft als eigene Bezugsdisziplin aufbauen und etablieren zu können, nur in begrenztem Maße zur Verfügung. (vgl. Schaeffer 1999; Schaeffer u.a. 2002)

Die im Vergleich zur Akademisierung mit zeitlicher Verzögerung entstandenen pflegewissenschaftlichen Institute an den Universitäten Bielefeld (IPW), Bremen (iap) und Witten/Herdecke, sowie das von hessischen Fachhochschulen mit Pflegestudiengängen getragene „Hessische Institut für Pflegeforschung" (HessIP) und das von katholischen Fachhochschulen getragene „Deutsche Institut für angewandte Pflegeforschung" (dip) sollen zur Wissensproduktion und Wissenssystematik in der Pflege beitragen. (vgl. Stemmer 2003: 24) Ein weiterer wichtiger Schritt in Richtung Wissenschaftsentwicklung ist mit den im Februar 2004 vom Forschungsministerium genehmigten „Pflegeforschungsverbünden" erfolgt. Ab 2004 werden vier Forschungsverbünde (Sprecherhochschulen sind die Universitäten Bielefeld, Halle-Wittenberg und Bremen sowie die Fachhochschule Osnabrück) mit insgesamt 25 Teilprojekten in einer Größenordnung von 4.5 Millionen Euro für zunächst drei Jahre gefördert (die Verbünde können in einer zwei-

ten Förderphase um weitere drei Jahre verlängert werden). Mit den Pflegeforschungsverbünden soll die nötige Strukturentwicklung auf dem Gebiet
der Pflegeforschung eingeleitet werden. (vgl. Forschungsverbünde Pflege
2004)

5) Zum Stellenwert von Hochschul- und Studienreform für die Ausbildung in den pflegerischen und therapeutischen Gesundheitsberufen

Die Reformbemühungen der gesundheitsberuflichen Qualifizierung treffen
inzwischen auf rasant verlaufende Reformentwicklungen an deutschen
Hochschulen, die durch die Novellierung des Hochschulrahmengesetzes
1998 ermöglicht und durch darauf aufbauende Beschlüsse der Kultusminis-
ter- und Hochschulrektorenkonferenz fortgeschrieben wurden. Die nationalen Entwicklungen sind dabei wiederum im Kontext des so genannten „Bologna-Prozesses" zu sehen, der bis zum Jahr 2010 angestrebten Vereinheitlichung der europäischen Hochschul- und Studiensysteme. (vgl. Kälble u.a.
2004: 96ff) Das 1998 in Deutschland neu eingeführte Studiensystem mit gestuften Bachelor- und Master-Studiengängen (BA/MA), welches in den
nächsten Jahren die herkömmlichen Studienabschlüsse ersetzen wird, eröffnet Universitäten und Fachhochschulen neue, inzwischen dynamisch genutz-
te Innovationschancen, die auch im Studienfeld Gesundheit zunehmend aufgegriffen werden: d.h. immer mehr Gesundheitsberufe streben eine Ausbildung auf akademischen Niveau mit BA- und MA-Abschlüssen an. (vgl.
Kälble 2001b) Im Rahmen dieser Entwicklung hat die Dekanekonferenz
Pflegewissenschaft empfohlen, neben der schulischen Erstausbildung auch
Studiengänge zum Erwerb eines ersten berufsqualifizierenden Abschlusses
in einem Pflegeberuf an Hochschulen einzurichten (akademische Primärqualifizierung) und diese Möglichkeit auch in den entsprechenden berufsrechtlichen Regelungen der Ausbildung und der Zulassung zu verankern. Damit
soll die derzeit bestehende Unstimmigkeit aufgelöst werden, dass der Bache-
lorgrad für eine pflegerische Hochschulausbildung vergeben wird, für deren
Aufnahme eine dreijährige berufliche Erstausbildung obligatorisch vorausgesetzt wird. Eine insgesamt sechsjährige Ausbildungszeit für den Erwerb
des Grades eines Bachelor halten die Pflegedekane für „unzumutbar". (Dekanekonferenz Pflegewissenschaft 1999/2000) Analoge Forderungen stellen

die therapeutischen Gesundheitsfachberufe, die ihre Studiengänge primär nach dem neuen Studiensystem ausrichten. Die aktuelle politische Entwicklung zeigt jedoch, dass diesen Forderungen in absehbarer Zeit wohl nicht entsprochen wird. Im Gesundheitsministerium herrscht diesbezüglich die Meinung vor, dass es einer grundständigen akademischen Ausbildung zur Verbesserung des Niveaus der beruflichen Tätigkeit nicht bedürfe. Die Ablehnung wird u.a. mit bildungspolitischen Auswirkungen durch die mögliche Entwertung der mittleren schulischen Abschlüsse und mit finanziellen Belastungen durch die Einrichtung der Studiengänge begründet, die wegen der Kulturhoheit der Länder hauptsächlich von diesen getragen werden müssten (so die Aussage der parlamentarischen Staatssekretärin Schaich-Walch 2002) Entsprechend fällt die Antwort der Bundesregierung auf eine parlamentarische Anfrage aus dem Jahr 2002 aus, die speziell auf die Notwendigkeit einer Akademisierung der grundständigen Physiotherapieausbildung zielte. (Antwort der Bundesregierung 2002)

Auch das neu eingeführte System der Qualitätssicherung durch Akkreditierung, mit dem die Qualität der neu eingerichteten BA- und MA-Studiengänge sichergestellt werden soll (vgl. zum Akkreditierungssystem Kälble u.a. 2004: 98ff), weckt in den Gesundheitsfachberufen Hoffnungen auf Professionalisierungsfortschritte. Diese gründen vor allem darauf, dass der Staat sich im neuen Studiensystem weitgehend auf die Genehmigung der Studiengänge und die Gewährleistung der Ressourcenbasis zurückzieht, und die Qualitätssicherung der Studiengänge Akkreditierungsagenturen überlässt. Die Pflege ist in die (seit 2001 bestehende) „Akkreditierungsagentur für Studiengänge im Bereich Heilpädagogik, Pflege, Gesundheit und Soziale Arbeit (AHPGS)" eingebunden und hat durch eine von der Dekanekonferenz Pflegewissenschaft einberufene Arbeitsgruppe Verfahrensgrundsätze und Qualitätsstandards für die Akkreditierung von gestuften Pflegestudiengängen erarbeit, die im Jahr 2002 beschlossen und eingesetzt wurden. Die von der Pflegewissenschaft autonom gesetzten Standards und Vorgaben der Zertifizierung werden in der Pflege als Stärkung der Handlungsautonomie und des Selbstbestimmungsrechts wahrgenommen und damit als ein Professionalisierungszugewinn interpretiert, der – so die Hoffnung – einen Professionalisierungsschub im Berufsfeld bedingen kann. (Siegel 2002)

6) Resümee

Der durch veränderte Versorgungsanforderungen und neue Aufgaben im Gesundheitswesen (z.B. Integrierte Versorgung, Case-Management, Beratung) in Gang gekommene bildungs- und berufsstrukturelle Wandel im Bereich der Gesundheitsberufe (mit Trend in Richtung Höherqualifikation) ist noch keineswegs abgeschlossen. Er wird sich in den nächsten Jahren ebenso fortsetzen wie das Drängen der Gesundheitsfachberufe aus den Fachschulen in die Hochschulen, insbesondere Fachhochschulen. Das Studium an einer Fachhochschule wird allerdings – allein schon aus Kapazitäts- und Ressourcengründen – die Ausbildung an Fachschulen nicht ersetzen können. Tendenziell ist jedoch zu erkennen, dass für ausgewählte Bereiche, z.B. Leitungs- und Lehrfunktionen, entsprechende Angebote entwickelt und bereitgehalten werden. Zugleich ist zu erwarten, dass im gesundheitsberuflichen Beschäftigungssystem ein Verdrängungswettbewerb einsetzt, da immer mehr akademisch ausgebildete Berufe um die neuen Aufgaben und Aufgabenfelder konkurrieren.

Für eine perspektivisch aussichtsreiche akademische Entwicklung der therapeutischen Gesundheitsfachberufe ist die alleinige Akademisierung von Leitungs- und Lehrfunktionen auf Fachhochschulebene keinesfalls ausreichend. Hierzu bedarf es auch der Herausbildung von Wissenschaft und eigenem Wissen. Der Aufbau einer universitären Fachdisziplin stellt jedoch eine schwierige und langfristige Aufgabe dar, wie auch die diesbezügliche Entwicklung in der Pflege zeigt. Dazu ist notwendig, dass die therapeutischen Gesundheitsfachberufe ihre Forschungsfragestellungen formulieren und ihre Bezugswissenschaften klären. Nur so ist wissenschaftliche Forschung im eigenen Fach und damit auch eine Heranbildung des eigenen wissenschaftlichen Nachwuchses möglich.

Die Pflege hat in den letzten Jahren zweifellos Professionalisierungsfortschritte erzielt. Sie betreffen allerdings nicht die Pflege als Ganze, insbesondere nicht die personenbezogene Pflege. Wesentliche Erfolge sind die Akademisierung des Pflegemanagements und der Pflegepädagogik, der noch begrenzte Aufbau von Pflegewissenschaft, der Aufbau von Pflegeforschungsinstituten sowie die aktuelle Etablierung von Forschungsverbünden, die zum Ausbau der Forschungsstrukturen beitragen sollen. Professionalisierungswille, die Akademisierung der Pflegelehrer- und Pflegemanagementausbildung sowie der beginnende Verwissenschaft-lichungsprozess alleine werden aber nicht ausreichen, um die Pflege als neue Profession in den Umverteilungskämpfen im Gesundheitswesen durchzusetzen und insbesondere gegen das bestehende Machtmonopol der etablierten ärztlichen Profession zu behaupten, die, jenseits aller Erosionstendenzen, vom Interesse geleitet ist, für das Feld von Gesundheit und Krankheit die Zuständigkeit zu bewahren. Noch immer kann Pflege nur auf ärztliche Anordnung hin durchgeführt werden. Die Pflege muss sich aber nicht nur gegen die ärztliche Profession, sondern zunehmend mehr auch gegen andere Berufe behaupten, die auf unterschiedlichen Ebenen in das Feld der Pflege drängen. Zugleich sind auf der Ebene der personenbezogenen, direkten Pflege (auf Grund von Rationalisierungszwängen) Tendenzen der „Entberuflichung" festzustellen (Zunahme gering qualifizierter Pflegekräfte). Hinzu kommt ein nach wie vor geringes öffentliches Ansehen.

Insgesamt scheint die Pflege und ihre Berufsverbände – trotz der inzwischen auch erreichten Mitwirkung in gesundheitspolitisch relevanten Gremien (Pflegeexperten sind heute z.B. in die Arbeit des „Sachverständigenrates zur Begutachtung der Entwicklung im Gesundheitswesen" eingebunden) – derzeit nicht einflussreich genug, um berufliche Autonomie und das von ihr angestrebte Monopol für pflegerische Aufgaben und Tätigkeiten durchzusetzen bzw. den Staat zu entsprechenden Regelungen zu bewegen. Dazu trägt u.a. bei, dass in Deutschland zwar ein pflegerischer Bedarf deutlich geworden ist, weniger aber, welche Qualifikationen Pflege benötigt. Auch ist es der Pflege bislang nicht gelungen, gesellschaftlich ausreichend plausibel machen, welches ihre spezifische Kompetenz und ihr spezifischer Beitrag für die Lösung der anstehenden Probleme einer wachsenden und komplexer werdenden Pflegebedürftigkeit ist. Damit hat die Pflege in den letzten Jahren eine durchaus ambivalente Entwicklung genommen.

Literatur

Abbott, A. 1988: The System of Professions, An Essay on the Division of Expert Labor, Chicago/London.

Antwort der Bundesregierung auf eine Kleine Anfrage der Abgeordneten Maritta Böttcher und der Fraktion der PDS (Drucksache 14/9805) – Akademisierung der Physiotherapeutenausbildung, Deutscher Bundestag, 1.8.2002. Drucksache 14/9840.

Arbeitsgemeinschaft der Medizinalfachberufe in der Therapie und Geburtshilfe (Hrsg.) 2002: Hochschulausbildung der Medizinalfachberufe – hat die Zukunft schon begonnen? Symposium der Arbeitsgemeinschaft der Medizinalfachberufe in der Therapie und Geburtshilfe am 20. November 2001 in Bonn.

Bollinger, H.; Grewe, A. 2002: Die akademisierte Pflege in Deutschland zu Beginn des 21. Jahrhunderts – Entwicklungsbarrieren und Entwicklungspfade. In: Jahrbuch für Kritische Medizin 37: Qualifizierung und Professionalisierung, Hamburg, S. 43-59.

Bundesinstitut für Berufsbildung 2002: Die anerkannten Ausbildungsberufe, Bielefeld.

Coburn, D.; Willis, E. 2000: The Medical Profession: Knowledge, Power, and Autonomy. In: Albrecht, G. L.; Fitzpatrick, R.; Scrimshaw, S. C. (Hrsg.): Handbook of Social Studies in Health and Medicine. London/Thousand Oaks/New Dehli: Sage: 377-393.

Combe, A.; Helsper, W. (Hrsg.) 1996: Pädagogische Professionalität, Untersuchungen zum Typus pädagogischen Handelns, Frankfurt.

Deutscher Bundesverband für Logopädie e.V. (Hrsg.) 1999: Logopädie braucht wissenschaftliche Kompetenz, Plädoyer für eine Hochschulausbildung, Denkschrift, Idstein.

Görres, S.; Hinz, Ingo M.; Krippner, A.; Zerwas, M. 2000: Evaluation pflegewissenschaftlicher Studiengänge in Deutschland. In: Pflege, 13, S. 33-41.

Hartmann, H. 1972: Arbeit, Beruf, Profession. In: Luckmann, T.; Sprondel, W. M. (Hrsg.): Berufssoziologie, Köln, S. 36-52.

Helsper, W.; Krüger, H.-H.; Rabe-Kleberg, U. 2000: Professionstheorie, Professions- und Biographieforschung: Einführung in den Themenschwerpunkt. In: Zeitschrift für qualitative Bildungs-, Beratungs- und Sozialforschung Heft 1, S. 5-19.

Hesse, H. A. 1972: Berufe im Wandel, Ein Beitrag zur Soziologie des Berufs, der Berufspolitik und des Berufsrechts 2. überarb. Aufl. Stuttgart.

Kälble, K. 2001a: Im Labyrinth gesundheitsbezogener Studiengänge. In: Pflege Aktuell. Fachzeitschrift des Deutschen Berufsverbandes für Pflegeberufe Heft 55 (7/8), S. 394-398.

Kälble, K. 2001b: Bachelor und Master für gesundheitsbezogene Berufe – Neue Entwicklungen und Akkreditierung. In: Prävention, Zeitschrift für Gesundheitsförderung Heft 24 (3), S. 67-73.

Kälble, K. 2002: Entwicklung der Studiengänge im Bereich Gesundheit. In: Klüsche, W. (Hrsg.): Entwicklung von Studium und Praxis in den Sozial- und Gesundheitsberufen, Bd. 34 der Schriften des Fachbereichs Sozialwesen der Hochschule Niederrhein, Mönchengladbach, S. 119-140.

Kälble, K. 2003: Professionalisierung durch Akademisierung, Hochschulpolitische Bedingungen und neue Entwicklungen im Bereich der (therapeutischen) Gesundheitsfachberufe. In: Nauerth, A.; Walkenhorst, U.; Klemme, B,: Workshop-Reader, Die Zukunft der therapeutischen Berufe, FH Bielefeld, Fachbereich Pflege und Gesundheit, Bielefeld, S. 28-50.

Kälble, K. 2005b: Die Pflege auf dem Weg zur Profession? Zur neueren Entwicklung der Pflegeberufe vor dem Hintergrund des Wandels und der Ökonomisierung im Gesundheitswesen. In: Eurich, J.; Brink, A.; Hädrich, J.; Langer, A.; Schröder, P. (Hrsg.): „Agieren und Reagieren – Soziale Institutionen im Spannungsfeld von Ökonomie und Ethik", Münster. (in Druck)

Kälble, K.; Mauthe, D.; Reschauer, G. 2004: Das Studienfeld Gesundheit – Neue Rahmenbedingungen durch Hochschulreform und den sog. Bologna-Prozess. In: Dierks, M.-L.; Koppelin, F. (Hrsg.): Public Health Ausbildungsprofile und Berufsperspektiven in Deutschland, Bd. 14 der Schriftenreihe der „Deutschen Koordinierungsstelle für Gesundheitswissenschaften" an der Abteilung für Medizinische Soziologie der Universität Freiburg. Freiburg, S. 87-108.

Kälble, K.; von Troschke, J. 1998: Studienführer Gesundheitswissenschaften, Bd. 9 der Schriftenreihe der „Deutschen Koordinierungsstelle für Gesundheitswissenschaften" an der Abteilung für Medizinische Soziologie der Universität Freiburg. Freiburg.

Kurtz, T. 1997: Professionalisierung im Kontext sozialer Systeme, Der Beruf des deutschen Gewerbelehrers, Opladen.

Kurtz, T. 2001: Das Thema Beruf in der Soziologie: Eine Einleitung. In: Kurtz, T. (Hrsg.): Aspekte des Berufes in der Moderne, Opladen, S. 7-20.

Mayntz, R.; Rosewitz, B. 1988: Ausdifferenzierung und Strukturwandel des deutschen Gesundheitssystems. In: Mayntz, R.; Rosewitz, B.; Schimank, U.; Stichweh, R.: Differenzierung und Verselbständigung, Zur Entwicklung gesellschaftlicher Teilsysteme, Frankfurt/New York, S. 117-179.

Macdonald, K. M. 1995: The Sociology of the Professions, London/Thousand Oaks/New Dehli.

McClelland, C. E. 1985: Zur Professionalisierung der akademischen Berufe in Deutschland. In: Conze, W.; Kocka, J. (Hrsg.): Bildungsbürgertum im 19. Jahrhundert. Teil 1, Bildungssystem und Professionalisierung in internationalen Vergleichen, Industrielle Welt, Bd. 38, Stuttgart, S. 233-247.

Meifort, B.; Mettin, G. 1998: Gesundheitspflege, Überlegungen zu einem BBiG-Pflegeberuf, Bundesinstitut für Berufsbildung, Bielefeld.

Merten, R.; Olk, T. 1996: Sozialpädagogik als Profession, Historische Entwicklung und künftige Perspektiven. In: Combe, A.; Helsper, W. (Hrsg.): Pädagogische Professionalität, Untersuchungen zum Typus pädagogischen Handelns, Frankfurt, S. 570-613.

Ministerium für Frauen, Jugend, Familie und Gesundheit des Landes Nordrhein-Westfalen (Hrsg.) 2001: Fachberufe des Gesundheitswesens, Informationen zur beruflichen Aus- und Weiterbildung in Nordrhein-Westfalen, 2. überarb. Aufl. Stand 1. Oktober 2001, Düsseldorf.

Moers, M. 2002: Professionalisierung der Pflege. In: Kolb, S.; IPPNW (Hrsg.): Medizin und Gewissen, Wenn Würde ein Wert würde ... Eine Dokumentation über den internationalen IPPNW-Kongress, Erlangen, 24.-27. Mai 2001, Frankfurt, S. 256-265.

Oelke, U.; Menke, M. 2002: Qualifizierung des Pflegepersonals. In: Igl, G.; Schiemann, D.; Gerste, B.; Klose, J. (Hrsg.): Qualität in der Pflege, Betreuung und Versorgung von pflegebedürftigen alten Menschen in der stationären und ambulanten Altenhilfe, Stuttgart/New York, S, 79-96.

Oevermann, U. 1996: Theoretische Skizze einer revidierten Theorie professionalisierten Handelns. In: Combe, A.; Helsper, W. (Hrsg.): Pädagogische Professionalität, Untersuchungen zum Typus pädagogischen Handelns. Frankfurt, S. 70-182.

Pfadenhauer, M. 2003: Professionalität, Eine wissenssoziologische Rekonstruktion institutionalisierter Kompetenzdarstellungskompetenz. Opladen.

Rabe-Kleberg, U. 1993: Verantwortlichkeit und Macht, Ein Beitrag zum Verhältnis von Geschlecht und Beruf angesichts der Krise traditioneller Frauenberufe. Bielefeld.

Rabe-Kleberg, U. 1996: Professionalität und Geschlechterverhältnis, Oder: Was ist „semi" an traditionellen Frauenberufen? In: Combe, A.; Helsper, W. (Hrsg.): Pädagogische Professionalität, Untersuchungen zum Typus pädagogischen Handelns. Frankfurt, S. 276-302.

Robert Bosch Stiftung (Hrsg.) 1993: Pflege braucht Eliten, Denkschrift zur Hochschulausbildung für Lehr- und Leitungskräfte in der Pflege, Beiträge zur Gesundheitsökonomie 28, Gerlingen.

Sachverständigenrat für die Konzertierte Aktion im Gesundheitswesen 2002: Gutachten 2000/2001 – Bedarfsgerechtigkeit und Wirtschaftlichkeit, Bd. 2, Qualitätsentwicklung in Medizin und Pflege. Baden-Baden.

Schaeffer, D. 1994: Zur Professionalisierbarkeit von Public Health und Pflege. In: Schaeffer, D.; Moers, M.; Rosenbrock, R. (Hrsg.): Public Health und Pflege, Zwei neue gesundheitswissenschaftliche Disziplinen. Berlin, S. 103-126.

Schaeffer, D. 1999: Entwicklungsstand und -herausforderungen der bundesdeutschen Pflegewissenschaft. In: Pflege, Die wissenschaftliche Zeitschrift für Pflegeberufe 12 (3), S. 141-152.

Schaeffer, D. 2003: Professionalisierung der Pflege. In: Büssing, A.; Glaser, J. (Hrsg.): Dienstleistungsqualität und Qualität des Arbeitslebens im Krankenhaus, Göttingen/Bern/Toronto/Seattle, S. 227-243.

Schaeffer, D.; Moers, M.; Rosenbrock, R. 2002: Zur Entwicklung von Pflege und Pflegewissenschaft. In: Schwartz, F. W. (Hrsg.): Das Public Health Buch, Gesundheit und Gesundheitswesen, 2. völlig neu bearb. u. erw. Aufl. München/Jena, S. 275-277.

Schaich-Walch, G. 2002: Antwort der parlamentarischen Staatssekretärin Gudrun Schaich-Walch vom 20 März 2002. In: Deutscher Bundestag, 14. Wahlperiode, Schriftliche Fragen mit den in der Zeit vom 18. bis 28. März eingegangenen Antworten der Bundesregierung. Drucksache 14/8714.

Schütze, F. 1996: Organisationszwänge und hoheitsstaatliche Rahmenbedingungen im Sozialwesen, Ihre Auswirkungen auf die Paradoxien des professionellen Handelns. In: Combe, A.; Helsper, W. (Hrsg.): Pädagogische Professionalität, Untersuchungen zum Typus pädagogischen Handelns. Frankfurt, S. 183-275.

Siegel, R. 2002: Zum Entwicklungsprozess und den Chancen der Professionalisierung in der Pflege, die mit der Einführung des Zertifizierungsverfahrens durch die AHPGS verbunden sind. In: Pflege und Gesellschaft Heft 7 (2), S. 54-59.

Stemmer, R. 2003: Professionalisierung der Pflegearbeit durch Kooperation von Pflegewissenschaft und Pflegepraxis. In: Vereinte Dienstleistungsgewerkschaft ver.di e.V. (Hrsg.): Professionalisierung der Pflege und Pflegebildung – Mythos oder realistische Perspektive? Tagungsband: 2. Bundesweite Fachtagung für Lehrerinnen und Lehrer der Pflege am 4. Juni 2003, Berlin, S. 15-30.

Stichweh, R. 1996: Professionen in einer funktional differenzierten Gesellschaft. In: Combe, A.; Helsper, W. (Hrsg.): Pädagogische Professionalität, Untersuchungen zum Typus pädagogischen Handelns. Frankfurt, S. 49-69.

Stichweh, R. 2000: Professionen im System der modernen Gesellschaft. In: Merten, R. (Hrsg.): Systemtheorie Sozialer Arbeit, Neue Ansätze und veränderte Perspektiven. Opladen, S. 29-38.

Strünck, C. 2000: Pflegeversicherung – Barmherzigkeit mit beschränkter Haftung, Institutioneller Wandel, Machtbeziehungen und organisatorische Anpassungsprozesse, Opladen.

Voges, W. 2002: Pflege alter Menschen als Beruf, Soziologie eines Tätigkeitsfeldes, Wiesbaden.

Voß, G. G. 1994: Berufssoziologie. In: Kerber, H.; Schmieder, A. (Hrsg.): Spezielle Soziologien, Problemfelder, Forschungsbereiche, Anwendungsorientierungen, Reinbek bei Hamburg, S. 128-148.

Internetquellen

Dekanekonferenz Pflegewissenschaft 1999/2000: Empfehlungen der Dekanekonferenz Pflegewissenschaft zu den neuen Studienabschlüssen Bachelor und Master (beschlossen auf den Sitzungen am 19. November 1999 und am 21. Januar 2000), Positionspapier zur beabsichtigten Änderung des Krankenpflegegesetzes (beschlossen vom Vorstand der Dekanekonferenz auf seiner Sitzung vom 23. November 2000), Pressemitteilungen, http://www.deka-pflegewiss.de (Zugriff: Februar 2005).

Elzer, M.; Sciborski, C. 2004: Physiotherapie-Studium in Deutschland – oder der Versuch, einen Dschungel zu durchdringen. http://www.rehab-online.de/Physiotherapiestudium.html (Zugriff: Februar 2005).

Forschungsverbünde Pflege und Gesundheit 2004: Pflegeforschung erhält dringende Impulse, Pressemitteilung (Pressebericht: 22. Februar 2004), http://www.pflegeforschungsverbuende.de (Zugriff: Februar 2004).

Kälble, K, 2005a: Between professional autonomy and economic orientation – The medical profession in a changing health care system. In: GMS Psycho-Social-Medicine 2, S. 1-15: http://www.egms.de/en/journals/psm/2005-2/psm000010. shtml (Zugriff: Februar 2005).

Annette Grewe, Sigrid Stahl

Zukunft aus der Geschichte?
Die Beharrlichkeit einer Professionalisierungsidee als konstitutives Element von Hochschulbildungskonzepten für die Pflege

Einleitung

Im Zuge der Etablierung von Pflegestudiengängen an deutschen Hochschulen wurde 1994 der Fachbereich Pflege und Gesundheit an der Fachhochschule Fulda gegründet. Sein erstes Projekt, der Diplom-Studiengang „Pflege", verfolgte im Gegensatz zum Konzept der Elitenbildung von Anfang an die Idee der Primärqualifizierung, d.h. der hochschulischen Ausbildung für die Kernaufgaben der Pflege – die Pflege selbst. Am Beispiel der Entwicklung, Anpassung und Neuformierung des Studienganges Pflege der Fachhochschule Fulda lassen sich strukturelle Hürden sowie politische Einflussnamen unterschiedlicher Akteure im Verlauf der nunmehr gut zehnjährigen Geschichte der Akademisierung der Pflege in Deutschland auf den Punkt bringen.

Der Anfang

Die Gründung der Pflegefachbereiche in Hessen geht auf eine historische Konstellation zurück, in der sich zwei politisch denkende Menschen zweier hessischer Ministerien darüber verständigten, dass Pflege als Hochschuldisziplin in Hessen zu entwickeln sei. Als Ergebnis dieser Zusammenarbeit wurden an drei hessischen Fachhochschulen Pflegestudiengänge als grundständige Studienangebote eingerichtet, deren Besonderheit sich zunächst über die ministeriell gesetzten Vorgaben der Zulassung zum Studium definierte: Hochschulzugangsberechtigung. Diese Setzung war insofern eine Besonderheit, als dass sich bereits in der ersten Gründungswelle pflegeorientierter Studiengänge in der Bundesrepublik bis zum Herbst 1994 ein dem Hochschulrahmengesetz widersprechender Sonderweg der Zulassung zu

Pflegestudiengängen als dominierend etabliert hatte: von insgesamt gut zwanzig grundständigen Studiengängen an Fachhochschulen und Universitäten mit den Studienrichtungen „Pflege", „Pflegewissenschaft", „Pflege-/Medizinpädagogik" sowie „Pflegemanagement", deren Einrichtung bis zum Wintersemester 1994/95 erfolgte, verlangten vierzehn Studiengänge zusätzlich zum Nachweis der Hochschulzugangsberechtigung den Nachweis einer abgeschlossenen Berufsausbildung in einem Pflegeberuf. (Kälble/v. Troschke 1998) Diese Tendenz verfestigte sich in den folgenden Jahren – zum Wintersemester 1996/97 verlangten zweiundzwanzig Studiengänge eine abgeschlossene Berufsausbildung in einem Pflegeberuf vor Aufnahme des Studiums, zehn nicht – darunter die drei hessischen Studienstandorte. (Kälble/v. Troschke 1998) Den verschiedenen Studienrichtungen zugeordnet, ergab sich Mitte der 90er Jahre bundesweit folgende Konstellation: die ausgewiesene Studienrichtung „Pflegemanagement" rekrutierte nahezu ausnahmslos Interessierte mit abgeschlossener Berufsausbildung, die Studienrichtung Pflege-/Medizinpädagogik an mehr als zwei Dritteln der Standorte ebenfalls, lediglich die Mehrzahl der Studiengänge mit der Ausrichtung Pflege / Pflegewissenschaft ließ Interessenten entsprechend der normalen Zulassungsbedingungen an deutschen Hochschulen zu. Letztere Studienrichtungen waren die am seltensten angebotenen, das Studienangebot Pflegemanagement dominierte bundesweit.

Es ist allein aus den Zahlen unschwer zu schlussfolgern, dass der Einrichtung von Pflegestudiengängen in Deutschland Anfang bis Mitte der 90er Jahre des vorigen Jahrhunderts unterschiedliche Intentionen zugrunde lagen: Die Weiterbildung berufserfahrener Pflegekräfte als „Akademisierungsziel" überwog, gleichwohl unter anderem Schaeffer sehr früh auf das Fehlen des eigentlichen Gegenstandes der Pflege in „mit dem Lehrer- bzw. Managementhandeln" befassten Studiengängen hinwies und kritisierte, dass hierdurch lediglich „in Teilbereichen einer Dienstleistungstätigkeit eine Anhebung des Ausbildungs- und Qualifikationsniveaus erfolgt". (Schaeffer 1994: 112 ff)

Nur der geringere Teil der Hochschulen wagte sich an die viel beschworene „internationale Normalität", der man sich mit der Akademisierung doch angleichen wollte: Pflege als normale grundständige Hochschulausbildung zu entwickeln.

Das Konzept

Zum Master-Plan des hessischen Konzeptes der Akademisierung der Pflege gehörte als zweite Stufe die universitäre Ansiedlung der Pflegepädagogik sowie der Pflegewissenschaft an einem Studienstandort in Hessen. Den Fachhochschulen oblag es, Konzepte für einen „für alle Pflegeberufe gemeinsamen, praxisorientierten grundständigen Fachhochschulstudiengang Pflegewissenschaft, der für vielfältige Aufgaben im Sozial- und Gesundheitswesen qualifiziert", zu entwickeln. (Moers 1995: 3) Mit der generalistischen Sichtweise wurde auf der Ebene der Hochschulausbildung die Differenzierung der immer noch gegenwärtigen Berufsausbildungen in Kinderkrankenpflege, Krankenpflege und Altenpflege aufgehoben und ein Reformschritt vollzogen, der sich erst Jahre später über die Anwendung der „Modellklausel" auf die berufliche Erstausbildung übertragen ließ.

Die geforderte Praxisorientierung der hessischen Pflegestudiengänge im Kontext einer „normalen" Hochschulzulassung schloss zwangsläufig auch die Befassung mit dem körpernahen Pflegehandeln im Rahmen eines Hochschulstudiums ein. Im Gegensatz zum exklusiven Spezialisierungsanspruch anderer Studiengänge konstituierte der Diskussionsprozess in Hessen den kleinen Zweig primärqualifizierender pflegewissenschaftlicher Studiengänge in Deutschland, der die Berufsbefähigung der Absolvent/innen für die praktische Pflege als Leitidee verfolgte.

Die Einlösung des explizit praxisorientierten Anspruchs wurde im Studiengangskonzept der Fachhochschule Fulda über mehrere Wege verfolgt: zum einen über die Integration des bedside-teaching in pflegewissenschaftliche Veranstaltungen, zum anderen über die Ausweisung eines berufspraktischen Semesters sowie obligater Praxisphasen während der vorlesungsfreien Zeit. Vor allem das semesterintegrierte bedside-teaching sowie die Praxisphasen während der vorlesungsfreien Zeit dienten in wesentlichen Teilen der Erlangung von Handlungskompetenz in der körperbezogenen Pflege, deren Techniken zuvor in Laborsituationen eingeübt worden waren. Konzeptuell wurde somit für die Gestaltung des Theorie-Praxis-Transfers im primärqualifizierenden Studiengang Pflege eine zur Mediziner-Ausbildung analoge Verzahnung von Hochschullehre und praktischer Anleitung unter Fallbezug angestrebt.

Akademische Lehreinrichtungen

Der Umsetzung des Konzeptes der pflegepraktischen Ausbildung stellten sich strukturelle Widerstände auf unterschiedlichen Ebenen entgegen. Die zentrale Hürde betraf das bedside-teaching. Im Gegensatz zur klinischen Ausbildung in der Medizin war für die Pflegeprofessuren des Fachbereichs die Personalunion in Lehre und Patientenversorgung nicht gegeben, da den Fachhochschulen im Gegensatz zu medizinischen Fakultäten keine Einrichtungen mit Versorgungsauftrag angegliedert sind, in die die entsprechenden Professorinnen über einen Arbeitsvertrag hätten eingebunden werden können. Behandlungsverträge werden jedoch zwischen den Trägern der Versorgungseinrichtungen und den Patienten geschlossen, entsprechend problematisch stellt sich die haftungsrechtliche Relevanz einer pflegepraktischen Tätigkeit externer Personen, z.B. im Rahmen einer Anleitungssituation, in einer Einrichtung der Gesundheitsversorgung dar. Gleichfalls schwierig gestaltete sich der Versuch des Fachbereichs, erfahrene und pädagogisch geeignete Pflegekräfte der jeweiligen Praxiseinrichtungen über Lehraufträge in die klinische Ausbildung der Studierenden einzubeziehen, da Lehraufträge im Nebenamt erfüllt werden und somit die lehrenden Personen außerhalb ihres Arbeitsvertrages mit der jeweiligen Einrichtung – somit auch außerhalb des Behandlungsvertrages zwischen Patient und jeweiliger Einrichtung – tätig geworden wären.

Das Theorie-Praxis-Problem wurde strukturell über Vertragsabschlüsse zwischen der Fachhochschule und Krankenhäusern sowie Einrichtungen der stationären und ambulanten Versorgung gelöst. Analog der Gewährleistung der klinischen Ausbildung in der Medizin während des Praktischen Jahres wurde mit den kooperierenden akademischen Lehrkrankenhäusern bzw. akademischen Lehreinrichtungen für Pflege eine Vergütung ihrer klinischen Ausbildungsleistung vertraglich vereinbart, so dass die Lehre im Hauptamt erfolgen konnte. Das bildungspolitische Problem, dass die praktische Ausbildung Lehrenden oblag, die selbst nicht auf der Ebene ausgebildet waren für die sie ausbilden sollten, musste angesichts der erdrückenden Rechtssituation in Kauf genommen werden. In der historischen Rückschau zehn Jahre später erweist es sich zudem über die Einmündung von Absolventinnen des Studienganges in die akademischen Lehrkrankenhäuser / Lehreinrichtungen für Pflege als ein bildungspolitisches Übergangsproblem, das gegenüber anderen Konstellationen eine vergleichsweise geringe Bedeutung als struktureller Behinderer des Akademisierungsprozesses der Pflege in Deutschland hatte.

Sozialgesetzbuch XI und Krankenpflegegesetz

Parallel zu den erfolgreichen Akademisierungsbemühungen der Pflege in Deutschland wurde das Pflegeversicherungsgesetz diskutiert. Am 1. Januar 1995 trat das SGB XI in Kraft. Die Soziale Pflegeversicherung initiierte eine Gründungswelle vor allem ambulanter Pflegedienste, aber auch stationärer Pflegeeinrichtungen, und eröffnete der Pflege in der Bundesrepublik ein vergleichsweise autonomes Tätigkeitsfeld mit relativer Distanz zur Medizin. Zudem schuf das SGB XI den Begriff „Pflegefachkraft". Dieser Begriff bzw. die Definition dessen, was eine Pflegefachkraft nach SGB XI sei, erwies und erweist sich als beharrlicher Verhinderer einer Hochschulausbildung für den Kernbereich der Pflege in Deutschland.

Gemäß § 80 SGB XI waren die Spitzenverbände der Pflegekassen, die Bundesarbeitsgemeinschaft der überörtlichen Träger der Sozialhilfe, die Bundesvereinigung der kommunalen Spitzenverbände und die Vereinigungen der Träger der Pflegeeinrichtungen auf Bundesebene mit In-Kraft-Treten des Gesetzes verpflichtet, einheitliche Grundsätze und Maßstäbe für die Qualität und die Qualitätssicherung der ambulanten und stationären Pflege zu vereinbaren. Im Rahmen dieser Vereinbarungen wurde der Begriff „ausgebildete Pflegefachkraft" für die Wahrnehmung einzelner Funktionen spezifiziert: zum einen für die Wahrnehmung von fachlichen Leitungsfunktionen, zum anderen – zumindest im ambulanten Bereich – für die Wahrnehmung der Aufgaben der direkten Pflege. Hiermit geschah auf untergesetzlicher Ebene das, was die Berufsgesetze der Pflege (Krankenpflegegesetz, Altenpflegegesetze der Länder) jahrzehntelang bewusst ausgeklammert hatten, nämlich die zumindest partielle Regelung der Berufsausübung. (vgl. Kurtenbach u.a. 1992: 2) Zwar wurden über die Qualitätsvereinbarungen nicht spezielle Tätigkeiten als Vorbehaltsaufgaben für Pflegekräfte mit entsprechender Berufsbezeichnung definiert, jedoch war das Resultat in seiner Auswirkung auf die Diplom-Pflegewirt/innen, die nicht zusätzlich über die Erlaubnis zur Führung einer Berufsbezeichnung verfügten, identisch. In der

Chronologie des Studienganges Pflege wurden diese im SGB XI verankerten und in den nachfolgenden Verordnungen und Vereinbarungen konkretisierten Hürden mit der Einmündung der ersten Absolventinnen in das Berufsfeld offensichtlich. Diplom-Pflegewirt/innen, die sich in ambulanten und stationären Pflegeeinrichtungen bewarben, waren für die meisten Arbeitgeber nur dann „geeignete Kräfte" bzw. „Pflegefachkräfte" im Sinne der Qualitätsvereinbarungen bzw. des SGB XI, wenn sie zusätzlich die Erlaubnis hatten, eine der im Gesetz genannten Berufsbezeichnungen zu führen. In ambulanten und stationären Pflegeeinrichtungen konnten diejenigen, die im Sinne des hessischen Konzeptes Pflege als Erstausbildung studiert hatten, in der direkten Pflege lediglich als „Hilfskräfte" unter „fachlicher Anleitung" tätig sein, und dies ohne Option auf einen Aufstieg in Leitungspositionen. Die wortgenaue Auslegung der Qualitätsvereinbarungen ließ Positionen der fachlichen Leitung in Pflegeheimen und Pflegediensten sogar für diejenigen Absolvent/innen nicht zu, die nach ihrer Berufsausbildung in einem der genannten Pflegeberufe vier Jahre Pflegemanagement studiert hatten und somit schwerlich zwei Jahre Berufserfahrung innerhalb der letzten fünf Jahre nachweisen konnten.

Andererseits boten sich durch das SGB XI auch Arbeitsplatzchancen, insbesondere in der Qualitätssicherung, die mit dem § 80 (2) für alle Pflegeeinrichtungen verpflichtend wurde. Gerade diejenigen Absolvent/innen, denen aufgrund ihrer fehlenden Berufsbezeichnung der Bereich der direkten Pflege in ambulanten und stationären Pflegeeinrichtungen verwehrt war, fanden Arbeitsplätze in neu geschaffenen Positionen, z.B. in der Qualitätssicherung – oder im Management von stationären Pflegeeinrichtungen in der Aufstiegslinie zur Heimleitung, also im Verwaltungszweig – nicht in der Pflege. (Vespermann 2003: 107) Das „Deutsche Strukturparadox" war offensichtlich geworden.

In der Konsequenz bedeutete diese untergesetzliche Normierung im Regelungsbereich des SGB XI die Notwendigkeit einer „Nachqualifizierung" derjenigen Absolvent/innen, die berufsqualifizierend studiert hatten und ihren Beruf uneingeschränkt in der pflegerischen Praxis ausüben wollten – einschließlich von Karriereoptionen. Somit rückten das Krankenpflegegesetz (KrPflG) und insbesondere die Ausbildungs- und Prüfungsverordnung für die Berufe in der Krankenpflege (KrPflAPrV) in den Fokus der vergleichenden Aufmerksamkeit der hessischen Pflegefachbereiche, des hessischen Sozialministeriums und der Regierungspräsidien. Letzteren oblag die Einstufung nach Einzelfallprüfung, d.h. das Ausmaß der Anrechnung von Studienleistungen auf die entsprechende Berufsausbildung. Innerhalb der KrPflAPrV bezogen sich die wesentlichen Strukturvorgaben zum einen auf das Verhältnis theoretischer zu praktischer Ausbildungszeit – es betrug in der Krankenpflegeausbildung 1600 zu 3000 Stunden –, zum anderen war die Ausgestaltung der praktischen Ausbildungszeit in der Anlage B der KrPflAPrV vier nahezu ausschließlich krankenhausbezogenen Einsatzbereichen zugeordnet. Den Regierungspräsidien wurde die Einzelfallprüfung der theoretischen Unterrichtsstunden über eine ministerielle Prüfung und Entscheidung zugunsten der „Gleichwertigkeit" von Studiencurricula mit dem hessischen Curriculum der Krankenpflegeausbildung zwar abgenommen, gleichwohl blieb die Notwendigkeit der Einzelfallprüfung der praktischen Ausbildungsstunden bestehen. Entsprechend des jeweiligen Prüfergebnisses wurden Absolvent/innen in unterschiedlichem Umfang zur „Nachleistung" praktischer Ausbildungsanteile verpflichtet, bevor sie sich um die Zulassung zur staatlichen Prüfung in der Krankenpflege bewerben konnten.

Neben der Verunsicherung der Absolvent/innen ob ihrer eingeschränkten Berufsmöglichkeiten im Inland wurde mit der Strukturinkompatibilität berufsbildender Pflegestudiengänge eine weitere Hürde offensichtlich: Aufgrund der fehlenden Äquivalenz der Studiengänge mit der Krankenpflegeausbildung waren die Diplom-Pflegewirt/innen erst mit der zusätzlich bestandenen staatlichen Prüfung in der Krankenpflege „europafähig" – eine Erweiterung des „deutschen Strukturparadox" um die Dimension internationaler Anschlussfähigkeit dessen, was mit der Akademisierung an Angleichung bezweckt werden sollte.

Die Richtlinien 77/452/EWG und 77/453/EWG

Bereits 1967 hatten sich die Mitgliedstaaten des Europarates über Mindestnormen der Ausbildung in der allgemeinen Krankenpflege verständigt; im Juni 1977 wurden Kriterien für die gegenseitige Anerkennung „der Diplome, Prüfungszeugnisse und sonstigen Befähigungsnachweise der Krankenschwester und des Krankenpflegers, die für die allgemeine Pflege verantwortlich sind", verabschiedet. Insgesamt umfassen die Europäischen Richt-

linien und Übereinkommen Regelungen, die sich auf allgemeine Bildungs-
voraussetzungen, Inhalte und Struktur der Ausbildungsgänge in den jeweiligen Mitgliedstaaten, Mindestausstattung der Ausbildungsstätten sowie auf
die Berufsbezeichnung, die zur gegenseitigen Anerkennung führt, beziehen.
Innerhalb Deutschlands ist lediglich die Berufsbezeichnung Krankenschwes-
ter/Krankenpfleger in die Richtlinie 77/452/EWG zur gegenseitigen Anerkennung aufgenommen. Strukturkriterien der Richtlinien/Übereinkommen
betreffen den Gesamtumfang der Ausbildung – 4600 Stunden – sowie das
zeitliche Verhältnis von theoretischer und praktischer Ausbildung: mindestens die Hälfte der Ausbildungszeit muss der praktischen Ausbildung ge-
widmet sein.

Den genannten Richtlinien und Übereinkommen unterliegen die Ausbildungen innerhalb der Europäischen Union nach wie vor, ungeachtet ihrer
institutionellen Ansiedlung – schulische Ausbildungsgänge wie Hochschul-
studiengänge. Diejenigen Staaten, die die Pflegeausbildung in den Folgejah-
ren in den Hochschulbereich verlagerten, mussten demnach für zwei Dinge
Sorge tragen:

1. Die Hochschulausbildung musste mit der Erlaubnis zur Führung der
   Berufsbezeichnung gekoppelt werden.
2. Die Hochschulausbildung musste mindestens 2300 Stunden praktischer Ausbildung beinhalten.

Angesichts der mit der Berufseinmündung der ersten Studienkohorten
offenbar gewordenen Konstellation innerhalb Deutschlands lag es für die
primärqualifizierenden hessischen Pflegefachbereiche auf der Hand, parallel
zu den auf Länder- und Bundesebene initiierten politischen Initiativen zur
berufsrechtlichen Anerkennung des Hochschulabschlusses „Diplom-
Pflegewirt/in" ihre Studienstruktur den Vorgaben der EU-Richtlinien anzupassen, um so für die Absolvent/innen eine europaweite Akzeptanz zu erreichen.

Bologna, die Erklärung von München und die „Modellklausel"
Im Wintersemester 1999/2000 – ein Jahr nach Verabschiedung der ersten
Diplomand/innen – wurde in Fulda auf der Grundlage einer EU-Richtlinien-
konformen Prüfungsordnung immatrikuliert. Das Studium beinhaltete nun-

mehr zwei berufspraktische Semester, dazu semesterintegrierte Praxisphasen und Zwischenpraktika während der vorlesungsfreien Zeit – insgesamt 2300 Stunden praktischer Berufsausbildung während des achtsemestrigen Diplom-Studiums.

Zeitgleich wurde durch die Bildungsminister der EU der Grundstein für die Entwicklung eines europäischen Hochschulraumes gelegt. Im Juni 1999 unterzeichneten die Mitgliedstaaten die Erklärung von Bologna, die die europaweite Einführung gestufter Studiengänge, die Modularisierung und die Einführung eines Leistungspunktesystems initiierte. Im Januar 2000 verabschiedete die Dekanekonferenz Pflegewissenschaft Empfehlungen zu den neuen Studienabschlüssen Bachelor und Master, in denen sie die damit verbundenen Chancen begrüßte, an den internationalen Stand der Ausbildung in den Pflegeberufen Anschluss zu gewinnen. Zugleich forderte die Dekanekonferenz Pflegewissenschaft die Einrichtung primärqualifizierender Studiengänge und deren berufsrechtliche Verankerung. (Sieger 2000) Im Juni 2000 tagten die europäischen Gesundheitsminister in München und beschlossen unter anderem, die Aus- und Fortbildung sowie den „Zugang zu einer akademischen Pflege- und Hebammenausbildung" in ihren Ländern zu verbessern. (WHO 2000)

Im November 2000 wurde im Vorgriff auf die anstehende Novellierung des Krankenpflegegesetzes der § 5 KrPflG um den Absatz 3, die „Modellklausel", erweitert, die bereits in das erste bundeseinheitliche Altenpflegegesetz (AltPflG) aufgenommen worden war. (§ 4 Abs. 6) Mit dieser Modellklausel wurde der generalistischen Ausbildung in der Pflege zumindest auf der Ebene von Modellprojekten der Weg gebahnt. Wörtlich hieß es im KrPflG:

„Zur zeitlich befristeten Erprobung von Ausbildungsangeboten, die der Weiterentwicklung der Pflegeberufe unter Berücksichtigung der berufsfeldspezifischen Anforderungen dienen sollen, können die Länder von Absatz (...) sowie von der Ausbildungs- und Prüfungsverordnung nach (...) abweichen, sofern das Ausbildungsziel nicht gefährdet wird und die Vereinbarkeit der Ausbildung mit den Richtlinien 77/452/EWG und 77/452/EWG gewährleistet ist."

Die Zeichen schienen günstig dafür zu stehen, dass der gerade genehmigte Diplom-Studiengang „Pflege" unter Inanspruchnahme der „Modellklausel" ein Pilotprojekt dafür darstellen könnte, den „Zugang zu einer akademischen Pflegeausbildung zu verbessern". (vgl. WHO 2000)

Der Aufnahme des § 5 Abs. 3 in das KrPflG folgte jedoch im März 2001 seine Auslegung durch das Bundesministerium für Gesundheit (BMG), das darauf hinwies, dass die Modellklausel den Ländern die Möglichkeit eröffne, „gemeinsame Ausbildungsstrukturen insbesondere in der Alten- und Krankenpflegeausbildung zu erproben.(...) Eine Diskussion der Frage, ob damit zugleich die Möglichkeit der Erprobung von Hochschulausbildungen verbunden sein sollte, fand im Gesetzgebungsverfahren nicht statt". Das BMG hielt die Anwendung der Modellklausel auf Hochschulausbildungen jedoch prinzipiell nicht für ausgeschlossen, wenn die EU-Richtlinien eingehalten würden und die praktische Ausbildung sichergestellt sei. Zudem wies das BMG darauf hin, „dass – gleich in welcher Form und an welchen Einrichtungen eine von der regulären Krankenpflegeausbildung abweichende Ausbildung gemäß § 5 Abs. 3 KrPflG erprobt wird – ein Verzicht auf die Zahlung einer Ausbildungsvergütung nicht möglich ist. Dieser Anspruch besteht unverändert fort". (Bundesministerium für Gesundheit 2001)

Der EU-Richtlinien-konforme Diplom-Studiengang Pflege konnte aufgrund der letztgenannten Bedingung kein Pilotprojekt im Sinne der Münchner Erklärung werden. Immerhin verkürzte sich über die Ausweitung der berufspraktischen Studienanteile auf 2300 Stunden die notwendige Zeit der „Nachqualifizierung" an einer Krankenpflegeschule erheblich. Die geltende Ausbildungs- und Prüfungsverordnung für die Berufe in der Krankenpflege schrieb 3000 Stunden praktischer Ausbildung vor – für die Absolvent/innen des Studienganges Pflege war somit innerhalb von vier Monaten nach Abschluss des Studiums die Meldung zur staatlichen Prüfung in der Krankenpflege möglich.

Die Novellierung des Krankenpflegegesetzes und Bologna

Bereits zum Zeitpunkt der Aufnahme der Modellklausel wurde die grundlegende Überarbeitung des KrPflG diskutiert. Es war an der Zeit, die Ausbildung in den Krankenpflegeberufen „den z. T. erheblichen Veränderungen der sozialrechtlichen Vorschriften, der kontinuierlichen Entwicklung der Pflegewissenschaften sowie den gesellschaftlichen Veränderungen" anzupassen. (Deutscher Bundestag 2002b: 1) Unter anderem sollten verstärkt ambulante und stationäre Pflegeeinrichtungen in die praktische Ausbildung einbezogen werden, die Lehrer an Krankenpflegeschulen sollten zwingend über eine Hochschulausbildung verfügen usw.. Entgegen der Erklärung von München sah das Bundesministerium für Gesundheit im Rahmen der Gesetzesnovellierung nicht die Notwendigkeit, alternativ zu einer fachschulischen Ausbildung auch den Weg für eine international anschlussfähige Berufsqualifizierung in der Pflege zu bahnen: „einer akademischen Ausbildung zur Verbesserung des Niveaus der beruflichen Tätigkeit bedarf es (...) nicht. Auch aus europarechtlichen Gründen ist eine Akademisierung der grundständigen Pflegeausbildung nicht erforderlich, weil die gegenseitige Anerkennung der Ausbildungen in den Mitgliedstaaten durch die Richtlinie 77/452/EWG vom 27. Juni 1977 sichergestellt ist". (Deutscher Bundestag 2002a: 38 ff)

Es blieb in Deutschland dabei, dass die akademische Erstausbildung mit einer fachschulischen „Nachqualifizierungszeit" gekoppelt werden musste, wollte man den Absolvent/innen die Ausübung der Pflege in allen Settings ermöglichen. Die Novellierung des KrPflG setzte allerdings die Übergänge neu: im Gegensatz zu den vormals formulierten ausschließlich inhaltlichen Kriterien der Gleichwertigkeitsprüfung wurde nun die maximale Anrechnungszeit auf zwei Drittel der Ausbildungsstunden limitiert. (§ 6 KrPflG) In der Konsequenz bedeutete diese Regelung, dass unabhängig von der inhaltlichen Qualität eines primärqualifizierenden Studiums nun zwingend ein Jahr schulischer Ausbildung anzuschließen war, bevor die Anmeldung zur staatlichen Prüfung erfolgen konnte. Die bildungspolitisch vertretbare Gesamtausbildungszeit war bei einer Kopplung von Diplom-Studium (vier Jahre) und schulischer Ausbildung nunmehr deutlich überschritten, vor allem in der international vergleichenden Perspektive: In England, Finnland oder Griechenland wird die Berufserlaubnis zusammen mit dem ersten akademischen Abschluss in einem Zeitraum von drei bis maximal vier Jahren erlangt, nach insgesamt fünf Jahren ist international bereits die akademische Stufe des Master erreichbar.

Seit Bologna war das deutsche Hochschulsystem in Aufruhr geraten – für die einen bedeutete die Verabschiedung von gewohnten Strukturen den Verrat hochgesetzter Bildungsideale, für die anderen bedeutete die Umstellung auf Module und gestufte Studiengänge inhaltliche und strukturelle Entwicklungschancen. Die innerdeutsche Koordinierung des Bologna-Prozesses über die Kultusministerkonferenz (KMK) führte zu ländergemeinsamen Strukturvorgaben, die für den Akkreditierungsrat, die Akkreditierungsagenturen und nicht zuletzt die Hochschulen einen hohen Verbindlichkeitsgrad aufwiesen. In ihnen wurden die bereits im Hochschulrahmengesetz (§ 19) formulierten Kriterien für Bachelor- und Master-Studiengänge konkretisiert.

Am 1. Januar 2004 trat das neue Krankenpflegegesetz in Kraft. Nach erfolgreicher Akkreditierung nahm der sechssemestrige primärqualifizierende Bachelor-Studiengang Pflege in Fulda zum Wintersemester 2004/05 seinen Betrieb auf. Sein Konzept folgt der hessischen Tradition der Primärqualifizierung, seine Struktur nutzt die Chancen, die sich aus dem Bologna-Prozess ergeben haben. Nach dem Bachelor-Degree können die Absolvent/innen in der unausweichlichen einjährigen Schulphase die restlichen nach KrPflAPrV geforderten berufspraktischen Ausbildungsstunden ableisten. Die Konzeption eines konsekutiven viersemestrigen Master-Studiums ist problemlos möglich, da die zwischengeschaltete „Schulzeit" nicht die KMK-Vorgaben konsekutiver Studiengangskonzepte berührt (vgl. Kultusministerkonferenz 2003) Mit einer Gesamtausbildungszeit von vier Jahren bis zum Erhalt sowohl des ersten akademischen Abschlusses als auch der Berufsbezeichnung „Gesundheits- und Krankenpfleger/in" ist ein akzeptabler Kompromiss erreicht, die „Inländerbenachteiligung" primärqualifizierend Studierender im europäischen Vergleich zu mildern.

Zu welchem Ziel?

Ungeachtet der soziologischen Debatte um Profession, Professionalisierung und ihre Realisierbarkeit in modernen Gesellschaften, war das hessische Konzept der primärqualifizierenden Pflegestudiengänge in Ziel- und Schwerpunktsetzung das am ehesten geeignete, die deutsche Entwicklung an den internationalen Akademisierungsstand der Pflege anzuschließen. Als formale Hürden der Umsetzung erwiesen sich Gesetze, Richtlinien und untergesetzliche Regelungen, die zum Teil bereits Jahrzehnte vor dem Akademisierungsschub Anfang der 90er Jahre in Kraft waren, teils jedoch zeitgleich mit der Etablierung von Pflegestudiengängen vorbereitet und verabschiedet wurden. Letztere Ereignisse müssen zu denken geben. Das kürzlich abgeschlossene Verfahren der Novellierung des KrPflG ist in Verlauf und Ergebnis ein Beispiel für die marginale Bedeutung, die dem Prozess der A-kademisierung für die Ausübung der Pflege in der Außenwahrnehmung nach wie vor zugesprochen wird: Das Qualifikationsniveau zukünftiger Leh-rer/innen an Krankenpflegeschulen wird zwar angehoben, die Pflege bleibt jedoch da, wo sie ist. Pflegebezogene Wissenschaft in dieser Hierarchie un-terstellt die Trennbarkeit von Pflegehandeln und wissenschaftlicher Beschäf-tigung mit ihm, so wie es die Zulassungsvoraussetzungen und inhaltlichen Ausrichtungen der meisten deutschen pflegeorientierten Studiengänge bis-lang auch suggerieren. Wir sind jedoch der Meinung, dass die Pflege einer Verwissenschaftlichung bedarf, die über ein Studium zur Ausübung der Pflege hinführt und nicht den Ausstieg aus der praktischen Pflege bedeutet. Das Projekt „Akademisierung" wird in Deutschland für die Nutzer, die Zah-ler, die Träger und die Pflege selbst folgenlos bleiben, wenn es weiterhin seinen Kernbereich lediglich als „erlernbare Voraussetzung" definiert.

Eine neue Zielsetzung würde in Konsequenz sehr viel Arbeit bedeuten. Die Querlage des hessischen Konzeptes der Pflegebildung, das auf internati-onale Anschlussfähigkeit ausgerichtet war, zu den nationalen Gegebenheiten der Pflegeausbildung und -ausübung, hat die strukturellen Hindernisse of-fensichtlich gemacht, die zu überwinden sind. Beispielhaft wurde an der Ge-schichte des Studienganges Pflege der Fachhochschule Fulda gezeigt, wie strukturelle Hürden umschifft werden können, wenn die Untrennbarkeit von Pflegewissenschaft und Pflegepraxis Leitidee ist. Alternative „Strukturkom-promisse" sind denkbar und werden auch verfolgt – unter Inkaufnahme an-derer Inkompatibilitäten, z.B. mit dem sich neu strukturierenden Hochschul-bildungssystem. Die Vielfalt der gegenwärtigen primärqualifizierenden Stu-diengangsmodelle ist hilfreich, aber nicht hinreichend für eine Neugestal-tung des Projekts „Akademisierung". Hierzu bedarf es vielmehr eines inhalt-lichen Konsenses und einer gemeinsamen Strategie derer, die an diesem Prozess beteiligt sind.

Literatur

Bundesministerium für Gesundheit 2001: Schreiben an die Obersten Landesgesundheitsbehörden und die Obersten Kultusbehörden der Länder Bayern, Niedersachsen, Mecklenburg-Vorpommern, Sachsen, Sachsen-Anhalt und Thüringen vom 27. März 2001, Geschäftszeichen 316-4330/4.

Deutscher Bundestag 2002a: Antwort der Parlamentarischen Staatssekretärin Gudrun Schaich-Walch vom 20 März 2002, Bundestagsdrucksache 14/8714, S. 38-40.

Deutscher Bundestag 2002b: Gesetzentwurf der Bundesregierung, Bundestagsdrucksache 15/13 vom 25. 10 2002, S. 1.

Kälble, K.; von Troschke, J. 1998: Studienführer Gesundheitswissenschaften, Schriftenreihe der ‚Deutschen Koordinierungsstelle für Gesundheitswissenschaften‘ an der Abteilung für Medizinische Soziologie der Universität Freiburg, Bd. 9, Freiburg.

Kultusministerkonferenz 2003: Ländergemeinsame Strukturvorgaben gemäß § 9 Abs. 2 HRG für die Akkreditierung von Bachelor- und Masterstudiengängen, Beschluss der Kultusministerkonferenz vom 10.10.2003.

Kurtenbach, H.; Golombek, G.; Siebers, H. 1992: Krankenpflegegesetz mit Ausbildungs- und Prüfungsverordnung für die Berufe in der Krankenpflege, Kommentar. Stuttgart, S. 2.

Moers, M. 1995: Das hessische Konzept für Pflegeberufe. In: Hessisches Ministerium für Umwelt, Energie, Jugend, Familie und Gesundheit (Hrsg.): Der Beitrag der Pflegewissenschaft zur Entwicklung der pflegerischen Praxis, Wiesbaden.

Schaeffer, D. 1994: Zur Professionalisierbarkeit von Public Health und Pflege. In: Schaeffer, D.; Moers, M.; Rosenbrock, R. (Hrsg.): Public Health und Pflege, Zwei neue gesundheitswissenschaftliche Disziplinen, Berlin, S. 112-113.

Sieger, M. 2000: Empfehlungen der Dekanekonferenz Pflegewissenschaft zu den neuen Studienabschlüssen Bachelor und Master. In: Pflege und Gesellschaft, Heft 5, 2, S. 60.

Vespermann, S. 2003: Berufliche Perspektiven von Diplom-Pflegewirtinnen und -Pflegewirten, In: PR-Internet Heft 9, S.101- 109.

Internetquellen

WHO 2000: Erklärung von München: Pflegende und Hebammen - ein Plus für Gesundheit, EUR/00/5019309/6 00602 - 17. Juni 2000, http://www.who.dk/nursing/ Nurs Conf/German/document.htm; Stand 23.05.04

Anke Gerlach

Akademisierung ohne Professionalisierung?
Die Berufswelt der ersten Pflegeakademikerinnen in Deutschland

1) Einleitung

Die pflegerelevanten Trends der gesellschaftlichen Entwicklung und deren Ursachen sind seit Jahren bekannt und immer wieder Gegenstand der gesundheitspolitischen Debatten. Badura fasst sie folgendermaßen zusammen: die demografische Entwicklung, die Zunahme chronisch Kranker und Multimorbider, die Enthospitalisierung der Altenpflege, der Rückgang an Laienpflegekapazitäten sowie die anhaltende Konzentration der Ärzteschaft auf somatische Problemstellungen und ihre technische Bewältigung und der damit weiter zunehmende Bedarf an Information, Beratung und Schulung. (Badura 2001: 9)

Im Zusammenhang mit diesen gesellschaftlichen Entwicklungen und politischen Prozessen entstehen erhebliche Anforderungen aber auch Chancen für den Beruf. Das Angebot an beruflicher Pflege muss – vor allem mit Blick auf deren Qualifikation und Organisation – den veränderten gesellschaftlichen, politischen und ökonomischen Rahmenbedingungen Rechnung tragen. Die Chancen für die berufliche Pflege liegen darin, den Beruf im Zuge der Bewältigung dieser Herausforderungen umfassend zu modernisieren.

Festzustellen ist, dass seit dem so genannten Pflegenotstand und der Einführung der Pflegeversicherung Bewegung in den Beruf und in das Berufsfeld Pflege gekommen ist: Die gesetzlichen Grundlagen der Pflegeberufe wurden mit der Novellierung des Krankenpflegegesetzes und der In-Kraft-Setzung des Altenpflegegesetzes verändert; im Bereich der traditionellen Ausbildung intensivieren sich die Bemühungen um eine Generalisierung der Pflegeausbildung; die Pflegebildung hat mit mittlerweile mehr als fünfzig Studiengängen an den Hochschulen Deutschlands Einzug in den tertiären Bildungsbereich gehalten. Allerdings stehen diese Veränderungen nicht selten in Widerspruch zueinander, und derzeit ist völlig offen, welche Konsequenzen sich aus ihnen gleichermaßen für die zukünftige Strukturierung des Pflegeberufs, des Berufsfeldes Pflege, vor allem aber auch für die gesundheitliche Versorgung in Deutschland ergeben werden.

Viele der Veränderungen, vor allem die Akademisierung der Pflege, scheinen in hohem Maße berufs- und verbandspolitisch (und damit interessenspolitisch) motiviert und stehen oft in Widerspruch zu bildungspolitischen Maximen. Die im öffentlichen Diskurs um die Veränderungen des Pflegeberufs immer wieder verwendete Formel lautet „Professionalisierung der Pflege". Mit dieser Leitfigur werden wichtige Fragen aber eher verdeckt, denn einer Lösung zugeführt – so etwa die Frage, welche Bedeutung eine Veränderung spezifischer Art im Pflegeberuf für die gesundheitliche Versorgung der Bevölkerung hat. Oder zugespitzt formuliert: Geht es um die Verbesserung der Lage der Berufstätigen in der Pflege oder um die Verbesserung der Lage von Adressaten der Pflege, oder lassen sich diese Zielsetzungen tatsächlich so umstandslos gleichzeitig erreichen, wie dies mit dem Begriff Professionalisierung nahe gelegt wird?

2) Akademisierung und Professionalisierung der Pflege in Deutschland

2.1) Zur Akademisierung der Pflege

Bedingt durch die Situation der traditionellen Pflege in Deutschland setzten erst Anfang der siebziger Jahre des 20. Jahrhunderts mit – im Vergleich zu internationalen Entwicklungen – zeitlicher Verzögerung verstärkte Bemühungen ein, die berufliche Situation der Pflege zu verbessern. Der Versuch der Implementierung der Pflege im Hochschulbereich wurde dabei zu einem zentralen Element dieser Bemühungen. Bereits 1970 wies der Wissenschaftsrat in Westdeutschland in seinen „Empfehlungen zur Struktur und zum Ausbau des Bildungswesens im Hochschulbereich" darauf hin, dass er eine Öffnung des Hochschulbereichs auch für die nichtärztlichen Gesundheitsberufe für notwendig erachte. (vgl. Wissenschaftsrat 1970: 229 ff) Die daran anknüpfenden frühen Versuche der Akademisierung verliefen jedoch im Sande. (Wanner 1987: 209 ff)

Die Wende kam Ende der achtziger – Anfang der neunziger Jahre. Bedingt durch verschiedene Einflüsse entstand eine historische Konstellation, unter der sich die Einrichtung von Studiengängen für die Pflege an Universitäten und Fachhochschulen in großem Umfang realisieren ließ. So erfolgte in dieser Zeit die Politisierung des „Pflegenotstandes", der unter anderem durch die dramatische personelle Situation in den Institutionen der Pflege gekennzeichnet war. Sinkende Schülerzahlen korrelierten mit einer immer kürzeren Berufsverweildauer in der Pflege. Zeitgleich wurde die Diskussion um die Einführung einer Pflegeversicherung auf politischer Ebene geführt. Diese Koinzidenz der Debatten hatte zur Folge, dass Pflege zum ersten Mal als gesellschaftlich zu lösendes Problem in der breiten Öffentlichkeit wahrgenommen wurde. (Bollinger/Grewe 2002: 45)

Zusätzlichen Auftrieb erhielt die Diskussion um Akademisierung durch die Wiedervereinigung der beiden deutschen Staaten. In der ehemaligen DDR wurde bereits im Jahr 1963 das Studium „Diplom-Berufsschullehrer für das Gesundheitswesen" an der Humboldt- Universität Berlin eingerichtet, welches 1970 in den Studiengang „Diplom-Medizinpädagogik" umbenannt und danach auch an der Universität Halle implementiert wurde. Bis 1988 wurden in diesen Studiengängen circa 1700 Diplommedizinpädagogen ausgebildet, die nach der Wiedervereinigung im hiesigen Berufssystem integriert werden und dabei die Herabsetzung ihres akademischen Abschlusses befürchten mussten. (Beier 1991)

Eine besondere Bedeutung für die Etablierung pflegebezogener Studiengänge räumt Bollinger (1999) dem Erscheinen der Denkschrift „Pflege braucht Eliten" (RBS 1992) ein. Die Autorinnen und Autoren der Denkschrift forderten hierin unter anderem auf der Grundlage angestellter Hochrechnungen zum Bedarf an akademischem Personal in der Pflege ausdrücklich die Einrichtung von Pflegestudiengängen in Deutschland. In der Denkschrift wurde ein Bedarf in Höhe von 20.000 speziell für Lehr- und Leitungspositionen akademisch ausgebildeten Pflegekräften prognostiziert. Damit verbunden war die Strategie einer Elitenbildung in der Pflege.

Auch der internationale Kontext war – wie bereits angesprochen – für die Etablierung der Studiengänge im Bereich der Pflege wichtig. In weiten Teilen der Welt, wie zum Beispiel in Nordamerika oder im pazifischen Raum, gehören pflegespezifische Hochschulausbildungen bereits seit Jahrzehnten zur Normalität. Auch in zahlreichen westeuropäischen Nachbarländern verfügen mittlerweile 10% bis 15% der Pflegefachkräfte über eine akademische Qualifikation. (Dielmann 1996: 5; Bock-Rosenthal 1999a) Die

Forderung nach der Einrichtung pflegebezogener Studiengänge war damit gleichzeitig die Forderung an das Anknüpfen an internationale Standards.

All diese Aspekte trugen dazu bei, dass Anfang der neunziger Jahre der Prozess der Akademisierung der Pflege nun auch in Deutschland zunächst mit enormer Schubkraft einsetzte. Zunächst wurde von Berufsverbänden und auch Pflegewissenschaftlern die Einrichtung von entsprechenden Studiengängen an Universitäten gefordert – mit dem Argument, dass nur im Bereich der Universitäten ein Recht auf eigenständige Forschung und Promotion verankert ist. (Bischoff/Botschafter 1992: 4ff) In den Empfehlungen der politischen Gremien wurde jedoch ein anderer Weg vorgeschlagen. Wegweisend dafür waren die Empfehlungen des Wissenschaftsrats (1991), in der sich für eine Implementierung von Pflege-Studiengängen an den Fachhochschulen ausgesprochen wurde.

Innerhalb kürzester Zeit wurde nun schwerpunktmäßig in den Jahren 1992-1994 in Deutschland eine Vielzahl von pflegebezogenen Studiengängen überwiegend auf Fachhochschulebene eingerichtet. Dabei nahm die Entwicklung der Akademisierung einen Lauf, den die Autorinnen und Autoren der Denkschrift „Pflege braucht Eliten" (RBS 1992) so weder in quantitativer noch in qualitativer Hinsicht wohl kaum vorhergesehen hatten. Nachdem der Prozess der Akademisierung erst einmal angestoßen war, übertraf nun die Anzahl der neu entstandenen Studiengänge und in der Konsequenz die Anzahl der daraus hervorgehenden Absolventinnen und Absolventen die Bedarfshochrechnungen der Robert Bosch Stiftung (1992) bei weitem.

Aber auch in qualitativer Hinsicht wurden die Erwartungen übertroffen. Zwar erfolgte überwiegend die Einrichtung von Studiengängen, die einen einschlägigen Berufsabschluss in einem Pflegeberuf und in vielen Fällen zusätzlich eine mehrjährige Berufserfahrung voraussetzen. In diesen Studiengängen wurde und wird in der Überzahl – ganz im Sinne der Denkschrift der Robert Bosch Stiftung von 1992 – für Management- und Lehrtätigkeiten qualifiziert, ein sehr viel geringerer Teil von ihnen weist eine pflegewissenschaftliche Orientierung auf.

Vorteil dieses Konzepts ist die außerordentlich hohe Passfähigkeit in das traditionelle System der Pflege, da das traditionelle System der Pflegeberufe bei dieser Konzeption unangetastet bleibt. (Bollinger/Grewe 2002) Kritisiert wurde es einerseits aus bildungspolitischer Perspektive, da mit der Koppelung einer Berufsausbildung an die Zulassung zum Studium eine Entwertung der allgemeinen Hochschulreife vorgenommen wird und darüber hinaus daraus eine Verlängerung von Ausbildungszeiten resultiert. (vgl. auch Bollinger 1999) Andererseits wurde unter professionstheoretischen Gesichtspunkten unter anderem von Schaeffer (1994) und Moers (1994) kritisch zu dem Konzept der Elitenbildung Stellung bezogen. Sie halten u.a. es für problematisch, dass damit die Akademisierungsbemühungen nur auf einen Teil des Pflegehandelns eingeschränkt werden und so nicht die Pflege zum Gegenstand eines wissenschaftlichen Zugangs wird.

Demgegenüber entstanden aber in dieser Zeit auch die Modelle der pflegeorientierten Studiengänge – vorwiegend im Land Hessen –, die als grundständig generalistisch bzw. grundständig primärqualifizierend bezeichnet werden. Diese Studiengänge zeichnen sich unter anderem dadurch aus, dass sie die im Berufsfeld bestehende Differenzierung in einzelne Berufe der Kranken- oder Altenpflege nicht nachvollziehen. Als Bedingung zur Aufnahme des Studiums wird hier neben der Hochschulzugangsberechtigung lediglich ein einschlägiges Praktikum im pflegerischen Bereich gefordert. Die Implementierung dieser Pflege-Studiengänge erfolgte mit der bildungspolitischen Absicht der Angleichung der Pflegeausbildung an internationale Standards, einer Berufsqualifizierung auf Hochschulebene. Im Kern der Ausbildung steht hier die pflegerische Praxis und nicht eine spezielle Qualifikation für Tätigkeiten im Bereich des Managements oder der Lehre. (Bollinger/Grewe 2002; Gensch 1995) Anders als das Eliten-Konzept, kann diese Konzeption zwar einer bildungspolitischen und professionstheoretischen Kritik standhalten, allerdings wurde auch dieses Studiengangskonzept der Primärqualifizierung kritisch betrachtet. Erstens erweist es sich gegenüber den im Pflegeberuf bestehenden Strukturen als wenig passfähig (Bollinger 1999), und zweitens stellt sich die Frage, ob die notwendigerweise hohen Praxisanteile des Studiums nicht die wissenschaftliche Qualität der Ausbildung beeinträchtigen. (Dielmann 2002)

„Wer während des Studiums 50% der Ausbildungszeit im pflegerischen Praktikum verbringt, hat schließlich weder die gleiche pflegerische Kompetenz und Routine, die im Rahmen der Berufsausbildung vermittelt wird, noch die wissenschaftliche Qualifikation, die ein achtsemestriges Hochschulstudium kennzeichnet." (Dielmann 2003: 72f)

Dielmann reagiert mit seiner Kritik auf die Entwicklung von Studiengängen, die auch ohne vorgängige Ausbildung in einem Pflegeberuf zugäng-
lich sind und in denen – um berufsrechtliche Barrieren für die Absolventinnen zu überwinden – die Ausbildung auch die Bedingungen der EU-
Richtlinie für die wechselseitige Anerkennung von Abschlüssen erfüllt.
(Beikirch-Korporal/Korporal 2002; Bollinger/Grewe 2002)

Grund für die Orientierung der Curricula an der EU-Richtlinie sind bestehende gesetzliche Regelungen, die für die Absolventinnen dieser Studiengänge bei Eintritt in das Berufsfeld der Pflege Barrieren darstellen. Es handelt sich dabei um die Regelungen des SGB V und des SGB XI und der sich
darauf beziehenden Verordnungen. (vgl. Grewe/Stahl 2005)[1]

Zusammenfassend kann konstatiert werden, dass in der gegenwärtigen
Hochschullandschaft beide Modelle zur Anwendung kommen, wobei die
Studiengangskonzeptionen der Elitenbildung quantitativ überwiegen. Reich-
liche zehn Jahre nach Beginn der bundesrepublikanischen Akademisierung
existieren in Deutschland im tertiären Bildungsbereich mittlerweile mehr als
50 pflegebezogene Ausbildungsangebote an 33 verschiedenen Hochschulen.
(Kälble 2001) Dabei ist die Situation der pflegebezogenen Studiengänge
insgesamt ist durch einen bunten Mix an Zugangsvoraussetzungen und inhaltlichen Schwerpunktsetzungen charakterisiert. (Bartholomeyczik 2002)

Im Zuge der im Bologna Prozesses verabschiedeten Strukturvorgaben,
die eine europaweite Einführung der konsekutiven Bachelor- und Master-
struktur für alle Studienprogramme an Hochschulen vorsehen, wird sich dieses Bild besonders mit Blick auf die europäischen Nachbarstaaten noch
schärfen. (Sieger 2001) Gilt zum Beispiel in England ein Bachelor-
Abschluss als erster Berufsabschluss, so setzt – sollte sich die Situation nicht
dramatisch wenden – in Zukunft ein solcher Abschluss in Deutschland in
den meisten Fällen einen vorangegangenen Berufsabschluss in einem Pflegeberuf voraus. In anderen Modellen wird versucht, die Ausbildung in ein
Bachelorstudium zu integrieren (Berliner Modell), bzw. diese um zwei Jahre
verkürzt im Anschluss an das dreijährige Bachelorstudium zu absolvieren

---

[1] in diesem Band

(Fuldaer Modell) und damit innerhalb relativ kurzer Zeit zu zwei Abschlüssen zu gelangen. (vgl. auch Kälble 2005)[2]

All diese Bemühungen um Akademisierung wurden und werden in einer breiten Debatte innerhalb der Pflege mit dem Begriff der „Professionalisierung" bzw. der Bemühungen um eine solche tituliert. Dabei unterblieb jedoch bis auf einige Ausnahmen (z.b. Schaeffer 1994; Weidner 1995a) eine differenzierte Auseinandersetzung mit der Bedeutung des Begriffes der Professionalisierung. Im folgenden Verlauf soll daher dieser Aspekt noch einmal etwas genauer beleuchtet werden.

2.2) Zur Diskussion um Professionalisierung der Pflege

Arets u.a. (1997) gehen davon aus, dass „Professionalisierung" der in der berufspolitischen Diskussion über Pflege am häufigsten verwandte Begriff der letzten fünfzehn Jahre ist. Betrachtet man allein die Titel der Beiträge in einigen wichtigen Pflege(fach)zeitschriften (Pflege, Pflegemanagement, Die Schwester/Der Pfleger, Pflege aktuell) in den Jahren 1996 bis 2003, so weisen 17 bereits in der Überschrift einen direkten Bezug zu den Begriffen: „Professionalisierung", „Profession", „Professionalität", „professionell" auf. Allerdings beziehen sich die Inhalte dieser Beiträge auf sehr unterschiedliche Sachverhalte: Sie reichen von „Pflege wird zur Profession" (Schwerdt 2003) über den Vergleich der „Auswirkungen von Professionalisierung am Beispiel von deutschen und US-amerikanischen Intensivpflegekräften" (Laubach/Brosig 1998), die Auseinandersetzung mit der „Pädagogischen Professionalität in der Pflege" (Schmerfeld 1996a, 1996b), mit „professioneller Kompetenz in der Pflege" (Bartholomeyczik 2001a, 2001b, 2001c) und „professioneller Pflegepraxis" (Weidner 1995b) bis hin zur Verbindung der Begriffe mit Fragen der Qualitätssicherung (Reinstorf/Mohr 2002), der „Kunden- oder Patientenorientierung" (Wiese 1997) und der Pflegekammer (Kellnhauser 1996), umfassen aber auch Reflektionen über den Begriff Professionalisierung (Albert 2000) und explizite Auseinandersetzungen mit der Relevanz soziologischer Professionstheorien für die Pflege und das pflegerische Handeln. (Isfort 2003a, 2003b)

---

[2] in diesem Band

Angesichts der Heterogenität der Verwendung und der Bezüge des Professionsbegriffes in der Pflegedebatte stellt sich die Frage, ob es überhaupt ein gemeinsames Verständnis von der Bedeutung dieses Begriffes gibt.

2.2.1) Ein kurzer Ausflug in die Soziologie

Bei der Verwendung des Professionsbegriffes im Zusammenhang mit aktuellen Entwicklungen des Pflegeberufs, insbesondere der Akademisierung der Pflege, wird oft auf die soziologische Professionstheorie verwiesen. In der Soziologie erhebt allerdings eine ganze Reihe unterschiedlicher Ansätze den Anspruch, die Phänomene „Profession", „Professionalisierung", „professionell" zu beschreiben, zu definieren, zu erklären oder mit Theorien der Gesellschaft, der gesellschaftlichen Entwicklung in Beziehung zu setzen.

Schaeffer (1990) unterscheidet in ihrer Übersicht zwischen der funktionalistischen Betrachtung, dem Strukturfunktionalismus, der interaktionstheoretischen Position und der Reformulierung der klassischen Professionstheorie in der Theorie der Strukturlogik professionellen Handelns; Weidner (1995a) befasst sich mit struktur- und merkmalstheoretischen Professionalisierungsansätzen und mit Oevermanns Strukturlogik professionellen Handelns; Mieg (2003) beschreibt zwei anglo-amerikanische Theorielinien, den Funktionalismus und den machttheoretischen Ansatz, und in der deutschen Professionssoziologie die Systemtheorie, die Theoretische Skizze einer revidierten Theorie professionalisierten Handelns, den interaktionistischen Ansatz und den inszenierungstheoretischen Ansatz; schließlich unterscheidet Isfort (2003) mit explizitem Bezug zur Pflege den struktur-, funktions- oder merkmalsorientierten Ansatz, den prozessorientierten Ansatz (Professionalisierung und Deprofessionalisierung) und den handlungsorientierten Ansatz. Bollinger (2005)[3] kritisiert außerdem, dass die professionstheoretischen Ansätze völlig unverbunden neben der soziologischen Berufstheorie stünden und fordert deren Integration.

Betrachtet man diese Vielfalt an professions- und berufstheoretischen Ansätzen und bezieht man diese auf die aktuellen Entwicklungstendenzen im Pflegeberuf, so kann zunächst festgehalten werden, dass es wenig Sinn macht, von „der" Professionalisierung der Pflege zu sprechen. Vielmehr ist

---

[3] in diesem Band

jeweils der theoretische Bezugsrahmen anzugeben, innerhalb dessen man „Professionalisierung" verortet.

In der deutschen Soziologie stehen die Professionssoziologie und die Berufssoziologie heute merkwürdig unverbunden nebeneinander. (Daheim 2001: 23) Während sich die frühe Berufssoziologie noch gleichermaßen mit Beruf und Profession beschäftigte, spielt der von Hartmann (1972) entwickelte Gesamtzusammenhang von Arbeit, Beruf und Profession in der gegenwärtigen Debatte um die „Professionalisierung der Pflege" keine explizite Rolle mehr. In einem berufssoziologischen Kontext, wird mit der Verwendung des Begriffs „Professionalisierung" im Zusammenhang mit den Veränderungen der Pflege implizit unterstellt, bei der Pflege würde es sich um einen konsolidierten Beruf handeln, der eben in einem Prozess der Professionalisierung begriffen sei. In den pflegebezogenen berufssoziologischen Analysen wurde allerdings eine „mangelnde Beruflichkeit" von Pflege diskutiert (Ostner/Beck-Gernsheim 1979; Volkholz 1973) und neuere Arbeiten (Bollinger 2005)[4] sehen in den Veränderungen des Pflegeberufs eher Veränderungen auf der Ebene des Zuschnitts der Gesundheitsberufe und halten die Verwendung des Professionsbegriffs in diesem Zusammenhang für problematisch.

Daneben dominierten in der Soziologie lange Zeit vor allem definitorische Versuche, sich dem Thema Profession zu nähern – oft verbunden mit den Bemühungen um eine Abgrenzung von Profession und Beruf. (z.B. Hesse 1972) In diesem Zusammenhang entstanden die Kataloge von Merkmalen, die als mehr oder weniger spezifisch für Professionen gelten sollten. Diese Bemühungen, Professionen über Merkmale zu definieren und vom Beruf abzugrenzen, gelten heute in der Soziologie jedoch als weitgehend gescheitert. (Mieg 2003: 14) Nach Bollinger hat der merkmalsorientierte soziologische Ansatz für den Prozess der „Professionalisierung der Pflege" insofern eine gewisse Bedeutung, als „es oft zumindest so scheint, als würde (...) (er) sozusagen eine ‚Blaupause' abgeben für die berufspolitisch motivierten Bemühungen der Pflege, den ‚Stand einer Profession' (...) zu erreichen". (Bollinger 2005)[5] Bei einem ausschließlichen Bezug auf entsprechen-

---

[4] in diesem Band
[5] in diesem Band

de Ansätze, würde die Pflege hierbei allerdings einem aus heutiger Sichtweise eher trivialen und nicht mehr haltbaren soziologischen Ansatz aufsitzen.

Sofern soziologische Professionstheorien Bestandteil weiter reichender Gesellschaftstheorien sind, unterscheiden sie sich, darin, welchen Stellenwert sie Professionen in modernen Gesellschaften überhaupt zuweisen.

Im Rahmen des amerikanischen Strukturfunktionalismus in der Tradition Talcot Parsons werden den „professions" wesentliche gesellschaftliche Funktionen zwischen Markt einerseits und Bürokratie/Organisation andererseits zugeschrieben. „Professionen" werden dabei als „Strukturmerkmale der Gesellschaft" (Schaeffer 1990: 45) begriffen, denen gerade in modernen Gesellschaften eine wichtige Funktion zukommt. In jüngerer Zeit hat Freidson (2001) die Bedeutung von „professionalism" als „dritte Logik" jenseits der Logik von Markt und Organisation in einer Art Verteidigungsschrift gegen die Kritiker des Strukturfunktionalismus noch einmal nachdrücklich heraus gearbeitet. „Professionalism" ist in seiner Überzeugung gerade angesichts der gegenwärtigen Dominanz der Prinzipien „Konkurrenz" und „Effizienz", der Logiken des Marktes und der Bürokratie, unverzichtbar – zur Sicherung der Qualität der Leistung (Freidson 2001: 200ff) und zur ethischen Fundierung des Handelns (Freidson 2001: 214ff), also zum Schutz der Verbraucher, Klienten oder Patienten.

Ganz anders wird dies – ebenfalls auf der Grundlage einer weit reichenden Gesellschaftstheorie – aus dem Blickwinkel der Systemtheorie gesehen. Luhmann stellte fest, dass die „für die klassischen Professionen eigentümliche Kombination von Problembezug, Freiheiten und Bindungen (...) heute nur noch als Attrappe fortgeführt" wird. (Luhmann 1973: 29; zit. nach Schaeffer 1990: 55) Stichweh (1996) kommt zu dem Schluss, dass „Professionen ein Phänomen des Übergangs von der ständischen Gesellschaft des alten Europa zur funktional differenzierten Gesellschaft der Moderne sind und dass sie vor allem darin ihre gesellschaftsgeschichtliche Bedeutung haben". (Stichweh 1996: 50) Allerdings liegt hier eine völlig andere Bedeutung des Begriffs „Profession" vor als im Strukturfunktionalismus: Professionen sind in der Systemtheorie eher anachronistische „Berufsstände mit funktionaler Zuständigkeit" (Stichweh 1996: 52), während es sich bei den „professions" der strukturfunktionalistischen Theorie eher um besonders strukturierte gesellschaftliche Positionen und Rollen handelt, um „hochgradig funktionale Sondererscheinungen der modernen Gesellschaft". (Schaeffer 1990: 45)

Festzuhalten bleibt die völlig unterschiedliche Diagnose der beiden soziologischen Gesellschaftstheorien hinsichtlich der Frage, ob Professionalisierung – und damit natürlich auch die Professionalisierung der Pflege – heute überhaupt noch denkbar ist. Wie die subjektorientierte Berufstheorie kommt auch die Systemtheorie zu dem Ergebnis, eine Professionalisierung sei heute generell unmöglich; dieser Auffassung liegt allerdings in beiden Fällen eine Bedeutung des Begriffs Profession zugrunde, bei der die „ständischen" Elemente der klassischen Professionen Medizin, Jurisprudenz und Theologie in den Vordergrund gerückt werden.

Der Strukturfunktionalismus kommt zu dem Ergebnis, dass „professions" auch in der modernen Gesellschaft ihren Platz haben. Freidson sieht ihren Wert gerade darin, dass ihre Handlungslogik – im Gegensatz zu den reinen Markt- oder Organisationsprinzipien – in fachlichen Qualitätsstandards und ethischer Fundierung gründet. Allerdings macht er auch klar, dass daraus keine berufsständischen Privilegien ableitbar sind. Für die Pflege beinhaltet dies zumindest eine grundsätzliche Professionschance – allerdings nicht zwangsläufig verbunden mit besonderen gesellschaftlichen Privilegien.

Genannt werden soll in diesem kurzen soziologischen Exkurs noch Oevermanns „Theorie des professionalisierten Handelns", da die jüngeren Beiträge der Debatte um Professionalisierung der Pflege schwerpunktmäßig darauf Bezug nehmen. (Hutwelker 2004[6]; Isfort 2003) Hier wird das professionelle Handeln – die Handlungsebene – thematisiert, die im Zentrum der handlungstheoretischen Professionstheorie steht. Diese Theorie bezieht sich – und darin liegt ihre gesellschaftstheoretische Fundierung – auf zentrale gesellschaftliche Handlungsprobleme: „Im Zentrum ihres [der Professionen, Anm. d. Verf.] Handelns steht eine der (...) gesellschaftlichen Wertuniversalien: Gesundheit, Moral, Wahrheit, Recht, Konsens. Um sie herum bilden sich eigenständige Problemlösungsstrukturen heraus, die einer spezifischen Handlungslogik folgen und sich in ihrer Struktur von alltagspraktischen, partikular ausgerichteten Problemlösungen unterscheiden." (Schaeffer 1990: 59) Nach diesem Ansatz zeichnet sich professionelles Handeln durch be-

---

[6] in diesem Band

stimmte Strukturmerkmale aus, Gegenstand professionellen Handelns sind zentralwertbezogene individuelle Probleme von Klienten oder Patienten, die eine „stellvertretende Krisenbewältigung" erfordern.

Stellt man die „Professionalisierung der Pflege" in diesen professions-theoretischen Kontext, so stellt sich die Frage nach deren Professionalisie-rungsbedürftigkeit und die Frage nach deren Professionalisierungsfähigkeit. Die Theorie professionalisierten Handelns eröffnet – stärker als andere An-sätze der Soziologe – die Möglichkeit, sowohl das reale pflegerische Han-deln theoretisch begründet zu untersuchen als auch die Professionalisie-rungsbedürftigkeit des Handelns zu diskutieren. Völlig irrelevant wird dabei zunächst, wohin sich die Pflege berufs- und interessenspolitisch entwickeln will. An der pflegerischen Aufgabe und in der Logik des pflegerischen Han-delns entscheidet sich, ob für die Pflege professionalisiertes Handeln über-haupt erforderlich ist und ob die Kompetenzen dazu in der Pflege vorhanden sind.

2.2.2) Zum Verhältnis von Akademisierung und Professionalisierung der Pflege

In allen Varianten soziologischer Professionstheorie wird von der zentralen Bedeutung einer akademischen Ausbildung von Professionellen ausgegan-gen. „Professionalisierung (beinhaltet) auch immer eine bildungspolitische Dimension, denn ein zentrales Merkmal aller so genannten Professionen ist die Ausbildung auf Hochschul-Niveau." (Isfort 2003a: 274) So sind denn heute nicht nur die Pflege sondern eine ganze Reihe von nicht-ärztlichen Gesundheitsberufen darum bemüht, ihr „Professionalisierungsprojekt" da-durch voran zu treiben, dass ihre jeweilige Disziplin an Hochschulen veran-kert wird. (vgl. hierzu etwa das „Positionspapier der Arbeitsgemeinschaft Medizinisch-Technischer Gesundheitsberufe zur Akademisierung der Medi-zinalfachberufe in der Therapie und Geburtshilfe" AG MTG 2003)

Schaeffer stellt allerdings sehr deutlich klar, dass für „eine Professionali-sierung ... die bloße Akademisierung nicht aus(reicht); hinzu treten müssen Zentralwertbezug, Ausbildung einer eigenständigen systematischen Wis-sensbasis und einer spezifischen Handlungsstruktur sowie Autonomie der Kontrolle über die eigene Tätigkeit". (Schaeffer 1994: 123) Inwieweit die Pflege dazu in der Lage sein werde, „diese Merkmale auszubilden, ist auf-

grund des embryonalen Zustands der Entwicklung nicht klar absehbar."
(Schaeffer 1994: 123)

Insoweit könnte man zusammenfassend feststellen, dass die Akademisierung der Pflege eine notwendige, aber nicht hinreichende Bedingung für „Professionalisierung" darstellt. Aus handlungstheoretischer Sicht stellt sich vor allem die Frage, welche Qualifikationen im Rahmen der Hochschulbildung erworben werden, wie sich diese Qualifikationen zur traditionellen Ausbildung in einem Pflegeberuf verhalten und inwiefern dabei tatsächlich „professionelle Sozialisationsprozesse" durchlaufen werden.

3) Die Berufswelt der ersten Pflegeakademikerinnen in Deutschland
3.1) Einleitung

Die Pflegeakademikerinnen sind das „Produkt" des Akademisierungsprozesses der Pflege, der in Deutschland vor etwa 15 Jahren im Vergleich zu anderen Ländern erst spät eingesetzt hat. Die Akademisierung wurde und wird als eines der wichtigen Elemente der „Professionalisierung der Pflege" begriffen, deren Zielsetzungen gleichermaßen in der Verbesserung der beruflichen Situation der Pflegenden wie in der Verbesserung der gesundheitlichen Versorgung der Bevölkerung liegt. Mit der Akademisierung sollte die Pflegewissenschaft als Grundlage pflegerischen Handelns strukturell aufgebaut, inhaltlich vorangetrieben und zur Basis des Handelns in allen Bezügen der Pflege werden – in Leitungsfunktionen, in der Pflegeausbildung, vor allem aber auch in der pflegerischen Versorgung, der direkten Pflege.

Vor etwa sechs Jahren sind nun die ersten Absolventinnen und Absolventen der pflegebezogenen Studiengänge, hier als Pflegeakademikerinnen bezeichnet, in den Arbeitsmarkt eingetreten. Hier entscheidet sich nun, ob sich die mit der Akademisierung verbundenen Absichten und Erwartungen bestätigen, und es entscheidet sich, ob und inwieweit die Pflegeakademikerinnen als „Produkte der Akademisierung" auch zu „Subjekten der Professionalisierung" der Pflege werden und diese voranbringen können.

Mit Ausnahme von wenigen Verbleibstudien und Arbeitsmarktanalysen mit vergleichsweise geringer Aussagekraft liegen derzeit fast keine Forschungsergebnisse darüber vor, wie sich die Pflegeakademikerinnen in den Arbeitsmarkt einpassen, in welchen Einsatzbereichen und Positionen sie beschäftigt sind und welche Aufgaben sie konkret durchführen. Es ist auch nichts darüber bekannt, wie sie sich selbst beruflich definieren, in welchem Verhältnis sie zur traditionell ausgebildeten Pflege stehen, ob und inwieweit sie einen Beitrag dazu leisten, den Beruf Pflege im Sinne beider Professionalisierungsziele zu verändern.

Die Untersuchung von Gerlach (2004) gibt erste Antworten auf diese Fragen. Untersucht wurden Pflegeakademikerinnen, die ein grundständig primärqualifizierendes Studium der Pflege abgeschlossen haben. Darunter befinden sich Pflegeakademikerinnen, die vor oder nach dem Studium ein Examen in einem der traditionellen Pflegeberufe abgelegt hatten bzw. haben und solche, die „nur" über einen Hochschulabschluss verfügen. Die Auswahl der Befragten war die Folge professionstheoretischer Überlegungen, denen zu Folge es bei der „Professionalisierung der Pflege" nicht primär darum geht, das Leitungs- und Lehrpersonal der Pflege akademisch zu qualifizieren, „sondern den ganzen Beruf auf eine professionelle Basis zu stellen" (Moers 1994: 172) und damit das pflegerische Handeln selbst zu professionalisieren. Die grundständig primärqualifizierenden Studiengänge zeichnet aus, dass für die Pflegepraxis qualifiziert werden soll und nicht – wie in anderen Studiengangskonzepten – speziell für Lehr- und Leitungsfunktionen. Mit dieser Anlage der Untersuchung wird auf einen handlungstheoretischen Begriff von Professionalisierung Bezug genommen, der die Strukturlogik des pflegerischen Handelns als „stellvertretende Krisenbewältigung" im Spannungsfeld von universalistisch orientierter Wissenschaft und situationsspezifischem Fallverstehen in das Zentrum der Aufmerksamkeit stellt.

3.2) Die Akademisierung der Pflege in berufssoziologischer Perspektive

Aus berufssoziologischer Sicht handelt es bei der Akademisierung der Pflege zunächst um nicht mehr aber auch nicht weniger, als dass innerhalb der Pflege ein neuer Zuschnitt der Arbeitskraft erfolgt. Es werden neue Arbeitsfähigkeiten und Kompetenzen ausgebildet, an die – wie bei jedem Beruf – bestimmte Erwartungen hinsichtlich der Verwertung der Arbeitskraft, des qualifikationsadäquaten Einsatzes im Berufsfeld und der relativen Stellung im Gefüge der Berufe gebunden sind. Wie diese Erwartungen im Falle der Pflegeakademikerinnen aussehen und ob bzw. inwieweit sie sich in der beruflichen Praxis erfüllen, waren empirische Fragen, die es zu klären galt.

Im Fall der Akademisierung der Pflege, speziell auch in grundständig primärqualifizierenden Studiengängen, zeigt sich ein Unterschied zu herkömmlichen Prozessen der Berufskonstitution in Deutschland im Rahmen des dualen Systems der beruflichen Bildung oder der Bildung an Fachschulen. Bildungsziele und -prozesse an Hochschulen werden vergleichsweise autonom von Hochschulen und Ministerien gestaltet, d.h. die üblicherweise beteiligten korporatistischen Akteure, Arbeitgeber- und Arbeitnehmerverbände etc., bleiben weitgehend außen vor. Gerade für die Akademisierung der Pflege gilt, dass hier aus dem Bildungssystem heraus Entwicklungen zur Verbesserung der gesellschaftlichen Position der Pflege und zur Verbesserung der gesundheitlichen Versorgung der Bevölkerung angestoßen wurden, in die viele der sonst üblicherweise beteiligten Akteure nicht einbezogen waren. (Bollinger 1999) Von daher entscheidet sich nun auf dem Arbeitsmarkt und im Berufsfeld, wie die neuen Qualifikationen in die Einrichtungen der Pflege „eingepasst" werden.

Mit der empirischen Untersuchung wurde ein Ausschnitt dieses „Einpassungsprozesses" erfasst. Die Interviews mit den Pflegeakademikerinnen über ihre berufliche Praxis und ihr berufliches Selbstverständnis erlauben den Einblick in eine frühe Phase des Prozesses, in dem nun das Qualifikationsmuster der Pflegeakademikerinnen und ihre daran geknüpften Erwartungen einerseits und die Einsatzüberlegungen von Arbeitgebern andererseits aufeinander treffen. Vom Ausgang dieser Koppelung von Bildungssystem und Beschäftigungssystem hängt es auch ab, welche Rolle die akademisierte Pflege bei der gesundheitlichen Versorgung der Bevölkerung spielen kann.

3.3) Passfähigkeit im Arbeitsmarkt

Arbeitsmarktanalysen (z.B. Dorschner 1997; Krüger u.a. 1997; Pflegeforum Ludwigshafen 1997; Stratmeyer 1997) haben gezeigt, dass auf Seiten der Arbeitgeber noch wenig über die neue Qualifikationsstruktur bekannt ist, die auf dem Arbeitsmarkt angeboten wird und dass die explizite Nachfrage nach akademisch qualifizierten Pflegenden noch sehr gering ist. (Winter 2005) Dies ist nicht besonders erstaunlich, weil trotz der Vielzahl der Studiengänge, die mittlerweile eingerichtet wurden, erst vergleichsweise wenige Pflegeakademikerinnen auf dem Arbeitsmarkt tätig sind. Ihre Zahl wird sich aber sukzessive deutlich erhöhen. Doch könnte es sein, dass gerade in der ersten Phase der Beschäftigung von Pflegeakademikerinnen auch Weichen für die weitere Entwicklung gestellt werden, was den Einsatz des Qualifikationsmusters betrifft. Die Koppelung von Arbeitskraftzuschnitt, subjektiven Erwartungen der Arbeitnehmer und Einsatzgestaltung durch die Arbeitgeber befindet sich sozusagen im „Status Nascendi". (vgl. auch Schaeffer 1994: 113) Mit der vorliegenden Untersuchung wird also die „Geburt" eines mehr oder minder stabilen Arrangements von Arbeitskraftprofil, -angebot und -nutzung der akademischen Pflege verfolgt. Den befragten Pflegeakademikerinnen kommt dabei eine Rolle als Pioniere der akademischen Pflege im Berufsfeld zu.

Die empirische Untersuchung zeigte, dass – jedenfalls im Falle der befragten Pflegeakademikerinnen – diese Koppelung des Qualifikationsprofils mit den daran geknüpften Erwartungen der Befragten und den Einsatzüberlegungen der Arbeitgeber gelungen ist. Alle Befragten sind der Auffassung, dass die Arbeitsbereiche und Positionen, in denen sie tätig sind sowie die ihnen zugeordneten Aufgabenstellungen „angemessen" sind, das heißt den mit ihrer Qualifikation verbundenen Erwartungen und ihrem beruflichen Selbstverständnis entsprechen. Dies gilt unabhängig von Geschlecht und Alter und unabhängig von der Frage, ob sie „nur" über einen Hochschulabschluss verfügen oder auch noch in einem Pflegeberuf examiniert sind. Dies gilt auch unabhängig davon, ob sie im Krankenhaus, im Alten- und Pflegeheim, in der ambulanten Pflege oder an der Hochschule arbeiten. Die Einrichtungen, in denen die Pflegeakademikerinnen tätig werden, decken dabei das ganze Spektrum der quantitativ bedeutsamen Arbeitsfelder der Pflege ab; der generalistische Charakter der Studiengangskonzepte scheint mit den Anforderungen der beruflichen Praxis kompatibel zu sein.

3.4) „Vorsicht, da kommt eine Studierte!" – Die Akzeptanz im Beschäftigungssystem

Allerdings zeigt die empirische Untersuchung auch, dass der Eintritt in das Beschäftigungssystem nicht für alle Pflegeakademikerinnen ganz reibungslos verlaufen ist. Neben der aus den Verbleibstudien bekannten Tatsache, dass zwischen Studienabschluss und Aufnahme der ersten beruflichen Tätigkeit durchaus einige Monate liegen können, liefert die empirische Untersuchung Einblicke in zwei bisher weniger bekannte Effekte. Es geht einerseits

um die strukturellen Barrieren, vor denen nicht examinierte Pflegeakademikerinnen beim Eintritt in das Berufsfeld stehen, andererseits um die Herausforderungen, vor die sie auf der Ebene der Interaktion mit den traditionell
ausgebildeten Pflegenden gestellt sind, wenn sie im Berufsfeld tätig werden.

Am Beispiel zweier Pflegeakademikerinnen, die „nur" über den Hochschulabschluss verfügen und kein Examen in einem Pflegeberuf vorweisen
können, zeigen sich in der empirischen Untersuchung die bestehenden berufsrechtlichen Barrieren. Sie zwangen eine der Befragten dazu, nach dem
Hochschulabschluss ein Examen in einem Pflegeberuf nachzuholen, damit
sie die Führungsposition einnehmen konnte, die sie jetzt innehat. Einem anderen nicht examinierten Pflegeakademiker wird von seinem Arbeitgeber ein
offizieller Status arbeitsvertraglich zugewiesen, der nicht mit berufsrechtlichen Regelungen kollidiert, um ihn beschäftigen zu können. In beiden Fällen stellten weder die inhaltliche Qualifikation der Pflegeakademikerinnen
noch die Vorstellungen des Arbeitgebers eine Hürde dar, das Problem ergab
sich aus den formalen Barrieren, die bestimmte Positionen und Tätigkeiten
an die abgeschlossene Berufsausbildung in einem der Pflegeberufe knüpfen.
Aus berufssoziologischer und professionstheoretischer Sicht ergibt sich hier
ein interessantes Paradoxon: Berufsrechtliche Regelungen, die sachlich der
Qualitätssicherung und dem Verbraucherschutz dienen, gleichzeitig aber
auch bis zu einem gewissen Grad berufspolitisch erwünschte Tätigkeitsvorbehalte für die Angehörigen der traditionell ausgebildeten Pflegeberufe imp-
lizieren, stehen der Beschäftigung von akademisch gebildeten Pflegenden.
Will man dieses Paradoxon nicht nur mit Verweis auf die sachliche Notwendigkeit des Patientenschutzes auflösen, so stellt sich die Frage, ob in ihm der
Versuch zum Ausdruck kommt, den Zugang zur akademischen Ausbildung
aus berufspolitischen Gründen für traditionell ausgebildete Pflegende zu
monopolisieren.

Die empirische Untersuchung zeigt, dass die Pflegeakademikerinnen
nicht nur vor strukturellen Barrieren stehen, sondern auch interaktiv besonders gefordert sind, wenn sie in der beruflichen Praxis tätig werden. Alle
Pflegeakademikerinnen – gleich ob examiniert oder nicht – berichten davon,
dass sie nach dem Eintritt in die berufliche Praxis von ihren traditionell ausgebildeten Kolleginnen und Kollegen „aufmerksam beäugt" und „getestet"
werden, dass sie manchmal das Gefühl hatten, diese würden bei ihnen gera-

dezu „nach Fehlern suchen" und dass sie sich hätten „beweisen" müssen. Die nicht examinierten Pflegeakademikerinnen entwickeln dabei durchaus ein gewisses Verständnis dafür, dass man sie in der beruflichen Praxis sozusagen noch einmal „examiniert", für die Pflegewirtinnen mit Examen in einem Pflegeberuf stellt diese „Praxis-Examinierung" eine unverständliche und starke emotionale Ablehnung hervorrufende Zumutung dar.

Berufstheoretisch könnte diese „Examinierungen der Praxistauglichkeit" in zweifacher Hinsicht interpretiert werden. Zunächst handelt es sich um das interaktive Ausloten von Zugehörigkeit oder Nicht-Zugehörigkeit, es geht um die Grenzen des Berufs Pflege. Verhandelt wird, ob die Pflegeakademikerinnen in die Berufsgruppe „aufgenommen" werden oder nicht. Versagen sie bei dem „Test", werden sie beruflich exkludiert; bestehen sie den Test, werden sie als Mitglieder des Berufs Pflege inkludiert. Nach eigener Aussage haben alle befragten Pflegeakademikerinnen diese „Prüfung" bestanden und wurden in der Folge auch als Mitglieder des Berufs Pflege akzeptiert. Insoweit ihre jeweils besonderen Fähigkeiten wahrgenommen wurden, griff man seitens der traditionell ausgebildeten Pflegenden dann auch auf diese Expertise zurück – beispielsweise in Form von Fragen oder von Bitten um Literaturzugang.

Der Umgang mit nicht examinierten Pflegeakademikerinnen ließe sich so erklären, nicht jedoch die Tatsache, dass man mit examinierten und berufserfahrenen Pflegeakademikerinnen genauso verfährt. Hier geht es in berufstheoretischer Perspektive um die Verhandlung von sozialer Ungleichheit, ihrer Legitimation und ihrer Folgen. „Da kommt ne Akademische, und die kann ja eigentlich gar nicht mehr hands on nursing" (INT 1: Z 221-222) – so fasste eine der Pflegeakademikerinnen die Reaktionen der traditionell ausgebildeten Pflegenden auf sie zusammen. Da nicht unterstellt werden kann, dass jemand die Fähigkeit zur praktischen Pflege im Zuge des Hochschulstudiums „verlernt", liegt es nahe, die „Prüfung" in diesem Falle darin zu sehen, ob sich die Pflegeakademikerinnen „zu fein" sei, noch „Hand an einen Patienten zu legen". Verhandelt wird hier die soziale Hierarchisierung der Qualifikationsprofile und die Frage, ob ein Hochschulstudium gleichbedeutend ist mit „Theoretisierung" im Sinne von „Praxisferne" und Rückzug auf „Kopfarbeit". Der Wert der akademischen Qualifikation wird – so lässt sich vermuten – dann akzeptiert und das daran geknüpfte erhöhte soziale

Prestige dann legitim, wenn das Qualifikationsprofil der Pflegeakademikerinnen die eigenen Fähigkeiten einschließt und erweitert. Wäre dies nicht der Fall – so könnte man vermuten – würden die Fähigkeiten und die Gestaltungsvorschläge der Pflegeakademikerinnen als „theoretisch und praxisfern" disqualifiziert und damit eine soziale Hierarchisierung illegitim erscheinen. Einzelne Pflegeakademikerinnen sind sich des besonderen Charakters dieser Prüfung durchaus bewusst, wenn die Formulierung gebraucht wird, sie würden „ihre akademische Qualifikation nicht raushängen lassen".

Interessant ist in diesem Zusammenhang auch, wie die „Prüfungen" inhaltlich gestaltet sind, vor die Pflegeakademikerinnen gestellt werden. Es geht um Tätigkeiten wie „Ganzkörperwaschung", „Mobilisierung", „Messen von Blutdruck und Blutzucker", „Infusionsversorgung", also um Aspekte, die weitgehend medizinnahe technische Pflegeverrichtungen und/oder körpernahe, Intimitätsgrenzen überschreitende Versorgungsleistungen betreffen. Wenn die Berichte der Pflegeakademikerinnen zutreffen und umfassend sind, dann geben gerade auch die von traditionellen Pflegenden aktiv formulierten „Prüfungsaufgaben" einen Einblick in das Selbstverständnis traditioneller Pflege.

Zwischenfazit: Die Pflegeakademikerinnen stehen beim Eintritt in das Berufsfeld vor Hürden. Berufsrechtliche Barrieren monopolisieren bestimmte Positionen im Berufsfeld Pflege für examinierte Angehörige der Pflegeberufe und sind von nicht examinierten Pflegeakademikerinnen nur mit hohem persönlichen Engagement zu überwinden oder erfordern das formale Unterlaufen im Verbund mit dem Arbeitgeber. Alle Pflegeakademikerinnen werden nach dem Eintritt in das Berufsfeld von traditionell ausgebildeten Pflegenden daraufhin überprüft, ob sie dem Beruf Pflege überhaupt zuzurechnen sind und ob die mit dem akademischen Abschluss einhergehende soziale Hierarchisierung legitim erscheint oder nicht. Legitim erscheint dies nur, wenn die an den Hochschulen erworbenen Fähigkeiten additiv zu den im Berufsfeld eingesetzten Fähigkeiten hinzukommen.

3.5) Positionen und Tätigkeiten der Pflegeakademikerinnen

In der empirischen Untersuchung ging es außerdem darum, einen – im Vergleich zu den vorliegenden Verbleibsstudien (z.B. Habermann/Szemeitzke 2003; Vespermann 2003; Brieskorn-Zinke u.a. 2001) – detaillierteren Einblick in die berufliche Praxis der Pflegeakademikerinnen zu erlangen. Betrachtet man deren Einsatzgebiete, Positionen und Aufgaben, so zeigt sich, dass die Befragten einerseits in „klassischen" Führungspositionen, vor allem aber auch auf Stabstellen oder vergleichbaren Stellen („Assistenz der Heimleitung") eingesetzt werden – dies gilt sowohl für den Einsatzort Krankenhaus als auch für Alten- und Pflegeheime. Mehrere dieser Stabsstellen wurden erst im Zusammenhang mit der Beschäftigung der Pflegeakademikerinnen geschaffen. Eine der Befragten war als wissenschaftliche Angestellte an einer Hochschule beschäftigt – eine für Angehörige des Pflegeberufs neuartige Position, die ebenfalls erst im Zuge der Akademisierung entstanden ist.

Auffallend ist, dass die auf Stabstellen beschäftigten Pflegeakademikerinnen durchweg eine Funktion als „change agent" zugewiesen bekommen und mit für die Pflege zum Teil völlig neuartigen Aufgaben betraut werden. Ihre Innovationsfunktion bezieht sich dabei auf eine große Bandbreite von Einzelaufgaben, die oft nebeneinander erfüllt werden. Ein Teil dieser Aufgaben weist starke pflegefachliche Bezüge auf, dominant scheinen jedoch solche Aufgabenstellungen zu sein, die sich aus den gegenwärtigen sozialpolitischen und sozialökonomischen Rahmenbedingungen der Pflege ergeben.

Zu den fachlich der Pflege nahe stehenden Aufgaben zählt vor allem die Funktion als „gate keeper" der Organisation mit Blick auf pflegewissenschaftliche Entwicklungen. Mehrere der Befragten hatten die Aufgabe, pflegewissenschaftliche Veröffentlichungen systematisch zu sichten, ihre Relevanz für die Einrichtung zu prüfen und gegebenenfalls Projekte zu initiieren, die eine Umsetzung der pflegewissenschaftlichen Erkenntnisse in die Pflegepraxis erlauben sollten; solche Projekte beziehen sich z.B. auf die Dekubitusprophylaxe oder die pflegerische Versorgung von Schmerzpatienten. Daneben spielt für zwei der Befragten die Gestaltung des Entlassungsmanagements eine besondere Rolle. Eine davon hatte eine Projektstelle für „Brückenpflege" inne, deren Aufgabenbereich sowohl die grundsätzliche Gestaltung der Überleitung wie auch die operative Durchführung des Übergangs onkologischer Patienten in die häusliche Versorgung umfasste. In diesem Falle war die Pflegeakademikerin direkt mit „komplexen Pflegesituationen" befasst, wie sie in der frühen Diskussion um die Einrichtung pflegebezogener Studiengänge eine große Rolle gespielt haben. (vgl. Kraushaar 1994) Diese Pflegeakademikerin ist allerdings neben einer Führungskraft im

Bereich der ambulanten Pflege die einzige, die zu größeren Arbeitsanteilen in der direkten Pflege tätig war. Darauf wird weiter unten noch genauer eingegangen. Mit der Einrichtung derartiger pflegenaher Funktionen als „change agents" kann ein Transfer pflegewissenschaftlicher Erkenntnisse in die berufliche Praxis traditionell ausgebildeter Pflegender verbunden sein; wenn dieser Transfer erfolgreich verläuft, würde den Pflegeakademikerinnen tatsächlich ein eigenständiger, wenngleich indirekter Beitrag zur Verbesserung der Pflege und damit zur Verbesserung der gesundheitlichen Versorgung zukommen.

Die innovativen Funktionen, die von Stabstellen aus erfüllt werden, beziehen sich oft auch auf Aufgabenstellungen, die in enger Beziehung zu den neueren sozialpolitischen und sozialökonomischen Entwicklungen stehen. Dazu zählt etwa die Einrichtung eines Pflegecontrollings und eines Systems der Leistungserfassung in der Pflege in Zusammenhang mit der Zuweisung von selbst zu verwaltenden Budgets in einem Krankenhaus, aber auch die Organisation des Wissenstransfers zwischen mehreren Alten- und Pflegeheimen eines Trägers zur Ermittlung von best practice-Modellen in den Bereichen Versorgung und Verwaltung, von denen sich der Träger eine bessere Marktpositionierung erhofft. In den beiden Fällen wird auf sozialökonomische Regelungen und Rahmenbedingungen bzw. auf ökonomische und betriebswirtschaftliche Überlegungen von Einrichtungen reagiert.

Die offensichtlich wichtigste Funktion, die von Pflegeakademikerinnen in der beruflichen Praxis übernommen wird, besteht aber in der Qualitätssicherung. Auffallend ist, dass fast alle der befragten Pflegeakademikerinnen – gleich in welcher Einrichtungsart oder in welcher Position sie beschäftigt sind und unabhängig davon, ob sie ein Examen in einem Pflegeberuf nachweisen oder nicht – mit Aufgaben der Qualitätssicherung betraut werden. Auf Arbeitgeberseite scheint man davon auszugehen, dass das Qualifikationsprofil der Pflegeakademikerinnen geeignet erscheint, kompetent mit der vergleichsweise neuen, sozialpolitisch definierten Aufgabe der Qualitätssicherung umzugehen. Dieser Befund entspricht auch den Ergebnissen der Verbleibstudien. Es muss an dieser Stelle offen bleiben, ob und inwieweit die derzeit umgesetzten Modelle der Qualitätssicherung tatsächlich zur Verbesserung der Qualität der Pflege in Krankenhäusern, Alten- und Pflegeheimen oder in ambulanten Diensten führt. Wenn man unterstellt, dass diese

Maßnahmen effektiv sind, dann würde den mit Qualitätssicherung befassten Pflegeakademikerinnen ein Beitrag zur Verbesserung der gesundheitlichen Versorgung zuzuschreiben sein – auch wenn sie selbst gar nicht in der direkten Pflege tätig werden.

In diesem Zusammenhang soll noch auf einen Detailbefund der empirischen Untersuchung eingegangen werden: Der Pflegeakademiker, der eine Stelle als Qualitätsbeauftragter in einem großen Klinikum hat, ist in seiner Funktion nicht nur für die Qualitätssicherung in der Pflege zuständig, sondern für alle dort tätigen Gesundheitsberufe, auch die Medizin. Dies hat sicher eine berufssymbolische Bedeutung, weil Pflegende sich in aller Regel – und auch in dieser Untersuchung – als in ihrer Arbeit von der Medizin dominiert erleben. Allerdings stellt sich die Frage, inwieweit der Beruf Pflege hier überhaupt noch eine besondere Rolle bei der Besetzung der Stelle spielt. Wichtiger ist aber, ob Qualitätssicherung mittlerweile nicht zu einem wichtigen Instrument geworden ist, das die Autonomie professionellen Handelns – etwa der Medizin, aber wie die obige Auseinandersetzung mit der Standardisierung der Pflege zeigt, möglicherweise auch der Pflege – einschränkt und im Sinne bürokratischer Regelung der Logik von Organisation und Sozialpolitik anzupassen versucht. Bestimmte Formen der Qualitätssicherung wären dann als Instrumente der Durchsetzung der Logik von Bürokratie, Organisation und Politik zu interpretieren, verbunden mit der von Freidson (2001) thematisierten Gefahr, dem spezifischen Bedarf von Patientinnen und der Individualität des Falls nicht mehr gerecht zu werden.

3.6) „In die(-se) Pflege wollen wir nicht!" – Das Verhältnis zur direkten Pflege

Die Beschreibung der Aufgabenbereiche der in die empirische Untersuchung einbezogenen Pflegeakademikerinnen ergab, dass – abgesehen von der in der Brückenpflege tätigen Pflegeakademikerin, die zum Zeitpunkt der Untersuchung jedoch an eine Hochschule gewechselt war – niemand von den Befragten schwerpunktmäßig in der direkten Pflege tätig war. Der Grund dafür kann schlicht in der Zusammensetzung des Samples der Befragten liegen, wofür spricht, dass in den Verbleibstudien etwa ein Fünftel der einbezogenen Absolventinnen und Absolventen angibt, in der direkten Pflege tätig zu sein. Da dort Mehrfachnennungen zugelassen sind, träfe dieses Kriterium allerdings auch für zwei hier einbezogene Fälle zu. Unabhängig davon interessierte in der vorliegenden Studie, wie die Einstellung der Pflegeakademikerinnen zu einer Tätigkeit in der direkten Pflege aussieht und ob eine solche Tätigkeit für sie selbst in Frage käme. Zusammenfassend kann hier festgestellt werden, dass die direkte Pflege für die Befragten fast durchweg kein attraktives Einsatzgebiet darstellt, dass die Distanz zur direkten Pflege aber sehr unterschiedlichen Charakter hat. Ein Teil der Pflegeakademikerinnen schließt eine Tätigkeit in der direkten Pflege völlig aus, ein anderer Teil kann sich eine Tätigkeit in der direkten Pflege vorstellen, jedoch nicht unter den gegebenen Arbeitsbedingungen. Bei den letzteren lässt sich wiederum unterscheiden, ob man sich auf Arbeitsbedingungen bezieht, die dem Wesen der Pflege geschuldet sind – wie z.B. die mit der Notwendigkeit der „Rund-um-die-Uhr-Versorgung" verbundenen Schicht- und Wochenendarbeitszeiten – oder ob Besonderheiten der heutigen Arbeit in der Pflege thematisiert werden, die grundsätzlich veränderbar scheinen – wie etwa mangelnde Gestaltungsspielräume und Handlungsfreiheit, Abhängigkeit von der Medizin, Abhängigkeit von hierarchischen Strukturen.

Berufstheoretisch interpretiert bedeutet dieser Befund, dass sich an die akademische Qualifikation – wenngleich aus unterschiedlichen Gründen – die Erwartung knüpft, nicht in der direkten Pflege („am Bett") tätig zu werden. Innerhalb des Berufsfeldes Pflege würden damit den unterschiedlichen Qualifikationsprofilen auch unterschiedliche Aufgaben zugeordnet werden. Wenn die befragten Pflegeakademikerinnen repräsentativ für die akademisierte Pflege sind, so könnten damit die speziell mit der Einrichtung der grundständig primärqualifizierenden Studiengänge verbundenen Erwartungen, die direkte Pflege zu verändern, ganz oder vorläufig enttäuscht werden. Als Subjekte haben sich die „Produkte der Akademisierung" verselbständigt. Sie verhalten sich nicht wie erwartet. Ihre Distanz zur direkten Pflege entspricht eher den mit der Einrichtung der pflegebezogenen Management- und Pädagogikstudiengänge verbundenen Erwartungen, die von vorneherein nicht für die direkte Pflege qualifizieren wollten und sich damit an die im Pflegebereich bestehenden Strukturen („Flucht aus der Praxis durch Aufstieg") anpassten. Dieses Verhalten entspricht auch den in der Literatur dokumentierten Erwartungen, die mit der Aufnahme eines pflegebezogenen Studiums verbunden werden. (Piechotta 2000)

Aus professionstheoretischer Sicht, und hier speziell aus der Perspektive der Theorie professionalisierten Handelns, könnte dann festgestellt werden, dass eine Professionalisierung im Sinne der Theorie – jedenfalls vorläufig – nicht erfolgt, weil die Pflegeakademikerinnen überhaupt nicht in den Bereichen tätig werden wollen, in denen so etwas wie „stellvertretende Krisenbewältigung" stattfindet. In der handlungsorientierten Professionstheorie gibt es per definitionem kein „professionalisiertes" Handeln außerhalb der fallbezogenen beruflichen Praxis.

Allerdings sind sich die Pflegeakademikerinnen darin einig, dass die derzeit praktizierte Pflege – vorsichtig formuliert – suboptimal und deutlich verbesserungswürdig ist. Dies kommt zum Ausdruck, wenn sie in den Interviews ihr eigenes Verständnis von Pflege entwickeln. Trotz ihrer eigenen Distanz zur direkten Pflege wollen sie fast alle auch dazu beitragen, die bestehenden Defizite in der Pflege zu beseitigen.

3.7) „Pflege ist mehr" – Das Verständnis von Pflege

Im empirischen Material konnten die Aussagen der Pflegeakademikerinnen über ihr Verständnis von Pflege auf die Formel „Pflege ist mehr" gebracht werden. Durchweg wurde festgestellt, dass die derzeit praktizierte „Akkordpflege" oder „Satt-und-Sauber-Pflege" in den Augen der Pflegeakademikerinnen unzureichend ist. Heftig kritisiert wird auch die Pflege nach „Schema F".

Fast ebenso durchgehend haben die befragten Pflegeakademikerinnen aber Mühe, ihr positives Verständnis von Pflege begrifflich zu fassen. „Pflege ist viel, viel mehr (...)" – diese Aussage eines Pflegeakademikers würden wohl alle Befragten teilen, worin dieses „Mehr" besteht, bleibt aber vage und unscharf. Das „Herangehen" an die zu pflegende Person müsse sich ändern, der „Kommunikation" wird eine wichtige Bedeutung in der pflegerischen Versorgung eingeräumt und wichtig sei die „Beobachtung" – es gelingt aber nicht, aus diesen „Bausteinen" einen positiven Alternativentwurf von Pflege zu entwickeln. Eine Pflegeakademikerin bringt dies mit ihren Fragen auf den Punkt: „Was ist der Fokus von Pflege? Um was geht es eigentlich? Mit was beschäftigen wir uns? Wie gehen wir an die Menschen heran? Was steht dabei wirklich im Mittelpunkt?" (INT 1) Es zeigte sich, dass die Pflegeakademikerinnen (noch) nicht über einen gesicherten, positiv formulierbaren Kern ihrer beruflichen Identität als Pflegepersonen verfügen. Offensichtlich ist es in der Auseinandersetzung mit Pflegewissenschaft und Pflegetheorien während des Studiums nicht gelungen, ein positives Verständnis von Pflege zu begründen. Es ist auch auffällig, dass niemand von den befragten Pflegeakademikerinnen in den Interviews bei der Entwicklung des Verständnisses von Pflege auf Pflegewissenschaft oder Pflegetheorien Bezug nimmt.

Dieser Mangel einer gesicherten beruflichen Identität als Pflegeperson mag mit dafür verantwortlich sein, dass die direkte Pflege als Handlungsfeld von den Pflegeakademikerinnen eher gemieden wird. Sie mag auch dafür verantwortlich sein, dass dort, wo aktiv an der Verbesserung der Pflege gearbeitet wird, dies tendenziell eher medizinnah und expertenhaft erfolgt. Ein Beispiel dafür bietet eine der Pflegeakademikerinnen, die als Führungskraft ihre Mitarbeiterinnen im ambulanten Pflegedienst dazu ermuntert, über die Routineversorgung hinaus auch rudimentäre diagnostische Maßnahmen zu ergreifen bzw. durch pflegerische Interventionen, wie die Lagerung von Patienten, präventiv zu wirken. Hier wird Sicherheit und Kompetenz im beruflichen pflegerischen Handeln deutlich, von der ein Beitrag zur Verbesserung der Patientenversorgung ausgehen könnte.

4) Fazit

Mit der hier vorgestellten empirischen Untersuchung sollten Einsichten in die berufliche Praxis und das berufliche Selbstverständnis von Pflegeakademikerinnen gewonnen werden, von denen die ersten vor nun etwa sechs Jahren in den Arbeitsmarkt eingetreten sind. Die Ergebnisse der Studie zeigen, dass es einen für sie befriedigenden Platz im Gefüge der Gesundheitsberufe gibt, sie zeigt aber auch, dass die Pflegeakademikerinnen bislang nur sehr bedingt als „Subjekte der Professionalisierung" der Pflege im Sinne der soziologischen Professionstheorien gesehen werden können.

Zwar sind die Pflegeakademikerinnen als „change agents" und Innovatorinnen in unterschiedlichen Bereichen des Gesundheitswesens tätig und wirken als solche auch daran mit, die traditionelle Pflegepraxis zu verändern, ihr berufliches Selbstverständnis hält sie jedoch eher auf Distanz zur Arbeit in der direkten Pflege. Wirkung auf die gesundheitliche Versorgung der Bevölkerung entfalten sie so eher indirekt, indem sie die Rahmenbedingungen

der traditionellen Pflege zu verbessern suchen und sich am Transfer pflegewissenschaftlicher Erkenntnisse in die Praxis beteiligen. Es gibt allerdings
auch Beispiele für die unmittelbare Beteiligung an neuen Tätigkeitsfeldern
pflegerischer Arbeit, so etwa im Bereich des Entlassungsmanagements.

Die derzeitigen Tätigkeitsbereiche entsprechen dabei auch dem Rekrutie-
rungsverhalten der Arbeitgeber. Das neue Qualifikationsangebot, das die
Pflegeakademikerinnen auf dem Arbeitsmarkt verkörpern, wird vor allem
genutzt, um den Herausforderungen zu begegnen, die im Zuge der neuen
sozialpolitischen Regelungen und der sozialökonomischen Rahmenbedingungen auf die Einrichtungen der Pflege zukommen. So waren alle Befragten auch mit Fragen der Qualitätssicherung befasst. Pflegeakademikerinnen
nehmen – neben den klassischen Führungspositionen – überwiegend Stabs-
positionen ein, von denen aus sie Innovationen in den Einrichtungen vorantreiben. Ganz offensichtlich überschneidet sich das Tätigkeitsfeld hierbei mit
demjenigen, für das auch andere akademische Ausbildungen qualifizieren,
wie etwa Public Health. Bei einigen der Pflegeakademikerinnen stellt sich
die Frage, inwieweit sie beruflich tatsächlich noch der Pflege zuzurechnen
sind; ihr eigenes Verhältnis zur Pflege ist durch eine große Ambivalenz gekennzeichnet.

Es handelt es sich bei den Befunden jedoch nur um die Momentaufnah-
me eines Prozesses, der erst in den kommenden Jahren an Konturen gewinnen wird. Noch sind Pflegeakademikerinnen selten, noch nehmen viele Arbeitgeber die neue Qualifikation gar nicht wahr, noch ist die berufliche Identität der Pflegeakademikerinnen in sich sehr widersprüchlich und unkontu-
riert und noch hat sich das Feld der Pflegeberufe nicht neu strukturiert. Erst
die weitere Entwicklung wird darüber entscheiden, ob die Pflegeakademikerinnen Pioniere auf dem Weg zu einem neuen einheitlichen Beruf Pflege
sind und ob sie einen Beitrag zur Professionalisierung der Pflege – im Sinne
der wissenschaftlicher Fundierung und der angemessenen Berücksichtigung
individueller Lebensverhältnisse von Patientinnen – leisten können.

Mit dem Auftreten der Pflegeakademikerinnen im Berufsfeld werden
neue Impulse gesetzt. Sie erweisen sich als „unbequem" im produktiven
Sinne. Die Pflegeakademikerinnen kämpfen gegen eine schlechte Pflege und
haben Vorbehalte gegen eine standardisierte Pflege. Sie haben eine vage
Vorstellung davon, dass Pflege mehr zu leisten im Stande wäre, auch wenn

sie gegenwärtig (noch) nicht über konkrete Alternativkonzepte dazu verfügen. Im Gegensatz zu den traditionell ausgebildeten Pflegenden scheinen sie strukturell dazu in der Lage zu sein, sich Gehör zu verschaffen und sich durchzusetzen. Wenn die Beobachtung richtig ist, dass die traditionelle Pflege über eine relativ geringe Artikulations- und Durchsetzungsfähigkeit verfügt, so scheint dies für akademisierte Pflege nicht zu gelten. Die Mechanismen der Hochschulbildung, vor allem die Zugangsregelung und die Hochschulsozialisation, scheinen „kritische Geister" hervorzubringen, die Routineprozesse in Frage stellen und Rahmenbedingungen gestalten wollen. In diesem Sinne kann möglicherweise davon ausgegangen werden, dass sowohl die berufliche Situation der Pflegenden wie auch die Versorgungssituation alter und kranker Menschen mit neuen Augen betrachtet wird. Wäre dies tatsächlich das Ergebnis der Akademisierung, so würde es sich zwar noch nicht um eine professionalisierte Pflege handeln. Für die Patienten und die Angehörigen der Pflegeberufe wäre aber möglicherweise schon einiges erreicht.

Literatur

Albert, M. (2000): Professionalisierung als Ausweg aus der Krise – Zur unterschiedlichen Bedeutung des Begriffs „Professionalisierung" innerhalb der beruflichen Krankenpflege. In: Pflegemagazin, Zeitschrift für den gesamten Pflegebereich, 1.Jg. 3, S. 4-13.

Arbeitsgemeinschaft der Medizinalfachberufe in der Therapie und Geburtshilfe (2003): Positionspapier der AG MTG zur Akademisierung der Medizinalfachberufe in der Therapie und Geburtshilfe, Hamburg.

Arets, J.; Obex, F.; Vaessen, J.; Wagner, F. (1997): Professionelle Pflege – Theoretische und praktische Grundlagen, Bocholt.

Badura, B. (2001): Perspektiven der Pflegearbeit. In: Landenberger, M.; Münch, M. (Hrsg.): Innovation in der Pflege, Bern, S. 9-18.

Bartholomeyczik, S. (2002): Zum Stand der Akademisierung der Pflegeausbildung in Deutschland. In: Pflege – Die wissenschaftliche Zeitschrift für Pflegeberufe, 15. Jg. 6, S. 281-283.

Bartholomeyczik, S. (2001a): Professionelle Kompetenz in der Pflege, Teil I. In: Pflege aktuell, Heft 5, S. 284-287.

Bartholomeyczik, S. (2001b): Professionelle Kompetenz in der Pflege, Teil II. In: Pflege aktuell, Heft 6, S. 344-347.

Bartholomeyczik, S. (2001c): Professionelle Kompetenz in der Pflege, Teil III. In: Pflege aktuell, Heft 7-8, S. 412-414.

Beier, J. (1991): Hochschulstudium der Medizinpädagogik. In: Heilberufe, 2, S. 52-55.

Beikirch-Korporal, E.; Korporal, J. (2002): Rahmenbedingungen und Reform von Pflegeausbildungen in Deutschland. In: Igl, G.; Schiemann, D.; Gerste, B.; Klose, J,: Qualität in der Pflege, Betreuung und Versorgung von pflegebedürftigen alten Menschen in der stationären und ambulanten Altenhilfe, Stuttgart, S. 97-116.

Bischoff, C.; Botschafter, P. (1992): Universität oder Fachhochschule – das ist hier die Frage! In: Pflegepädagogik, Heft 1, S. 4-11.

Bock-Rosenthal, E. (Hrsg.) (1999a): Professionalisierung zwischen Praxis und Politik, Der Modellstudiengang Pflegemanagement an der Fachhochschule Münster, Bern/Gttingen/Toronto/Seattle.

Bollinger, H. (1999): Die Akademisierung der Pflege, Eine Zwischenbilanz, Teil 1. In: Die Schwester/Der Pfleger 38, 4, S. 340-342.

Bollinger, H. (1999): Die Akademisierung der Pflege, Eine Zwischenbilanz, Teil 2. In: Die Schwester/Der Pfleger 38, 5; S. 416- 419.

Bollinger, H.; Grewe A. (2002): Die akademisierte Pflege in Deutschland zu Beginn des 21. Jahrhunderts – Entwicklungsbarrieren und Entwicklungspfade. In: Kritisches Jahrbuch für Medizin 37. Qualifizierung und Professionalisierung, Hamburg, S. 43-59.

Brieskorn-Zinke, M.; Höhmann, U.; Reckmann, C.; Stocker, E. (2001): Zur Professionalisierung und Berufssituation von PflegewirtInnen mit generalistischer Ausbildung – Diskutiert anhand von Ergebnissen der AbsolventInnenbefragung der Fachhochschulen Darmstadt, Frankfurt, Fulda zwischen 1997 und 2000. In: Pflege und Gesellschaft, 6. Jg. Nr. 3, S. 100-108.

Daheim, H. (2001): Berufliche Arbeit im Übergang von der Industrie zur Dienstleistungsgesellschaft. In: Kurzt, T. (Hrsg.): Aspekte des Berufs in der Moderne, Opladen, S. 21-38.

Dielmann, G. (2003): Zur Diskussion um eine Reform der Ausbildung in den Pflegeberufen. In: Jahrbuch für Kritische Medizin 37. Qualifizierung und Professionalisierung; S. 60-79.

Dielmann, G. (2002): Berufsgesetze der Heilberufe geändert; In: Dr. med. Mabuse. Zeitschrift im Gesundheitswesen, 27. Jg. Nr. 136, S. 10-11

Dielmann, G. (1996): Pflegeausbildung in Europa – Gleichklang oder Disharmonie, Zur aktuellen Situation der Krankenpflegeausbildung in den Mitgliedstaaten der Europäischen Union. In: Pflege und Gesellschaft, 1. Jg. 2, S. 2-7.

Dorschner, S. (1997): Einige Aspekte der Akademisierung von Pflege in Deutschland. In: Organisationsgruppe Studentische Fachtagung Bremen (Hrsg.): PflegekultTour 2001 – Impulse und Perspektiven: Fünftes Jahrbuch der Studentischen Fachtagung Gesundheits- und Pflegewissenschaft, Frankfurt am Main, S. 87-106.

Freidson, E. (2001): Professioalism, The Third Logic, Chicago.

Gensch, S. (1995): Die neuen Pflegestudiengänge in Deutschland, Pflegewissenschaft – Pflegemanagement – Pflegepädagogik. Bayrisches Staatsinstitut für Hochschulforschung und Hochschulplanung (Hrsg.), München.

Gerlach, A. (2004): Pflege zwischen Professionalisierung und Akademisierung, Eine empirische Untersuchung der beruflichen Praxis von Pflegeakademikerinnen, Masterarbeit an der Fakultät für Gesundheitswissenschaften der Universität Bielefeld.

Habermann, M.; Szemeitzke, B. (2003): Diplomierte Pflegewirtin oder diplomierter Pflegewirt – und was dann? Ergebnisse einer Befragung von Absolventen des Internationalen Studiengangs für Pflegeleitung der Hochschule Bremen. In: Pflegezeitschrift, 3, (Pflegedokumentation) 1-4.

Hartmann, H. (1972): Arbeit, Beruf, Profession. In: Luckmann, T.; Sprondel, W.M. (Hrsg.) 1972: Berufssoziologie, Köln, S. 36-52.

Hesse, H. A. (1972): Berufe im Wandel, Ein Beitrag zur Soziologie des Berufs, der Berufspolitik und des Berufsrechts, Stuttgart.

Isfort, M. (2003a): Was ist Profession, was Professionalität, woran ist professionelles Handeln zu erkennen und wie wird es in der pflegerischen Praxis umgesetzt? Eine theoretische Abhandlung. In: Pflege Aktuell, Heft 5, S. 274-277.

Isfort, M. (2003b): Was ist Profession, was Professionalität, woran ist professionelles Handeln zu erkennen und wie wird es in der pflegerischen Praxis umgesetzt? Eine theoretische Abhandlung. In: Pflege Aktuell, Heft 6, S. 325-329.

Kälble, K. (2001): Im Labyrinth gesundheitsbezogener Studiengänge. In: Pflege Aktuell, Heft 7-8, S. 394-398.

Kellnhauser, E. (1996): Pflegekammer. In: Die Schwester/Der Pfleger, 35.Jg. 11.

Kraushaar, D. (1994): Pflegestudium an der Fachhochschule. In: Schaeffer, D.; Moers, M.; Rosenbrock, R. (Hrsg.): Public Health und Pflege, Zwei neue gesundheitswissenschaftliche Disziplinen, Berlin, S. 226- 248.

Krüger, D.; Modersitzki, F.; Rosenthal, T.; Töllner, R. (1997): Untersuchung der Beschäftigungsentwicklung und des Qualifikationsbedarfs in mittleren Positionen des Gesundheits- und Sozialwesens – Anforderungen an die berufliche Weiterbildung, Abschlussbericht, Fachhochschule Hamburg.

Laubach, W.; Brosig, C. E. M. (1998): Die ganze Zeit arbeiten wir Hand in Hand... Eine vergleichende Studie über die Auswirkungen von Professionalisierung am Beispiel von deutschen und US-amerikanischen Intensivpflegekräften. In: Pflege – Die wissenschaftliche Zeitschrift für Pflegeberufe, 11. Jg, S. 21-26.

Mieg, H. (2003): Problematik und Probleme der Professionssoziologie. In: Mieg, H.; Pfadenhauer, M. (Hrsg.): Professionelle Leistung – Professionell Performance, Positionen der Professionssoziologie, Konstanz, S. 11-46.

Moers, M. (1994): Anforderungs- und Berufsprofil der Pflege im Wandel. In: Schaeffer, D.; Moers, M.; Rosenbrock R. (Hrsg.): Public Health und Pflege, Zwei neue gesundheitswissenschaftliche Disziplinen, Berlin, S. 159-172.

Ostner, I. Beck-Gernsheim, E. (1979): Mitmenschlichkeit als Beruf, Eine Analyse des Alltags in der Krankenpflege, Frankfurt.

Pflegeforum Ludwigshafen (1997): Die Einrichtung pflegewissenschaftlicher Studiengänge und ihre Akzeptanz im Gesundheitswesen. In: Organisationsgruppe studentische Fachtagung Bremen (Hrsg.): PflegekultTour 2001 – Impulse und Per spektiven: Fünftes Jahrbuch der Studentischen Fachtagung Gesundheits- und Pflegewissenschaft, Frankfurt am Main, S. 195-205.

Piechotta, G. (2000): Weiblich oder kompetent? Der Pflegeberuf im Spannungsfeld von Geschlecht, Bildung und gesellschaftlicher Anerkennung, Bern/Göttingen/Toronto/Seattle.

Reinstorf, R.; Mohr, V. (2002): Verbindliche Qualitätssicherung in der Pflege, Pflege Aktuell, Heft 4, S. 220-221.

Robert Bosch Stiftung (1992): Pflege braucht Eliten, Denkschrift zur Hochschulausbildung für Lehr- und Leitungskräfte in der Pflege (Beiträge zur Gesundheitsökonomie 28), Gerlingen.

Schaeffer, D. (1999): Entwicklungsstand und Herausforderungen der bundesdeutschen Pflegewissenschaft. In: Pflege – Die wissenschaftliche Zeitschrift für Pflegeberufe, 12. Jg. 3, S. 141-152.

Schaeffer, D. (1994): Zur Professionalisierbarkeit von Public Health und Pflege. In: Schaeffer, D.; Moers, M.; Rosenbrock, R. (Hrsg.): Public Health und Pflege, Zwei neue gesundheitswissenschaftliche Disziplinen, Berlin, S. 103-126.

Schaeffer, D. (1990): Psychotherapie zwischen Mythologisierung und Entzauberung, Beiträge zur sozialwissenschaftlichen Forschung 119, Opladen.

Schaeffer D.; Moers M.; Rosenbrock R. (Hrsg.): Public Health und Pflege, Zwei neue gesundheitswissenschaftliche Disziplinen, Berlin.

Schwerdt, R. (2003): Pflege wird zur Profession. In: Pflege – Die wissenschaftliche Zeitschrift für Pflegeberufe, 16. Jg. S. 182-183.

Schmerfeld, J. (1996a): Pädagogische Professionalität in der Pflege – Gedanken zur Hochschulausbildung von Pflegepädagogen. In: Pflege – Die wissenschaftliche Zeitschrift für Pflegeberufe; Bd. 9, Heft 1.

Schmerfeld, J. (1996b): Pädagogische Professionalität in der Pflege – Gedanken zur Hochschulausbildung von Pflegepädagogen. In: Pflege – Die wissenschaftliche Zeitschrift für Pflegeberufe; Bd. 9, Heft 2.

Sieger, M. (2001): Gestufte Studiengänge – eine neue Qualität der Bildung in der Pflege. In: Pflege und Gesellschaft, 3.

Stichweh, R. (1996): Professionen in einer funktional differenzierten Gesellschaft. In: Combe, A.; Helsper, W. (Hrsg.): Pädagogische Professionalität, Untersuchungen zum Typus professionellen Handelns, Frankfurt a.m. S. 49-69.

Stratmeyer, P. (1997): Bedarf, Einsatz und Qualifizierung von Pflegeexperten/innen im Krankenhaus, unveröffentlichter Projektbericht.

Vespermann, S. (2003): Berufliche Perspektiven von Diplom-Pflegewirtinnen und Diplompflegewirten. In: PR-InterNet; Heft 9, S. 101-109.

Volkholz, V. (1973): Krankenschwestern, Krankenhaus, Gesundheitssystem, Stuttgart.

Wanner, B. (1987): Lehrer zweiter Klasse? Historische Begründung und Perspektiven der Qualifizierung von Krankenpflegelehrkräften, Frankfurt am Main.

Weidner, F. (1995a): Professionelle Pflegepraxis und Gesundheitsförderung. Eine empirische Untersuchung über Voraussetzungen und Perspektiven des beruflichen Handelns in der Krankenpflege, Frankfurt.

Weidner, F. (1995b): Professionelle Pflegepraxis – ausgewählte Ergebnisse einer Untersuchung auf der Grundlage eines handlungsorientierten Professionalisierungsverständnisses; In: Pflege – Die wissenschaftliche Zeitschrift für Pflegeberufe, Bd. 8, Heft 1.

Wiese, M. (1997): Kunden- oder Patientenorientierung in der Pflege? Anmerkungen aus professionssoziologischer Sicht, In: Pflegemanagement 1.

Winter, M. (2005): Die ersten Pflegeakademiker in Deutschland, Arbeitsmarktperspektiven und Berufsverbleib in der Altenpflege, Bern.

Wissenschaftsrat (1991): Empfehlungen zur Entwicklung der Fachhochschulen in den 90er Jahren, Köln.

Wissenschaftsrat (1970): Empfehlungen zur Struktur und zum Ausbau des Bildungswesens im Hochschulbereich nach 1970, Bd. 2 Bonn.

Johann Behrens

Abhören ersetzt nicht Zuhören, Fürsorge nicht Respekt
Soziologie der Pflege als Profession der Unterscheidung von interner und externer Evidence

Zusammenfassung

Zwischen dem sozialen System alltäglicher Pflege und dem sozialen System der Pflege als Profession besteht eine Differenz. Die alltägliche Pflege (Teil 1) kennzeichnet ein stark normierender Diskurs: hierin lassen sich die normalisierenden Diskurse pflegender Eltern ebenso zusammenfassen wie die zur Selbstbeobachtung anhaltenden Diskurse detailliert normierender Pflegelehren seit der Diätetik (De Victu) und mit etwas Gewalt auch die Bio-Politik von Viehzüchter-Königen, die ihre Bevölkerungen wie Herden pflegen wollen. Professionen unterscheiden sich von diesen stark normierenden Diskursen durch den professionstypischen Respekt vor der Autonomie der Lebenspraxis ihrer Klienten. Dass die Wissenschaft sich von der fraglosen Gewissheit zur Wahrscheinlichkeit entwickelte und damit zur unaufhebbaren Kluft zwischen interner und externer Evidence, fordert den Respekt vor der Autonomie der Klienten zusätzlich. Eine Soziologie der Pflege und der Pflege als Profession, die im Anschluss an Foucault diese Entwicklung der Wissenschaft und der Profession übersieht, verliert ihre Kraft zu kritischer Unterscheidung (Teil 2). Allerdings können alltägliche Situationen und historische Wurzeln der Pflege den Professionalisierungspfad zwischen Standard-Gehorsam einerseits und individuellem Holismus andererseits überwuchern oder versanden lassen (Teil 3), Professionalisierung wird hier analysiert als die Entwicklung einer Haltung zum Klienten, sie unterscheidet sich von bloßer Akademisierung. Durch Akademisierung wird die professionstypische Haltung zum Klienten nicht garantiert.

1) Das System alltäglicher und das System professioneller Pflege
1.1) Quellen der Identität des sozialen Systems Pflege

„Pflege ist kein eindeutig definierbarer Begriff, zu unterschiedlich sind die jeweiligen Erscheinungsformen, theoretischen Denkschulen und praktischen Umsetzungen (bzw. Nicht-Umsetzungen) der verschiedenen Konzepte" schreibt Klaus Schroeter im Pflegemagazin. (Schroeter 2003) Dem folge ich nicht. In der deutschen Umgangssprache scheint mir vielmehr der Begriff der Pflege in all seinen sehr unterschiedlichen Anwendungsbereichen durch ganz wenige konstitutive Merkmale, durch eine spezielle Blickrichtung auf das Handeln bestimmt, die jeder beherrscht, der sich der deutschen Sprache bedient. Für das System „Pflege" gilt dasselbe wie für die „Arbeit": umgangssprachlich ist jederzeit klar, was gegeben sein muss, damit eine Handlung diesem jeweiligem System zugeordnet, also z.B. als „Pflege" bezeichnet werden kann. Erst innerhalb des Sinn-Systems differenzieren sich Unterbereiche aus – und auch die Berufe und Professionen, die um soziale Anerkennung, um Erwerbschancen, um Zuständigkeiten kämpfen. (Behrens 1983; Bourdieu 1987; Honneth 1998, 2001) Dabei möchte ich zeigen, dass Pflege, soweit sie Profession wird, gerade nicht unvermittelt das Pflege-System des Alltags steigert. Vielmehr nimmt sie es zurück: Sie unterscheidet sich von der alltäglichen Pflege durch den professionstypischen Respekt vor der Autonomie des Alltagslebens. Alle gesundheitsförderlichen und sonstigen Pflegeziele treten davor zurück.

Daher ist hier zunächst empirisch an der Umgangssprache zu zeigen, was denn das systemkonstitutiv Gemeinsame ist, dass uns Handlungen als Pflegen bezeichnen lässt (siehe Abschnitt 1.2) – Mindestens 90 % dieser Handlungen werden nicht beruflich ausgeübt. Aber bereits der Bereich der personalen sozialen Dienstleistungen, also der in der Pflege von Kranken und Gesunden Erwerbstätigen, umfasst schon mehr Berufstätige als die Autoindustrie. Innerhalb dieses Bereichs wird Pflege nicht nur von Dienerschaften nach Anweisungen der Herrschaft und Kundschaft, nicht nur als Beruf, sondern auch als Profession betrieben. Zwei konstitutive Eigenschaften von Professionen sind nicht zu übersehen: Ihr Respekt vor der Autonomie der Lebenspraxis und in der Wissenschaft ihre Unterscheidung zwischen interner und externer Evidenz. Professionelle Pflege ist nicht einfach be zahlte Pflege, und die Theorie der Pflege als Professionen unterscheidet sich von Lehren richtigen Lebens der Diätetik.

1.2) Das System der Pflege im Unterschied zu Nachbarsystemen
1.2.1) Allgegenwärtige konstitutive Merkmale und Ziele der „Pflege"

Was sind die ganz wenigen konstitutiven Merkmale, die gegeben sein müssen, damit wir umgangssprachlich eine Handlung als Pflegen auffassen? Zunächst: Pflege ist eine zielorientierte Tätigkeit mit einem definierten Zweck. Wir können gesund sein, ohne speziell dafür viel zu tun. Aber wir können nicht gepflegt sein, ohne uns gepflegt zu haben. Pflege geschieht nicht ohne besonderes Aufheben. Das unterscheidet sie z.B. vom Aufbau unserer Muskeln und unseres Skeletts, der spontan als ungeplante Nebenfolge unserer Bewegungen ablaufen kann, oder der Entfaltung unserer Sprach- und Denkfähigkeiten, die sich als ungeplante Nebenfolgen anders motivierter Problemlösungs- und Kommunikationshandlungen entwickeln können. Herumrennen und Toben sind gesundheitsförderlich, aber im Nebeneffekt. Als Pflege bezeichnen wir Herumrennen und Toben nicht, aber das Zähneputzen, das Waschen oder Eincremen. Pflege ist in der deutschen Sprache eine lustvolle oder weniger lustvolle zweckgerichtete Handlung, die spezielle Aufmerksamkeit und täglich bewusst eingesetzte Energie erfordert – ob wir krank sind oder gesund, alt oder jung. Wir mussten erst lernen, uns zu pflegen, und viele Personen waren damit beschäftigt, es uns beizubringen, von unseren Eltern und Kindergärtnerinnen angefangen bis zu den Schleifern unterschiedlicher Armeen und sonstiger Bildungs- und Beratungsstätten. Und wir verwenden nun viel Zeit und Mühe darauf, unseren Kindern, die dies keineswegs in ausreichendem Maße spontan tun, beizubringen, sich zu pflegen. Bevor ich auf diese Lernprozesse komme, können wir kurz festhalten. Pflege ist eine zweckgerichtete Tätigkeit. Sie muss gelernt werden. Sie ist keineswegs nur bei Krankheit erforderlich, sie hat mit Krankheit direkt wenig zu tun. Ihr Ziel ist auch offensichtlich nicht nur Gesundheit i.S. von Krankheitsvermeidung, sondern ebenso sehr: Schönheit. Oder, wie die Schleifer Schönheit lieber nennen: Schliff. Die zugrundliegende Unterstellung ist, dass wir bald verrotten und ungepflegt werden, sobald wir aufhören, uns zu pflegen. Daher sehen wir uns nicht nur im hohen Alter und in der frühen Kindheit, nicht nur bei Krankheit oder Verwundung, sondern in jedem Alter und jeden Tag als Pflegebedürftige an. Wir glauben der Pflege zu bedürfen, um nicht den vielfältigen Formen der Verrottung anheim zu fallen: um nicht zu stinken und nicht zu gammeln, um nicht wund oder unansehnlich zu werden oder zu bleiben, um nicht vom Fleisch zu fallen und nicht im Dreck zu ersticken.

Pflege ist die tägliche Arbeit, die die Verrottung aufschiebt – wenn auch nicht auf ewig. Das kann die Pflege, die wir uns allein oder wechselseitig, gegen Geld oder liebevoll angedeihen lassen, sehr angenehm machen. Sie kreiert und kultiviert uns selbst.

Ein frappierender Beleg für den präzisen Inhalt des Begriffs „Pflege" zeigt sich gerade in den ausgedehnteren Anwendungen des Begriffs Pflege, von der Autopflege bis zur Pflege der Astronomie. Unserer Vorstellung der Notwendigkeit von Pflege liegt eine weltweite Unterstellung zugrunde, für die es einen bemerkenswerten Beleg gibt. In ihren Ernennungsurkunden finden ProfessorInnen ihre Zuständigkeit, für welches Fach auch immer sie eingestellt sein mögen, definiert als „Pflege". Dem liegt die Unterstellung des Souveräns zugrunde, dass alles, selbst die Astronomie, die Physik und die Mathematik, professoraler Pflege bedarf, um nicht zu verrotten. Zwar gibt es die Sterne auch ohne uns. Aber nicht für uns ohne ihre beständige und konzentrierte Pflege durch die ProfessorInnen der Astronomie. Nicht weil die Mathematik krank ist, bedarf sie der professoralen Pflege, sondern weil sie für den menschlichen Gebrauch sonst verrotten würde. Das Gemeinsame aller Pflege scheint also die beständige, bewusste Arbeit gegen die sonst drohende Verrottung zu sein.

1.2.2) Medizinsystem. Pflege- und Gesundheitssystem

Alltagssprachlich lässt sich der Vorteil der Unterscheidung zwischen Gesundheits- und Medizinsystem in der Auseinandersetzung mit Luhmann erkennen. „Nur Krankheiten sind für den Arzt instruktiv (...). Die Gesundheit gibt nichts zu tun, sie reflektiert allenfalls das, was fehlt, wenn jemand krank ist. Entsprechend gibt es viele Krankheiten und nur eine Gesundheit", schreibt Luhmann (1990: 186ff). Aber Gesundheit gibt viel zu tun – wenn auch nicht unbedingt der Medizin. Was für die Gesundheit zu tun ist und sich nicht nebenbei als erfreuliche Nebenwirkung anders gedachter Handlungen ergibt, das ist die Arbeit der „Pflege".

Dass es sich bei dieser Arbeit um eine keinesfalls spontane, sondern bewusst zielgerichtete, mühsam zu erlernende und erst danach häufig liebgewordene Anstrengung handelt, davon kann jeder ein Lied singen, der Kinder hat. Während sich Muskeln und Skelett auch als ungeplante Nebenwirkung ganz anders motivierter Bewegungen entwickeln können, ist Pflege von anderen Tätigkeiten, wie wir sahen, unterschieden durch einen eigenen, bewusst zu verfolgenden Zweck und einen eigenen Code. Mangel an täglicher bewusster pflegerischer Anstrengung, also jede Vernachlässigung pflegerischer Selbstbeobachtung, führt zum unschönen und ungesunden Zustand der Ungepflegtheit.

Was als ungepflegt und ungesund bekämpft wird, mag sich von Kultur zu Kultur, von Milieu zu Milieu stark unterscheiden. Die Normen der Gesundheit als Pflegeziel variieren kulturell enorm. Auch deswegen sind sie ja Kindern so schwer beizubringen. Aber alle bekannten Kulturen kennen die Arbeit der Pflege. Mit pflegerischer Selbstbeherrschung reagieren Menschen darauf, dass sie Körper haben und Körper sind. Durch pflegerische Selbstbeherrschung werden Körper zur Verkörperung des Sozialen (vgl. im Anschluss an Plessner und Merlau-Ponty Behrens 1999 und Bourdieu 1979, 1987) und zugleich zu stets pflegebedürftigen fruchtbaren Ressourcen.

Dagegen schreibt Luhmann: „niemand kann außerhalb des Systems der Krankenbehandlung gesund werden – es sei denn unbemerkt und von selber". (Luhmann 1990: 183) Von selbst geschieht hier gar nichts. Vielmehr ist jeden Tag Selbstbeobachtung und Selbstpflege nötig, bis uns die Gesundheit in Fleisch und Blut übergeht.

Aus der Sicht der Medizin, das seinen nie ganz durchgesetzten berufsständischen Anspruch auf das Monopol der Krankenbehandlung in den letzten 150 Jahren weit erfolgreicher erhoben hat als je zuvor, mag die Luhmannsche Behauptung eine zu Grunde liegende Company Vision wiedergeben. Gleichzeitig wird dann aber deutlich, dass neben dem Medizinsystem ein abgrenzbares Sinnsystem existiert, das Gesundheit zum Ziel hat und nicht nur Krankenbehandlung. Den Unterschied kann man sich auch an der unterschiedlichen Einstellung zur Krankheit deutlich machen. In der Perspektive der Gesundheit ist Krankheit keineswegs unbedingt zu vermeiden. Krankheit kann vielmehr begrüßt werden als Schule der Gesundheit, als Gelegenheit, Fähigkeiten der Krisenbewältigung und der methodischen Lebensführung zu erwerben. Ohne durch die Schule der Kinderkrankheiten gegangen zu sein, kann niemand gesund bleiben.

Gesundheit ist keineswegs diffus „einfach alles" oder „das höchste Gut", das keine Grenze in anderen Gütern findet. An der Anwendung des Codes „gesund/ungesund" auf Sport, Ernährung, Arbeitsgestaltung, Architektur wird das deutlich: Es gibt Sportarten, die für den Sporttreibenden sofort ihren Sinn verlören, stellten sie sich als ungesund heraus. Dazu mag Jogging gehören. Andere Sportarten würden selbst als ungesunde weiter betrieben, z. B. möglicherweise Fußball. Dasselbe lässt sich leicht auf Ernährung, Arbeitsgestaltung, Architektur übertragen.

Weil Gesundheit also nur ein „Gut" unter mehreren Glücksgütern ist, ist sowohl die systemtheoretische Begründung einer unbegrenzten Anspruchsspirale von Patientenforderungen an das Medizinsystem von eher begrenzter Plausibilität als auch deren akteurstheoretisch-ökonomische Begründung. Für die Systemtheorie ist der Code krank-gesund nicht-teleologisch, es gibt in der Tat keinen Zustand, bei dem man nicht noch mehr gegen die Krankheit oder für die Gesundheit tun könne (Luhmann 1983: 29); (vgl. dazu Schimank 1996: 216) Die akteurstheoretisch-ökonomische Begründung (insbesondere Herder-Dorneich 1983: 12) argumentiert damit, dass der krankenversicherte Patient die Kosten seiner Behandlung nicht in seine Kosten-Nutzen-Vergleiche einbeziehen müsse und daher bei ihm nicht wie beim Selbstzahler „unter der Last der Preise sein Gesundheitsdrang allmählich zum Stillstand" komme. Sowohl der systemtheoretische als auch der akteurstheoretisch-ökonomische Ansatz übersehen allerdings bei allem ihrem aufklärerischen Potential, dass die Inanspruchnahme der Medizin selbst dann, wenn die Krankenversicherung alle Honorare und Mittel trüge, mit soviel Zeit, Bitterkeit, Leid, Verzicht und Mühe für den potentiellen Patienten verbunden ist, dass sich für den Patienten sofort „Gegenrationalitäten" ergeben. Jedes Jahr sterben viele lieber, als dass sie sich ein Bein amputieren lassen, selbst wenn allein die Amputation ihr Leben verlängern würde. Auf diese Gegenrationalitäten geht ein guter Arzt im Respekt vor der Autonomie der Lebenspraxis regelmäßig ein. Man kann – darin ist Luhmann zu folgen – vielleicht nie ganz gesund sein und nie nichts mehr für seine Gesundheit tun können. Aber gesund genug für die Teilhaben, die einem biographisch wichtig sind, kann man sein, und ob für mehr das notwendige Ausmaß an Zeit,

Mühe und Leid aufgebracht würde, darf bezweifelt werden. Die Medikalisierung mag mehr auf Versprechungen des medizinisch-industriellen Komplexes zurückgehen (Badura/Feuerstein 1994), der seine Offerten für die Bewältigung von Gesundheits- und Lebensprobleme billiger erscheinen lässt als andere soziokulturelle Anstrengungen und daher die Medikalisierung auch nicht medizinischer Probleme fördert.

Was ist der Körper, der in der Körperpflege gepflegt wird? Was ist die Gesundheit, die in der Gesundheitspflege gepflegt wird? Gepflegt wird, wie in dem Eingangsbeispiel schon deutlich wurde und jetzt zu zeigen ist, ein Habitus, und die Aufrecherhaltung des Habitus bedarf der Pflege. Es musste uns beigebracht werden, uns zu pflegen. Wir lernten es weder von selbst noch durch Versuch und Irrtum. Nicht etwa unsere faulenden Zähne brachten uns Zähneputzen bei, sondern unsere Eltern, Geschwister, Schleifer. Vieles war uns als kleinen Kindern möglich, was uns heute schaudern macht. Wir konnten alles vom Boden aufheben und in den Mund stecken. Wir alle konnten früher ohne jeden Ekel unseren eigenen Urin trinken, was heute nur noch wenige von uns tun. Heute sind viele von uns nicht einmal mehr in der Lage, jemanden einen Kuss zu geben, ohne sich die Zähne geputzt zu haben. Auch wenn sie es wollten und täten: es wäre ihnen unangenehm, wie es keinem kleinen Kind unangenehm wäre. Das genau meint Habitus: Die gewohnheitsmäßige Einschränkung dessen, was uns angemessen ist, und die Standards, die wir erfüllen wollen. Also die gewohnheitsmäßigen Aufgaben- oder Problemstellungen, die zu erfüllen uns angemessen erscheint, und die Mittel, unter denen wir dafür wählen. Habitus determiniert also nicht die einzelne Handlung, sondern den Raum der angemessenen Handlungen. Dieser Raum ist offensichtlich selbst bei der Körperpflege keineswegs durch die Natur determiniert. Wir pflegen zwar ein Stück Natur, aber ganz offenbar nach Regeln, die durch die Natur keineswegs vollständig determiniert sind. Insofern kann der Ethnologe Bourdieu (1987) vom Habitus in einer griffigen, durch Forschung noch einzulösenden Formulierung als „Leib gewordener Gesellschaft" sprechen. Dass die gepflegten und zu pflegenden Habitus sich nach gesellschaftlichen Gruppen, nach Milieus der Lebensführung, nach Schichten, nach Geschlecht, nach Einkommen usw. usf. unterscheiden, ist ebenfalls eine Erkenntnis, die keineswegs das Geheimnis von Pflegekräften und Ethnologen geblieben ist.[7]

2) Am Scheideweg: Kontemplative und praktische Wissenschaft der Pflege und der Pflegeprofession

2.1) Wissenschaften der Pflege und der Pflegeprofession

Wenn Pflege die Arbeit der Aufrechterhaltung eines leiblichen, sozialstrukturell durchaus unterschiedlichen Habitus ist, was ist dann die Aufgabe der Wissenschaft von Pflege? Darauf gibt es drei Antworten. Sie fassen jeweils unterschiedliche Aspekte zusammen. Sie können sich ergänzen, sind aber keineswegs zu verwechseln.

Erstens kann Wissenschaft der Pflege als – in der aristotelischen Terminologie – „kontemplative" Wissenschaft verstanden werden: Als kontemplative beschäftigt sie sich mit der Beschreibung und Erklärung, mit den Entstehungsbedingungen, Nebenwirkungen und den sozialen und naturwissenschaftlich fassbaren Folgen der pflegerischen Bemühungen zur Aufrechterhaltung des Habitus, wie sie sie in einer Gesellschaft vorfindet. Ihr erstes Ziel ist nicht die Bewertung dieser vorgefundenen Praktiken, zumindest verfasst sie keine Pflege-Anleitungen richtigen Lebens, wie sie jede Woche an jedem Kiosk einen Großteil aller Illustrierten ausmachen. Wissenschaft der Pflege ist hier eine vielversprechende Form soziologischer Anthropologie und Ethnologie, Soziologie des Habitus als Leib gewordene Gesellschaft. Diese kontemplative Wissenschaft kann auch eine gute Vorbereitung für die sehr praktische unten beschriebene dritte Erscheinungsform der Pflege-Wissenschaften, der Wissenschaft von der Profession der Pflege sein. Pro-

---

[7] Habitus ist ein Begriff, den Bourdieu aus den kunsthistorischen Schriften Panowsky für die Analyse der kabylischen Gesellschaft übernommen hat. Für Panowsky hieß, eine gotische Kathedrale zu verstehen, das Problem zu rekonstruieren, für das die Fenster-Rosette die Antwort ist, also die Kriterien der Angemessenheit, denen die Bauleute offensichtlich folgten. Habitus ist in der strukturalen Linguistik gerne mit der Tiefenstruktur der Grammatik verglichen worden, die die einzeln Sprechhandlungen produziert. Darauf will ich nicht näher eingehen, denn eben: es handelt sich um Vergleiche. Metaphern zu begrenzt. Wenn etwas mit etwas anderem verglichen wird, wird immer beides behauptet: es ist nicht dasselbe wie das Verglichene, sondern ihm nur ähnlich.

fessionen zeichnen sich durch einen Respekt vor der Autonomie der Lebenswelt aus, für den kontemplative Anschauung eine gute Schule ist.

Zweitens finden wir Pflege-Ratgeber seit mindestens 2500 Jahren, wobei sich eine Wegscheide zeigte: Wenn wir Pflegewissenschaft als beratende oder – im Sinne Feinsteins – als klinische Disziplin auffassen, die Klienten bei Entscheidungen unter Unsicherheit berät, also als im aristotelischen Sinne „praktische" Wissenschaft, gibt es zwei Möglichkeiten. Worauf gründete sich der Rat? Zwei Alternativen sind denkbar. Erstens kann man beraten wollen unter Absehung von allen Zielen, Lebenszuschnitten der Beratenen, unter Absehung von allen eingangs genannten Aspekten der Schönheit oder des Schliffs nur unter dem Gesichtspunkt naturwissenschaftlich fassbarer Zusammenhänge. Lassen sich diese überhaupt sinnvoll isolieren? Oder man berät in Respekt vor der Autonomie der Lebenspraxis des Klienten bis hin zur Anpassung an den jeweiligen Habitus. Verfassen Pflegewissenschaftler Ratgeberbücher richtigen Lebens?

2.2) Pflegeratgeber als den Alltag normierende Lehren richtigen Lebens (De Victu, Diätetik)

In der Tat kennen wir berühmte derartige Pflege-Lehrschriften, die inzwischen bald 2500 Jahre alt werden, vor allem das Buch De Victu im Corpus Hippocraticum. Das Schicksal der Diätetik im fünften bis dritten Jahrhundert vor unserer Zeitrechnung ist für unsere Alternative lehrreich, so dass es sich lohnt, kurz hierauf einzugehen. Im Lauf des fünften Jahrhunderts differenziert sich die Lehre richtigen Lebens als philosophische Ethik von der Medizin, die damit einerseits zu einem bloßen Aspekt guten Lebens „herabsinkt und andererseits als empirisch orientierte Naturwissenschaft zu einem neuen theoretischen Status heraufarbeitet". (Detel 1998: 9) Der unbekannte Autor des Buches De Victu im Corpus Hippocraticum hat eine besonders eindrucksvolle Liste pflegerischer Aktivitäten des täglichen Lebens als umfassende Existenzkunst und durchregulierte Selbstpraktik erörtert. Prophylaktische Diätetik beschreibt die Arbeit der Selbstpflege: die Waschungen und das Abreiben des Körpers, die Spaziergänge, die morgendlichen ersten Übungen, das Gymnasion, das Mittagessen, die Mittagspause, die sexuelle Kommunikation. Schon damals diskutiert ist auch die soziale Ungleichheit bei der Möglichkeit der Einhaltung der Pflegeregeln, die uns bis heute bei der pflegerischen Gesundheitsförderung beschäftigen, nachdem der für alle Bürger finanzierte Zugang zur ärztlichen Versorgung keineswegs den sozialen Gradienten bei der Betroffenheit von Krankheit und frühem Tod aufgehoben hat: Noch heute hat jede Gehaltsgruppe höher im Durchschnitt eine bessere Chance auf ein längeres und weniger durch Krankheit belastetes Leben. (Behrens 2000: 41) Schon der Autor von De Victu (III 68 und III 69) führt, ohne einen Lösungsvorschlag zu haben, oi polloi, die Vielen an, die „nicht die Möglichkeit haben, alles andere zu vernachlässigen, um sich auf die Sorge um die Gesundheit zu konzentrieren." Die auf die Gesundheit konzentrierte Selbstpraktik der vorklassischen Zeit, die Foucault zu Unrecht für die klassische Zeit behauptet, ist damit noch nicht relativiert, wie das erst später in der platonischen und aristotelischen Schule geschieht und heute tendenziell zurückgenommen wird.[8]

Dabei bezieht sich die Relativierung keineswegs auf die Moralisierung pflegerischer Selbstpraktik. Bei Platon und Aristoteles findet sich derselbe aktivierende Begriff von Pflege, Reflexivität und Selbstkontrolle, wie wir ihn eingangs der deutschen Umgangs-Sprache entnahmen, in folgender prägnanter Formulierung noch moralisch betont: „Denn wer von Natur aus hässlich ist, wird niemals getadelt, wohl aber wer es aus Mangel an Körperpflege und Übungen ist". (Nikomachische Ethik III 7,1114 a23 f, ähnlich Platon, Politeia III 405 c-d) Was sich im fünften bis dritten Jahrhundert ändert, ist die Ausdifferenzierung der philosophischen, später religiösen Lehre des guten Lebens von der Diätetik. Es kommen Aspekte hinzu.

„Als Lebenskunst, die mit der moralischen Durchdringung und ästhetischen Stilisierung des Lebens im ganzen verknüpft war, trat die antike Diätetik in vorklassischer Zeit nachweisbar im Umkreis ihrer pythagoreischen Ursprünge auf. In klassischer Zeit jedoch nur noch in ihrer exzessiven, prophylaktischen dekadenten Variante, die erhebliche politische Privilegien und asymmetrische Machtverhältnisse als wesentliche Bedingungen vorauszusetzen hatte". (Detel (in geplanter Realisierung Foucaultscher Entwürfe) 1998: 149)

---

[8] Virginia Henderson interpretiert die in den Industrieländern ganz offensichtliche Beobachtung: je mehr Gehalt, umso weniger krank, nicht mehr mit Umständen, sondern mit Intelligenz und Bildung. Über einige Kontextvariablen wird dabei großzügig hinweggegangen.

Platon kritisiert in der Politeia III 405c-408d „Diätetik (als) kleinliche Regulierung für hypochondrische Reiche, die keinen anständigen öffentlichen Aufgaben nachgehen," also in der präzisen Bedeutung, die der Begriff Idiot in der athenischen Polis hatte, für Privatleute, für reiche Idioten. Aber damit wird nur Subjektivierung auf Eudaimonia umgestellt, also die an der Selbstpflege entwickelte Haltung zum Leben auf andere Aspekte guten Lebens erweitert. „Denn die wissenschaftliche Diätetik der klassischen Antike trat mit der doppelten Forderung auf, dass die ausgebildeten Ärzte die Methodologie der medizinischen Techne an ihre Schüler weiterzugeben hätten und dass die Ärzte zugleich vor allem im Rahmen ihrer therapeutischen Praxis bei ihren Patienten das Befolgen der wissenschaftlich fundierten Diätregeln durchsetzen sollten. Offensichtlich handelte es sich hier um exemplarische Formen regulativer Macht, deren Anwendung sowohl die medizinische Techne als auch das gesunde physiologische Gleichgewicht immer wieder neu erzeugen sollte. (Detel 1998: 150)

Konfrontieren wir uns heute mit dieser pflegewissenschaftlichen Entwicklung im fünften bis dritten Jahrhundert, stechen zwei paradoxe Beobachtungen ins Auge. Einerseits hat sich die aus der Ethik des guten Lebens und aus dem Pflegediskurs ausdifferenzierte Medizin zu einer hochspezialisierten naturwissenschaftlich orientierten Zulieferer heraufgearbeitet: Dessen technische Erfolge im Operationssaal und in der Pharmakologie gehen damit einher, dass der Zulieferer weitergehende Sinnfragen als Sache des Abnehmers seiner Leistungen ansehen kann. Andererseits haben philosophische und religiöse detaillierte Regelwerke richtigen Lebens, die nicht mit Gesundheit argumentieren, heute an Verbreitung und Glaubwürdigkeit verloren: selbst wenn Philosophie und Religion nicht an Überzeugungskraft verloren hätten, würden aus ihr keine wissenschaftlich hinreichend detaillierten Durchregulierungen folgen. Mit anderen Worten: Wir haben eine Lücke, was die wissenschaftliche Begründung detaillierter Verhaltensregeln angeht, und diese Lücke wird durch den Bezugspunkt Gesundheit gefüllt. Benimmregeln werden mit gesunden, also nicht kränkenden Beziehungen begründet. In der Bekämpfung von Armut sind gleichheitstheoretische Begründungen, die einen relativ hohen Argumentationsaufwand voraussetzen, durch schneller plausible Gesundheitsgesichtspunkte ersetzt worden: Armut macht krank. Gesellschaftliche Teilhabe, noch vor wenigen Jahrzehnten demokratietheoretisch begründet, kann heute schneller und konsensfähiger gesundheitlich begründet werden, nämlich als Verringerung gesundheitlicher handicaps. Der Bau von Häusern und Städten muss heute – zu Recht – vor allem gesund sein, Arbeitsplätze sind gesund zu gestalten. Giddens spricht davon, dass die Körperidentität zur entscheidenden in modernen Gesellschaften würde (hier würde ich eher bezweifeln, dass das in der Vergangenheit weniger der Fall war, als die Geltung für heute). Diese Bedeutung des Bezugspunktes Gesundheit für die wissenschaftliche Begründung von Lebensführung hat eine Ursache im Wandel des Krankheitspanoramas, und sie hat diagnostisch-therapeutische Konsequenzen, wofür die ICF als Beleg anzuführen ist. Bei den am weitesten verbreiteten Krankheiten, soweit sie nicht mehr Infektionskrankheiten oder Unfälle sind, geht es als chronischen Krankheiten nicht mehr um Heilung als Rückkehr zum Status quo ante, sondern um Teilhabe, als wäre man gesund. Damit nähert sich die medizinische Intervention der pflegerischen. Nur ausnahmsweise geht es bei dieser Aktivität um Heilung, also um eine kurzfristige Intervention, um den Status Quo ante wiederherzustellen. In der Regel geht es, wenn wir uns und andere pflegen, um Gesundheitsförderung: mit Einschränkungen, die wir nicht ändern können, trotzdem am Leben teilzuhaben. Gesundheit ist die Fähigkeit, mit solchen Einschränkungen umgehen zu können, insofern wird auch Krankheit eine Schule der Gesundheit.

Weil Selbst-Pflege unter allen faktisch gesundheitsförderlichen Handlungen durch ihren expliziten Zweck ausgezeichnet ist, der eine gründliche Selbstbeobachtung und tägliche Anstrengung verlangt, liegt die Ausbildung eines normativen Dispositivs besonders nahe, wie sie sich in der Pflege (sicher nicht zum ersten Mal) in den diätetischen Schriften des 4. Jahrhunderts vor Christus findet. Es liegt besonders nahe, eine strikte Lehre auszubilden und mit ihr auch Lehrerinnen. Systemtheoretisch gesprochen, bildet Pflege ein System, in dem nicht jede denkbare Handlung, sondern nur die pflegerische zu erwarten ist. Wenn einer sich oder andere pflegen will, sind viele Handlungen ausgeschlossen. Ob man Mittagsschlaf hält, wann man abends die Augen schließt, ob man sich einen Scheitel zieht oder nicht, ob man grade sitzt, ob man sich vorm Essen die Hände wäscht und auf die Toilette geht und sich ein Hemd anzieht, ob man sich hauptsächlich von Schokoeis, Rind- oder Schweinefleisch oder Salat ernährt, ob man nach dem Essen sich die

Zähne putzt, das alles ist in der Diätetik keineswegs den individuellen Vorlieben anheim gegeben, sondern minutiös geregelt. Und die Eltern unter den LeserInnen dieses Aufsatzes wissen, wie viel Anstrengung und normativer Eindeutigkeit es bedarf, Kindern diese Praktiken der Selbstpflege nahe zu bringen. Ob diese Regeln zu pflegerischen Interventionen wirklich auf externer Evidence basieren, steht auf einem anderen Blatt. Seit bald drei Jahrtausenden gedeiht auf dem Boden alltäglicher pflegerischer Anstrengungen die Nachfrage nach und das Angebot von Beratungsliteratur. Sie kommt keineswegs erst in der Moderne auf. Was sie empfiehlt, wechselte stark. Gleichgeblieben ist nur die Gewissheit, mit der zur Selbst- und Fremdbeobachtung aufgerufen und die Einhaltung detailliertester Vorschriften empfohlen wird. Auch nach der Ausdifferenzierung der Medizin aus der „therapia", der Pflege, existiert die Diätetik fort. Ein lesenswertes Beispiel sind die Schriften des Heidelberger Sozialmediziners Schäfer. In gewisser Weise ist die Diätetik als Pflege-Beratungsliteratur (nicht, wie ich später zeige, als wissenschaftliche oder Professionsliteratur) im vergangenen Jahrhundert als einzige detailliert den Alltag normierende Lehre des richtigen Lebens übriggeblieben. Religion und Philosophie, die vorher diesen Platz einnahmen, haben nicht nur an Einfluss verloren, sondern sich vor allem bewusst vom Anspruch der Detailnormierung zurückgezogen. Heute werden Forderungen, die noch vor weniger Jahrzehnten demokratietheoretisch oder sozialistisch begründet wurden, mit gesundheitlichen Notwendigkeiten begründet: Mitbestimmung am Arbeitsplatz, weil Mangel an Einfluss dort nachweisbar krank macht, soziale Partizipation, Zugang zu Gütern. (vgl. Behrens 1986)

Mit dem Rückgang anderer Letztbegründungen (und den Erfolgen der Bakteriologie) ist die „die Figur des „homo hygienicus" geboren, des Menschen, der Gesundheit als oberstes Lebensziel ansieht und sein Leben [vermeintlich JB] medizinisch-wissenschaftlichen Prinzipien unterordnet". (Labisch 1992: 313) Über diese Figur wie über die Diätetik hatte sich Platon noch lustig gemacht. Die Angst der gepflegten Oberschichten vor den ungepflegten Armen unterstützte die Entwicklung von Schutzmauern über die Kanalisation hin zum „sorgenden Staat" (de Swan im Anschluss an Elias). Sie nimmt die vormoderne Tradition der absolutistischen, physiokratisch beratenen Viehzüchter-Könige auf: Nur auf sie, die ihre Bevölkerungen wie Herdenbesitzer pflegen wollen, trifft die Foucaultsche Charakterisierung der

Bio-Politik wirklich zu: „Die Fortpflanzung, die Geburts- und Sterblich-keitsrate, das Gesundheitswesen, die Lebensdauer, die Langlebigkeit mit allen ihren Variationsbedingungen wurden zum Gegenstand eingreifender Maßnahmen und regulierender Kontrollen: Bio-Politik der Bevölkerung". (Foucault 1983: 166) Gouvernementalité bezeichnet bei Foucault „die Ge-samtheit, gebildet aus den Institutionen, den Verfahren, Analysen und Refle-xionen, den Berechnungen und den Taktiken, die es gestatten, diese recht spezifische und doch komplexe Form der Macht auszuüben, die als Haupt-zielscheibe die Bevölkerung, als Hauptwissensform die politische Ökonomie und als wesentliches technisches Instrument die Sicherheits-dispositive hat". (Foucault 2003: 830)

2.3) Wissenschaft der Pflege als Profession

Soweit ist die Erzählung nachvollziehbar: Es lässt sich in der Tat mit etwas Gewalt der normalisierende Diskurs pflegender Eltern, der zur Selbstbeo-bachtung anhaltende Diskurs ihrer detailliert normierenden diätetischen Leh-rer und Gesundheitsapostel und die Bio-Politik von Viehzüchter-Königen, die ihre Bevölkerungen wie Herden pflegen wollen, verknüpfen.

Aber ist diese Erzählung eine Soziologie der Pflege als Professionen und ihrer praktischen Wissenschaft? Im folgenden will ich zu begründen versu-chen, dass Professionen und die Wissenschaftsentwicklung mit dieser Erzäh-lung nicht hinreichend begriffen werden. Professionen und Wissenschafts-entwicklung sind mit dieser vormodernen Erzählung nicht vereinbar.

Professionen unterscheiden sich nämlich sowohl von absolutistischen Viehzüchter-Königen als auch von Gesundheitsaposteln und selbst von all-täglich pflegenden Eltern dadurch, dass sie die Autonomie der Lebenspraxis ihrer Klienten respektieren. Daher werden sie erstens nur im Rahmen des Mandats, das sie von ihren Klienten haben, tätig. Daher leiten sie zweitens keineswegs von Erfahrungen Dritter (externer Evidence) Vorschriften für ihren Klienten ab (interne Evidence).

2.3.1) Respekt vor der Autonomie der Lebenspraxis

Während Eltern in ihrem pflegerischen Alltag genau normieren, dass Mit-tagsschlaf, frühe Bettruhe, Scheitel usw. einzuhalten sind, halten sich Pro-fessionen hier respektvoll zurück. Schlaf-, Schmink- und andere Selbstpflegegewohnheiten haben sie als Professionen weder zu normieren noch zu bewerten, sondern im Rahmen ihres Mandats zu unterstützen. Selbst wenn deren Selbstpflege-Gewohnheiten ihren Klienten schaden, sind Professionen in allen modernen Staaten keineswegs berechtigt, sie von sich aus zu ändern. Das beweist der jeden Tag vorkommende Grenzfall mit Sicherheit kurzfristig lebensbeendender, behandelbarer Erkrankungen, die trotzdem keinen Arzt zu einem Eingriff berechtigen: Auch wenn ein Mensch ohne Beinamputation mit Sicherheit bald stürbe, darf keine medizinische Einrichtung diese Operation durchführen ohne ausdrücklichen, d.h. schriftlichen und förmlichen Auftrag des Gefährdeten nach dessen wahrheitsgemäßer Information. Er allein hat die Entscheidung. Er kann sich auch dafür entscheiden – und das kommt jedes Jahr oft vor – lieber zu sterben als sich operieren zu lassen. Wenn eine Operateurin ohne förmlichen Auftrag des Erkrankten höchst fürsorglich amputiert, weil anders das Leben des Erkrankten nicht zu retten ist – macht sie sich strafbar. Das Beispiel zeigt eindeutig, dass der Respekt vor der Autonomie der Lebenspraxis kein hehres, im Alltag wenig relevantes Ideal ist. Es ist eine alltägliche rechtstaatliche Selbstverständlichkeit. Diese rechtstaatliche Selbstverständlichkeit unterscheidet Professionen entscheidend von biopolitisch informierten Viehzüchtern. Diese Trivialität, dass die Autonomie verletzende Fürsorglichkeit in modernen Gesellschaften ein schweres, sanktionsauslösendes Vergehen darstellt, muss man im Sinn behalten, um die schwierigen Falle von Autonomieverletzung im Kapitel 3 dieses Aufsatzes analysieren zu können.

2.3.2) Professionen und Viehzüchter

Ein Teil der an Foucault orientierten Literatur nimmt eigenartiger Weise diese konstitutive institutionalisierte Eigenschaft von Professionen, die Autonomie der Lebenspraxis ihrer Klienten zu respektieren, gar nicht wahr. Sie verfehlt so ihren Gegenstand. Während ihr Gegenstand die Pflege und Gesundheitsförderung in modernen Gesellschaften sein soll, passen ihre Konzepte eher auf die Bevölkerungspolitik von Viehzüchtern und Sklavenhaltern. So schreibt Schroeter (2005b) unter Berufung auf Gastaldo/Holmes (1999: 235), Heartfield (1996) und Holmes (2001, 2002): „Durch die Vergleiche von Patientendaten werden statistische Durchschnittsdaten ermittelt und ʼNormalitätenʼ definiert, in deren Folge die von der Normalität abweichenden Patienten zur Zielscheibe von Überwachung und Intervention werden". (Schroeter 2005: 395) Genau so gehen in der Tat Viehzüchter und Sklavenhalter regelmäßig bei ihrem Besitz vor, im Ausnahmezustand ansatzweise die Seuchenpolizei, nie ist es das Ziel von Professionen. Professionen bedürfen des Diagnose- und Behandlungsauftrags von Personen, die erst dadurch zu ihren Klienten (Patienten) werden. Der Diagnose- und Behandlungsauftrag ist jederzeit widerrufbar. Die einzelnen Schritte müssen mit dem Auftraggeber abgesprochen werden. Nur mit diesem Auftrag darf gemessen, befragt, verglichen, externe Evidence zu wahrscheinlichen Wenn-Dann-Beziehungen (siehe unten) herangezogen und nach Auftrag behandelt werden. Ohne Auftrag des Untersuchten ist jede Diagnose ein Vergehen. Die Pflegediagnostikerinnen erscheinen nicht auf der Haupteinkaufsstraße oder auch zu Hause und führen eine zwangsweise Reihenuntersuchung des Pflegebedarfs oder eine Pflegedokumentation durch. Auch Vorsorge-Untersuchungen, so sinnvoll sie sind, bedürfen (außer in seuchenpolizeilich Fällen, in Schuluntersuchungen und anderen genau definierten Ausnahmen) des ausdrücklichen Auftrags des Untersuchten.

2.3.3) Respekt vor der Autonomie der Lebenspraxis und Propaganda
An dieser grundlegenden Tatsache selbst ändert nichts, dass an jedem Kiosk populäre Ratgeberliteratur in Illustrierten, für die wir viel freiwillig Geld bezahlen, uns zu solchen Untersuchungen und Maßnahmen rät, deren AutorInnen in der Regel aus Ärzteschaft und Pflege stammen. In einer Untersuchung zu den Berliner „Gesundheitsberatungsstellen für Erwachsene (GBE)" konnten wie Ende der 70er Jahre anhand der Reklamen in U-Bahnen, der Tonband-Aufnahmen von Teamsitzungen und der NutzerInnen-Statistik zeigen, dass das Wort „Beratung" in „Gesundheitsberatungsstelle" ein Euphemismus war und eigentlich Erziehung oder Propaganda oder ähnliche persuasive Bemühungen geplant waren und durchgeführt wurden. (Behrens u.a. 1979) Aber dass die Berliner Einrichtungen überhaupt das Wort Beratung wählten, zeigt, dass sie zumindest verbal ihren Respekt vor der Autonomie der Lebenspraxis zu bekunden sich bemüßigt fühlten. Das ist eine Form der Anerkennung. Erst vor der Folie dieser Anerkennung werden Verletzungen der Autonomie nicht nur erkennbar und kritisierbar, sondern auch kommunizierbar.

Selbst die Tatsache, dass wir Ansprüche auf Finanzierung pflegerischer Hilfen durch Beitrags- oder Steuerzahler in vorgegebenen diagnostischen und anamnestischen Kategorien der Pflege- und Krankenversicherung begründen müssen, widerlegt noch nicht die Anerkennung der Autonomie. Es stellt zwar einen enorm starken „medikalisierenden" Anreiz, in vielen Lebenslagen geradezu einen existentiellen Zwang dafür dar, das eigene Leben in den diagnostischen und anamnestischen Kategorien der Versichertengemeinschaft darzustellen. Aber es ist ein förmlicher Antrag nötig, und die Kategorien sind stets umstritten. (vgl. ausführlicher Behrens 2000)

2.3.4) Stellvertretung und Respekt vor der Autonomie der Lebenspraxis
Nun kennt die Pflege wie auch die ärztliche Profession nicht nur stellvertretendes Deuten, sondern auch stellvertretendes und kompensierendes Handeln. Ist es mit dem Respekt vor der Autonomie der Lebenspraxis des Klienten vereinbar? In diesem kurzen Aufsatz kann auf eine ausführlichere Behandlung z.B. in Behrens (1994) verwiesen werden. Aber kurz gesagt kommt alles auf die zutreffende Interpretation des Konjunktivs in Virginia Hendersons vielzitierte Funktionsbestimmung der Pflege an.
Der Pflege geht es in Hendersons Funktionsbestimmung darum, „dem kranken oder auch gesunden Individuum bei der Verrichtung von Aktivitäten zu helfen, die seiner Gesundheit oder Wiederherstellung (oder auch einem friedlichen Sterben) förderlich sind und die er ohne Beistand selbst ausüben würde, wenn er über die dazu erforderliche Stärke, Willenskraft und Kenntnis verfügte". (Henderson [1964] 1997: 42) Es heißt nicht: „wenn der Patient Virginia Henderson wäre" oder „wenn der Patient das wollte, was Virginia Henderson an seiner Stelle wollen würde oder wessen er nach der fachlichen Meinung von Virginia Henderson bedürfte". Virginia Hendersons Funktionsbestimmung geht vielmehr von der Unterschiedenheit ihres eigenen pflegerischen Urteils und der Absichten des Patienten aus und beschränkt in ihrer Definition das, was Pflege überhaupt tun darf, exakt und eindeutig allein auf das, was der Patient „selbst ausüben würde". Das ist die Anerkennung der Autonomie des Klienten gegenüber allen gouvernementalen, fürsorglichen, gesundheitsförderlichen oder auch viehzüchterischen Oberzielen – so schwierig die Umsetzung (auch immer sein mag). Pflege ist

Johann Behrens

nicht berechtigt, dass für die Gesundheit Nötige ohne ausdrücklichen Auftrag des Klienten zu tun.

„A Foucauldian analysis places the nurse at the center of power relations in society, subscribing to regimes of truth and power that define professionals, nursing knowledge and our societies" schreiben Gastaldo und Holmes (1999: 236). Fruchtbar wird ein solcher Ansatz nur, wenn er die Tatsache des professionstypischen Respekts vor der Autonomie der Lebenspraxis und die Selbstrelativierung der Wissenschaft in der Trennung von interner und externer Evidence zur Kenntnis nimmt. Sonst wird der Ansatz stumpf, weil die Unterscheidungskraft dahin ist. Wenn Macht und Wissen, Hilfe und Kontrolle, Viehzüchter und Professionen dasselbe sind, macht es keinen kritischen Sinn, sie noch zu unterscheiden. Die Ausführungen lebten dann zwar noch von dem tradierten kritischen Unterton der Begriffe Macht und Kontrolle, sind aber gar nicht mehr in der Lage, die kritische Analyse durchzuführen.

2.3.5) Wissenschaftliche Evidence und Eminenz, Diskurs und Doxa

Wie die an Foucault orientierten Ansätze eigenartiger Weise oft schlicht das Phänomen der Profession übersehen, also ihres professionstypischen Respekts vor der Autonomie der Lebenspraxis der Klienten, so übersehen sie Entwicklungen der Wissenschaft, die zwar aus Diskursen und der Doxa entsteht, aber diese tendenziell auseinander nimmt und zersetzt. Das soll in folgendem kurz zusammengefasst werden. Diese zersetzenden, auseinandernehmenden Folgen selbst bei dogmatisch festgelegten Methoden der Wissenschaft lassen bei allen hierarchischen Organisationen und Berufsgruppen, die sich auf Wissenschaft berufen wollen, immer die soziale Rolle der „Eminenz" finden. Eminenzen legen in Konsensbildungsritualen, zu denen zugelassen zu sein die eminente Person ausmacht, Konsensstandards der Eminenzen, also das „gesicherte Wissen nach dem neuesten Stand der Wissenschaft", auch bei unzureichender, widersprüchlicher, zersetzter oder unklarer Evidence fest. (vgl. Behrens 2003: 58) Sie überbrücken damit die Kluft zwischen den Anforderungen hierarchischer Organisationen unter alltäglichen Handlungsdruck, den Anforderungen des in Haftungsfragen entscheidenden externen Rechts-Systems einerseits und der jeweils verfügbaren, sich beständig erneuernden Evidence andererseits. Eminenzen erscheinen oft als „feudale", entmündigende Relikte in der Moderne. Das sind sie auch. Aber

120

um die sich immer wieder erneuernde Reproduktion von Eminenzen zu verstehen, reicht es nicht aus, sie nur als Relikte zu sehen und nicht von ihrer Funktion her. Funktional erfüllen sie scheinbar die Anforderungen von hierarchischen Organisationen, sich von der Überprüfung des eigenen Handelns an der empirischen Evidence zu entlasten und sich trotzdem auf Wissenschaft berufen zu können. Funktional erfüllen sie scheinbar auch die charismatisierenden Bedürfnisse von Leidenden, die der Entscheidungsdruck überfordert. Die Eminenzen selber aber – und das macht den dialektischen Zusammenhang des Gegensatzes von Eminenzbasierung und Evidencebasierung aus – können sich auf keine andere Quelle als die Evidence berufen, die sie oft manipulieren.

Wissenschaft, so lässt sich in einem Satz zusammenzufassen, entwickelte sich von der Gewissheit der alltäglichen Routine zur Wahrscheinlichkeit. Die Krise der Erfahrung ist in der alltäglichen Routine ein Grenzfall. Für die Wissenschaft ist diese Krise der Normalfall, das tägliche Brot. In dem großen Brei aus Klassifikationen, Routineverfahren, Diagnosen, Schulmeinungen, Richtlinien, Arbeitsorganisationen, Konzepten, den Foucault diskursive Formation und Bourdieu praxeologische Strategie nennt und der ins Deutsche anschaulich mit „praktischer Glaube" übersetzt wurde, in diesem für viele nahrhaftem Brei sind wissenschaftliche Studien daher oft nicht das Salz, sondern der knirschende Sand.

Als „Doxa" aber bezeichnet Bourdieu (1979: 331; vgl. auch Bourdieu 1998) „jenes Ensemble von Thesen, die stillschweigend und jenseits des Fragens postuliert werden und die als solche sich erst in der Retrospektive, dann, wenn sie praktisch fallen gelassen wurden, zu erkennen geben". Notwendige Bedingung für die Anwendbarkeit des Begriffs Doxa ist also, dass ihre Annahmen nicht in Frage gestellt werden, ja, überhaupt nur in der Retrospektive, wenn sie fallengelassen wurden, erkennbar werden. Zweifellos liegen auch der Wissenschaft solche unerkannten und unbefragten Hintergrundverständnisse zu Grunde, die Bourdieu unter Doxa fasst. Aber diesen Bedingungen der nur nachträglichen Erkennbarkeit und Unbefragbarkeit der Doxa entsprechen allein die abstraktesten Grundannahmen. Alltägliche Routinerituale der Pflege und anderer Gesundheitsberufe, Arbeitsteilungen zwischen Berufsgruppen, Zuständigkeits- und Vorbehaltsregelungen sind so umkämpft und schon von Land zu Land verschieden, dass sie keinesfalls den Kriterien einer Doxa entsprechen. Gerade wenn man Bourdieu folgt und Berufslehren und Berufskonzepte unter dem fruchtbaren Aspekt des Kampfes um Anerkennung von Zuständigkeiten (Abbott: Justifications), Monopolen, Einkommens- und Autonomiechancen analysiert, wird man diese Konzepte nicht als Doxa begreifen können. (vgl. Behrens/Langer 2004) Felder als „autonome Sphären, in denen nach jeweils besonderen Regeln ‚gespielt' wird" (Bourdieu 1998: 16) können auch durch ganz andere Kräfte als durch eine unhinterfragte Doxa gebildet sein: durch Rechtspositionen etwa, die sehr wohl hinterfragt werden, aber deswegen noch nicht aufhören, wirkmächtig zu sein.

Insofern stimme ich Schroeter (2005a) nicht zu, wenn er schreibt: „Die unterschiedlichen Zielsetzungen, etwa die Erhaltung, Förderung und das Wiedererlangen von Gesundheit, die Neuorientierung und größtmögliche Steigerung von Selbständigkeit bei bleibender Krankheit oder Behinderung, die Befähigung zu angemessener Selbst- und Laienpflege oder die Ermöglichung eines würdevollen Sterbens, stehen für das als richtig vorausgesetzte Denken, für die Doxa (Bourdieu) im Feld der Pflege." (Schroeter 2005a: 97) Selbst die sogenannten Pflegeziele sind für die Profession der Pflege – gerade im Unterschied zur pflegerischen Ratgeberliteratur – keineswegs eine Doxa. Wie sich selbst an Virginia Henderson belegen ließ, ist die Profession der Pflege im Unterschied zur alltäglichen Pflege gerade nicht auf Ziele wie Gesundheitsförderung, Steigerung der Selbständigkeit oder auf irgendwelche anderen Ziele unabhängig vom Mandat des Klienten festgelegt. Festgelegt ist sie auf das explizite Mandat der einzelnen Klienten. Professionen dürfen nach ihrem Selbstverständnis nur insoweit Gesundheit fördern, insofern sie dafür ein Mandat ihres individuellen Klienten haben. Nur Viehzüchter bedürfen nicht des Mandats ihrer Schutzbefohlenen und dürfen Gesundheit auch unabhängig von deren Willen fördern.

Die Begriffe der diskursiven Formationen und auch der der praxeologischen Strategie sind sehr fruchtbar, wenn alltäglich routinisierte Bearbeitungen inkl. Verdrängungen von Unsicherheit, die Dialektik von Eminenz und Evidence in hierarchischen Organisationen mit charismatisierenden Hoffnungen der Klienten beschrieben werden sollen. Aber die Konzepte werden unfruchtbar in dem Maße, in dem sie ihren Gegenstand zu monolithisch geschlossen als einen einzigen großen unentrinnbaren Verblendungszusammenhang sehen. Das macht sie blind für Widersprüche und setzt ihre Unterscheidungs- also ihre Kritikfähigkeit herab.

In Deutschland, und vielleicht nicht nur in Deutschland, sucht sich die Pflege ihren Professionalisierungspfad zwischen einem extremen, nicht zwischen externer und interner Evidence unterscheidendem Standard-Gehorsam und einem individuellen Holismus. Beides, die Bereitschaft zu Standard-Gehorsam und der individuelle Holismus, sind keineswegs nur Hirngespinste. Sie haben ihre Basis in spezifischen Eigenschaften des pflegerischen Alltags. Sie können manchmal durchaus den Eindruck eines unentrinnbaren Verblendungszusammenhanges machen. Aber der Eindruck trügt. Darauf ist jetzt einzugehen.

Die Kluft zwischen begrenzter externer Evidence und der diskursiven Praxis wird typischerweise gern durch Konsensstandards von Eminenzen, also Ordinarien- und Expertenstandards, und Richtlinien von Fachgesellschaften überbrückt. Erst Eminenzen stellen wieder scheinbare Gewissheit her. Anders sind Studienergebnisse oft nicht verdaubar. Auf eine Reihe solcher Praktiken und Versuchungen wird nun im 3. Teil dieses Aufsatzes eingegangen. Aber die Kluft bleibt trotzdem.

Weil Wissenschaft es in Deutschland spätestens seit 1768 (da erschien Zimmermanns „Über die Erfahrung in der Heylkunst") nicht mehr mit Gewissheiten, sondern mit gruppenbezogenen Wahrscheinlichkeiten zu tun hat, ist bekanntlich der Schluss von der Erfahrung Dritter auf den Einzelfall nicht mehr möglich. An Stelle dieses Schlusses tritt die Entscheidung. Daraus folgt die unreduzierbare Trennung von interner und externer Evidence: Erfahrungen Dritter, also externe Evidencen, liegen typischerweise in gruppenbezogenen Wenn-Dann-Beziehungen des Typs vor: In der Einrichtung X hat von 124 Personen, die sich nach einem bestimmten Verfahren behandeln ließen, 63 das Verfahren geholfen, einem nicht. Die Zahl der Personen, die sich einer Behandlung unterziehen mussten, damit einer etwas davon hatte, betrug also etwa 2. Diese Verhältniszahl „number needed to treat" ist in Therapiediskussionen von hoher Relevanz. Aber solange wir nicht wissen, ob wir die eine sind, welcher das Verfahren hilft, oder die andere, der es nicht hilft, können wir aus dieser externen Evidence keinen entscheidungsfreien Schluss für uns ableiten. Selbst wenn die number needed to treat 1000 betrüge, also 1000 Menschen sich einer Behandlung unterziehen müssten, damit einer etwas davon hätte, könnte jeder von den 1000 hoffen, dieser eine zu sein. Weiter sagt uns externe Evidence, also die Erfahrungen Dritter, nichts darüber, ob wir selber hinreichend ähnliche Eigenschaften mit diesen untersuchten Dritten haben, dass diese Ergebnisse für uns relevant sind. Das können wir nur an uns selber prüfen: dafür ist interne Evidence in der individuellen Kommunikation zwischen dem einzigartigen Nutzer und seinem Professionsangehörigen zu erarbeiten. Vor allem die Ziele einer Behandlung sind nicht aus den Erfahrungen Dritter abzuleiten, sondern nur vom einzigartigen Nutzer selbst in Kenntnis der Erfahrungen Dritter zu setzen. (vgl. am Beispiel der Lebensqualität bei onkologisch erkrankten Menschen Behrens 2004)

Die unaufhebbare Differenz von interner und externer Evidence und der auseinadernehmende, zersetzende Charakter unvorhersehbarer Studienergebnisse macht es unmöglich, dass Entscheidungsprozesse über Diagnoseverfahren und Behandlungen (Pflegepfade) im individuellen Arbeitsbündnissen zwischen einzigartigen Nutzern und Professionsangehörigen ablaufen können nach dem Muster vollständig selbstgenügsamer bürokratischer Systeme. Daher beschreibt die folgende Charakterisierung von Powers nicht nur einen erschreckenden, sondern vor allem einen völlig utopischen Zustand: „An den dem Normalisierungsprozess innewohnenden Machtbeziehungen ändert sich gar nichts, wenn man den Patienten an Zielbestimmung oder Pflegeplanung mitwirken lässt, denn Diagnose, Pflegemaßnahmen und Ergebnisse sind immer schon festgelegt und schränken die verfügbaren Wahlmöglichkeiten erheblich ein. Den Patienten und Pflegekräften bleibt nur die Illusion, sie könnten innerhalb der bestehenden, durch die diskursiven Praktiken des Diskurses aufrechterhaltenen Machtverhältnisse wirkliche Entscheidungen treffen". (Powers 1999: 98) Die Entscheidungsnotwendigkeit ist keine Illusion Es bleibt uns gar nichts anderes übrig: wir müssen entscheiden. Eine Illusion ist, dass wir uns unsere Entscheidungen von anderen abnehmen lassen können: Es bleiben Entscheidungen unter Unsicherheit zu treffen. Selbst Diagnoseverfahren, die der Powersschen Utopie ähneln, befreien nicht von der Entscheidungsnotwendigkeit im einzigartigen Fall. (vgl. für die Onkologie Behrens 2004)

Allerdings sind es keineswegs nur ‚Hirngespinste' oder programmatische Ideen wie die des 'New Nursing', die den professionstypischen Respekt vor der Autonomie der Lebenspraxis schwer erkennbar machen. Es sind vielmehr alltägliche Situationen und historische Wurzeln der Pflege, die die professionstypische Haltung schwer machen. Diese alltäglichen Situationen und historischen Wurzeln der Pflege sind Gegenstand des nächsten Kapitels. Sie haben dazu geführt, dass häufig von einem German Paradox in der Professionsentwicklung der Pflege die Rede ist, wobei mir fraglich erscheint, ob das im folgenden diskutierte Paradox wirklich auf Deutschland beschränkt ist. Profession wird hier wie bisher immer definiert durch eine Haltung zum Klienten. Diese Haltung wird durch Akademisierung weder garantiert noch setzt sie Akademisierung voraus.

3) Zwischen Standard-Gehorsam und individuellem Holismus: Der Professionalisierungspfad der Pflege in Deutschland
3.1) The German (?) Paradox

Wenn vom German Paradox in der Professionalisierung die Rede ist, ist das gleichzeitige Schwanken zwischen einer extremen Standard-Orientierung und einem nur scheinbar lebensweltlich begründetem individuellen Holismus gemeint. In der Tat musste sich die Pflege in Deutschland ihren Professionalisierungspfad zwischen zwei extremen Klippen suchen:

Einerseits wurde „ganzheitliches Mitfühlen im lebensweltlich umfassend verstandenen Einzelfall des ganzen Menschen" häufig als Unterscheidung zur Medizin in Anspruch genommen, die sich hochspezialisiert der Heilung von Organen widme,

andererseits herrschte eine Gehorsamsforderung und Gehorsamsbereitschaft gegenüber Haus-Standards, deren Evidencebasierung nicht nur unklar war, sondern noch nicht einmal angestrebt wurde („Experten- und Hausstandards").

Beide Positionen sind professionsethisch hoch bedenklich. Als patientenorientierte Professionalisierungsbewegung versucht in der Praxis Evidence based nursing, diese aufspaltende Abwehr zu überwinden.

Gegen Expertenstandards bestand sie
- auf dem Respekt vor der Autonomie der Lebenspraxis der Klienten
- auf der Betonung der nur zwischen dem einzigartigen individuellem Klienten und dem Professionsangehörigen zu erarbeitenden „internen E-

vidence", auf deren Basis erst Erfahrungen Dritter („externe Evidence")
entscheidungs- und therapierelevant werden
-   auf der Trennung von Evidence- und Eminenzbasierung von Experten-
    standards
-   auf der Reflexion des Verhältnisses von Organisationshierarchie und
-   auf das Recht des individuellen Pflegebedürftigen, die Ziele der Pflege in
    Auftrag zu geben. (vgl. Behrens/Langer 2004)

Gegen individuellem Holismus bestand sie
-   darauf, dass auch pflegerische „Empathie" keinen privilegierten Zugang
    zum fremden Innersten ihrer Klienten verschafft (vgl. Behrens 1981,
    1984; Behrens/Langer 2004)
-   darauf, dass Fürsorge nicht den Respekt vor der Autonomie der Lebens-
    praxis der Klienten ersetzt.

Zwei Konzepte ermöglichten Evidence based Nursing diese Korrekturen:
die Unterscheidung von interner und externer Evidence, die in jedem einzelnen Fall mit dem Klienten in Beziehung zu setzen sind, und der Aufnahme
interpretativ- hermeneuetischer, an der Phänomenologie und orientierter Methoden für die Erzeugung externer Evidence (vgl. dafür die ersten fünf Jahr-
gänge des Journals Evidence based Nursing). In diesen Methoden wird inzwischen ein spezifischer deutscher Beitrag in der internatonalen Literatur
wahrgenommen. (vgl. Cameron 2004) Erst Evidence based Nursing lässt
sich als Professionsbewegung verstehen, die nicht nur Eminenz-Standards
durch Evidence-Standads zu korrigieren trachtet sondern auch – und das ist
in meinen Augen das Hauptverdienst – die interne Evidence stark macht als
die Basis, auf der alle externe Evidence Dritter überhaupt erst Sinn macht
und genutzt werden kann. Seit 2004 ist im neuen Pflegegesetz für die Ausbildung der Pflegeschüler an Berufsfachschulen die Beschäftigung mit Methoden der Evidencesicherung verankert. Allerdings ist die Gefahr immer
noch groß, dass Evidence auf externe Evidence reduziert wird und statt der
Orientierung am einzelnen Pflegebedürftigen der traditionelle Gehorsam
gegenüber Standards mit Evidence based Nursing verbunden wird. Kurz gesagt, besteht immer die Gefahr, das Evidence based Nursing in der Ausbildung und beruflichen Sozialisation ins Gegenteil verkehrt wird.

Im Folgenden sollen die Wurzeln des „German" Paradoxes in alltäglichen Interaktionen und historischen Machtverhältnissen nachgezeichnet und damit das Paradox sichtbar gemacht werden. Denn beide Haltungen, die holistisch an der ganzen Person und der Lebenswelt des pflegebedürftigen Menschen mitfühlend orientierte Haltung und die Gehorsamsbereitschaft zu fürsorglich-bevormundenden Hausstandards haben sowohl in der Geschichte der Pflege als auch in ihren jeden Tag ablaufenden Interaktionen eine Basis. Wäre die Pflege eine Person, die beide Haltungen verträte, würde ein Psychiaterin gleichwohl von „schizoider Abwehr" der Handlungsprobleme sprechen. Die Pflege ist nicht eine Person. Es sind nicht immer dieselben Personen, die beide Haltungen zugleich vertreten. Manchmal sind beide Haltungen auf unterschiedliche Personen aufgeteilt, die mal die holistische Orientierung am Einzelfall, mal die Standardisierung als den (Aus-)Weg zur Erneuerung guter Pflege propagieren. Dieses Nebeneinander zweier unvereinbarer niemals zum Punkt kommender Positionen wäre ich durchaus bereit, als the German paradox zu bezeichnen, könnten wir sicher sein, dass es nicht auch in anderen Ländern vorkommt.

Zunächst sollen historische und alltägliche Wurzeln des Holismus (3.2), dann die des Standard-Gehorsams (3.3) erörtert werden

3.2) Historische und alltägliche Wurzeln für den Holismus
3.2.1) Humanökologischer und individueller Holismus

Um Missverständnissen vorzubeugen, sei der pflegerisch holistische Anspruch des New Nursing (vgl. Lowenberg/Davis 1994) und zum Teil auch des Primary Nursing (Manthey 2002; Ersser 2000) von mikro- und molekularbiologischen holistischen Konzepten der Humanökologie, wie sie etwa Meyer-Abich (1988) vertritt, unterschieden. Dieses biologische Konzept geht zurück auf die Naturphilosophie Platons, mit der er Timaios im gleichnamigen Dialog enden lässt. Timaios (Verse 92 c) erkennt den Kosmos insgesamt als ein einziges (holistisches) Lebewesen, welches alle einzelnen Lebewesen umfasst. Diese naturphilosophische Vorstellung Platos bewährt sich in der kritischen Reflexion unserer Abfallentsorgung. Wenn der ganze Kosmos als ein Lebewesen angesehen wird und nicht nur der einzelne Mensch oder sein Haushalt und Betrieb, ist Abfall nicht dann entsorgt, wenn er außerhalb des Hauses auf einer Deponie untergebracht wird. Er müsste außerhalb des Kosmos deponiert werden. Da das logisch unmöglich ist, gibt es im ökologischen Holismus keinen „Abfall", sondern nur Kreisläufe. Des Holismus bedienen wir uns, wenn wir von Energiebilanzen sprechen, von Stoffumwandlungen statt Stoffvernichtungen. Typischerweise, das gilt für Platons Timaios bis zu Einstein und Niels Bohr, bezieht sich der Holismus nicht auf das einzelne Lebewesen und auch nicht auf alle denkbaren Aspekte seiner individuellen Lebenswelt. Im Mikrobereich, so hat Nils Bohr gegen Einstein erkannt, regiert der Zufall, und Gesetzmäßigkeiten lassen sich nur als Wahrscheinlichkeiten formulieren.

Der pflegerische Holismus beansprucht hingegen, einem einzelnen Menschen in allen seinen Zügen und Umständen gerecht zu werden. Er kann sich gerade nicht auf den humanökologischen Holismus berufen. Die im pflegerischen individuellem Holismus entwickelte Kritik am „Old Nursing" und an der Medizin ist gleichwohl sehr nachvollziehbar: Old Nursing und die Medizin bezögen sich auf körperliche Defizite und nicht oder zuwenig auf die psychosozialen Ganzheit einer Person mit all ihren Ressourcen.[9] (Salvage 1990, 1992; Porter 1994) Aus der Beobachtung einer „alten" beschränkten Sicht folgt aber nicht die Fähigkeit (und auch nicht das Recht), einen Menschen in all seinen Zügen und Umständen zu erfassen. Dass zu dieser holistischen Empathie jemand fähig ist, hat Husserl in „Über das Fremdverstehen" betont. Auch als uneinlösbare Idee kann der holistische Anspruch gleichwohl segensreich wirken. Der Anspruch muss allerdings kein harmloser Unsinn bleiben. Er kann in eine Praxis der anamnestischen Ausforschung der „ganzen" Person (d.h. aller ihrer gerade psychosozial pflegerisch für relevant gehaltenen Aspekte), degenerieren, ohne von der diagnostizierten Person zu einer solchen Diagnose beauftragt worden zu sein. Auf diesen ausdrücklichen Auftrag kommt es aber, wie ich in 1. zu zeigen versuchte, entscheidend an. Der professionstypische Respekt vor der Autonomie der Lebenspraxis gebietet das. Selbst wenn die Anamnese- und Diagnosefähigkeiten noch so gut wären, sie ersetzten nie da ausdrückliche Mandat.

Der Holismus allerdings, das ist meine im folgenden zu untersetzende These, kommt keineswegs vor allem aus den Schriften des New Nursing.

---

[9] Darauf gehe ich unten unter „Lückenprofessionalisierung" und „Abstinenz" ein.

Die holistische Falle hat vielmehr mindestens folgende sechs historische und
sich alltäglich erneuernden Wurzeln
- in den Anstalts-Haushalten als nahezu totalen Institutionen
- in der pflegerischen „Lückenprofessionalisierung" für Interaktionen
- in der Praxis der „ärztlichen Aufklärung" und ihrer Besprechung durch
  Pflegende
- in der pflegerischen „Lückenzuständigkeit für Patientenführung"
- in der „Patientenedukation" und in „compliance"-Vorstellungen
- in Pflegesettings, die die eingehaltene Abstinenz weniger erkennbar machen

3.2.2) Historische Wurzeln in Anstalts-Haushalten als nahezu totalen Institutionen

Noch vor gut hundert Jahren wurden die meisten Krankenhäuser in Deutschland von der Pflege geführt wie heute noch einige Krankenhäuser in der
Schweiz und nahezu alle Alten(pflege)heime in Europa. Pflegende, also z.B.
Nonnen, Diakonissinnen, jüdische und freigemeinnützige Pflegende – zogen
Ärzte nur hinzu, wenn und soweit es ihnen nötig und geboten schien. Ärzte
betreuten ihre weniger begüterten Patienten in Krankenhäusern, die sie selber nicht führten. Genauso ist heute die Behandlung in Alten(pflege)heimen
organisiert: die Pflege ruft die Ärztin, nicht die Ärztin die Pflege. Heutige
Krankenhäuser sind ganz anders verwaltet. Hier rufen die Ärzte die Pflege.
Aber selbst im modernen Krankenhaus ist die Pflege viel mehr Zeit bei den
Patienten präsent als die Ärztin. Die Pflege und die von ihr angeleiteten Ser-
vice-Kräfte sind weiterhin für die alltägliche Sicherung des Lebensnotwen-
digen und gerade nicht nur für die medizinische Versorgung für die Patienten zuständig, für das Betten, für das Verbinden, für das Waschen, für das
Ernähren und, mit all dem verbunden, für das Gespräch. Die Kranken, sobald sie in ein Krankenhaus eintreten, und die Pflegebedürftigen, sobald sie
in ein Pflegeheim eintreten, treten in einen Anstalts-Haushalt ein, deren Vorstand die Pflege ist, wenn sie sich auch – für den einzelnen Patienten durchaus wahrnehmbar – diese Macht mit vielen anderen, allen voran den Ärzten,
teilt.

3.2.3) Alltägliche Wurzel: Lückenprofessionalisierung der Interaktion

Diese bis heute auch im modernen Krankenhaus und nicht nur im Altenheim und in der Gemeindepflege vorherrschende alltäglich „ganzheitliche" Verantwortung der Pflege hat Konsequenzen für die Interaktion, die sich in Deutschland – und vielleicht nicht nur in Deutschland – überall beobachten und einen deutlichen Trend zur Abgabe entscheidender Kernaufgaben der therapeutischen Profession an die Pflege erkennen lassen:

„Aufklärung":
Die Erstaufklärung über Krankheiten ist in Deutschland Ärzten vorbehalten. Aber die weit überwiegende Mehrheit aller Patienten im Krankenhaus fragt nicht die Ärzte, bis sie alles verstanden haben, sondern suchen das Gespräch mit der alltäglich zuständigen Pflege. Die Patienten fragen die Pflege, was die Ärzte eigentlich gesagt haben und was es für das Leben bedeuten könnte.

„Patientenführung":
Einige Ärzte neigen in Deutschland dazu, sich für die organische und psychische Diagnostik und für die medizinische Wiederherstellung organischer Funktionen zuständig zu fühlen, aber die intensive Begleitung der Patienten in deren Verhaltens- und Handlungsänderungen nur zu verordnen und ihre tatsächliche Bewältigung der Pflege zu überlassen. Gerade in der Betreuung von Personen mit chronischen Krankheiten, die sie immer wieder aus ihren Stabilisierungsbemühungen herauswerfen (vgl. Behrens 2002), lässt sich dieses Abgabe der intensiven Begleitung beobachten. Z.B. sehen einige Diabetologen ihre Kern-Aufgabe mit der akuten Rebalancierung des Stoffwechsels als erfüllt an. Die unterstützende, beratende, trainierende Begleitung des Patienten in seiner Verhaltensänderung, die gerade bei Diabetes entscheidend ist, wird nicht selten als Aufgabe der Pflege gesehen. Gern nimmt die ganzheitlich orientierte Pflege diese therapeutische Kernaufgabe an. Wenn es auch eine Art Lückenprofessionalisierung der Pflege ist, so entspricht sie doch der Tradition der Pflege. Aber verfügt die Pflege in ihrer Ganzheitlichkeit auch über die professionelle Distanz, den Respekt vor der Autonomie der Lebenspraxis des Patienten, die die Pflege vor Überforderung bewahren und den Patienten vor fürsorglichen Übergriffen auf seine Subjektivität? Das

wird an den nächsten beiden alltäglichen Bereichen noch brisanter: der „Patientenedukation" und der „Abstinenz". Diese Bereiche gehören zusammen.

3.2.4) „Patientenedukation", „compliance"-Pflege

Der Begriff der „Patientenedukation", übernommen aus dem Amerikanischen, hat in Deutschland in den letzten 10 Jahren eine rasche Verbreitung gefunden, in der Pflege und bei anderen Berufsgruppen. Der Begriff ist durchaus vertrackt:

In der Umgangssprache setzt „Edukation" einen Erziehungsberechtigten voraus, der über weitreichende Kontrollrechte gegenüber dem zu erziehenden Subjekt verfügt, ohne dass das zu erziehende Subjekt seine Eltern und Lehrer dazu ausdrücklich autorisiert.

Dass die Autorisierung der Erziehungsberechtigten durch die Erzogenen keine notwendige Bedingung eines Erziehungsverhältnisses ist, ist die differentia specifica der „Erziehung" gegenüber erbetener Beratung und Training. Die weitreichenden Kontrollrechte der Erziehung werden umgangssprachlich und juristisch mit dem empirischen Faktum der Unmündigkeit begründet. Das Faktum der Unmündigkeit bedarf juristisch der messbaren Operationalisierung. Zur Operationalisierung wird bekanntlich das Lebensalter, die sogenannte Volljährigkeit, herangezogen, und erst bei Volljährigen werden verschiedene Prozeduren gutachterlicher „Entmündigung" relevant (Während noch vor wenigen Jahren erziehungsberechtigte Eltern ihre Kontrollrechte erst am 21. Geburtstag ihrer Kinder verloren, sind sie heute schon mit 18 volljährig.). Für die Umgangssprache und das Recht sind „Beratung", „Beeinflussung", „Training" und „ Unterstützung" keineswegs dasselbe wie oder gar Unterfälle von „Erziehung". Erfreulicherweise nimmt z.B. meine Tochter hoffentlich auch nach dem 11.12.2004, ihrem 18. Geburtstag, noch Unterstützung, Training und vielleicht sogar manchen Rat von mir an, aber ihre Lehrer dürfen mir – zu Recht – nur dann Einblick in ihre Noten gewähren, wenn mich meine Tochter dazu ausdrücklich autorisiert – und zwar schriftlich. Ich bin nicht mehr ihr Erziehungsberechtigter. Umso erstaunlicher ist, dass in der wissenschaftlichen Therapeutensprache (vgl. Faller) im Gegensatz zur Umgangssprache „Patientenedukation" als Oberbegriff von Beratung, Training, Unterstützung und sonstiger Beeinflussung gilt. Dieser überraschende wissenschaftliche Sprachgebrauch erlaubt nur zwei Interpretationsmöglichkeiten: Entweder die wissenschaftliche Therapeutensprache unterscheidet sich von der Umgangssprache durch Schlampigkeit; als käme es in der Wissenschaft viel weniger als in der Umgangssprache auf Genauigkeit und Verständlichkeit an und als sei es in der Wissenschaft besonders beliebig, was man von sich gäbe.

Oder aber, wissenschaftliche Mediziner und Therapeuten meinen tatsächlich, was sie schreiben, und sehen Beratung, Training, Unterstützung, Verhandlung, Beeinflussung tatsächlich als Patientenedukation, für die sie als Erziehungsberechtigte keiner wesentlichen Autorisierung des Patienten bedürften.

Viktor von Weizsäcker (1987) auf hat Patientenorientierung bekanntlich als eine Haltung definiert, die den Patienten als Subjekt in die Medizin einführt. Patientenorientierung ist mit Patientenedukation schwer vereinbar. Wird die Pflege an der Seite der Psychotherapie und der Physiotherapie zum Träger der Patientenedukation, liefe sie Gefahr, vom Vorstand des Anstalts-Haushalts auch noch zum Erziehungsberechtigten zu werden.

Schon der Begriff „mangelnde compliance" für einen Patienten, der einem Rat nicht folgt, ist nur dann unbedenklich, wenn das Mandat dieses Patienten und der Respekt des Therapeuten vor der Autonomie der Lebenspraxis des Patienten außer Zweifel stehen. Sonst bedroht diese edukative Haltung die „Abstinenz", auf die wir im folgenden Abschnitt eingehen. Wahrscheinlich täte professionelle Pflege gut daran, die Begriffe „Patientenedukation" und „compliance" aus ihrem professionellen Selbstverständnis zu nehmen außer in den Fällen, in denen Pflegende wirklich Erziehungsberechtigte sind.

3.2.5) „Abstinenz"

Dass eine Reihe von Ärzten sich als Mediziner aus der alltäglichen Unterstützung der Patienten zurückziehen, dass sie eben nicht dem einzelnen Patienten in all seinen individuellen Lebensbezügen ganzheitlich gerecht werden wollen, sondern nur dem jeweiligen medizinischen Problem, wird häufig beklagt. Es stellt andererseits aber eine strukturelle Erleichterung in der Interaktion mit Patienten dar:

Es erleichtert diesen Ärzten die Erfüllung der professionellen Kernforderung des Respekts vor der Autonomie der Lebenspraxis des Patienten, erleichtert ihnen mit einem Wort die „Abstinenz". Da sie am Leben ihrer Patienten nicht teilhaben, brauchen sie von diesem Leben nur das zur Kenntnis zu nehmen, was die Patienten ihnen mitteilen (wollen). Das erleichtert es ihnen, Abstinenz gegenüber der Lebenspraxis zu wahren und „abstinente Berater ohne Verwicklung ins Leben der Beratenen" zu sein. Für die Pflege ist das deutlich anders. Sie sieht den einzelnen Patienten den ganzen Tag und trägt Sorge für ihn. Sie wird schnell zum Teil seines Alltags. Professionelle Abstinenz, die auch die Pflege bestimmt, wird auf den ersten Blick weniger leicht erkennbar. Pflegende werden nie zum Familienmitglied, aber sie sind doch den ganzen Tag um den Patienten herum. Pflege nimmt die einzelnen Patienten in vielen ihrer Lebensbezüge wahr und reagiert unmittelbar auf sie, oft ohne überhaupt darüber zu reden. Als Teil des Alltags der Patienten sind Pflegende für die Patienten selten als völlig außen Stehende zu erkennen, denen sie sich experimentell anvertrauen können wie einer niedergelassenen Psychotherapeutin, die sie nur in abgegrenzten Therapiestunden treffen, oder einem für kurze Zeit Mitreisenden in einem Zug.

Pflegende müssen funktionale Äquivalente für diese Settings, die Abstinenz erleichtern, finden und entwickeln.

3.2.6) Fazit

Schon diese wenigen, jeden Tag millionenfach vorkommenden Schlüsselsituationen machen begreifbar, warum der Anspruch auf „Ganzheitlichkeit" keineswegs nur Ausfluss abstrakter Abgrenzungsbedürfnisse zu Nachbarberufen wie dem des Mediziners ist. Fürsorgliches „ganzheitliches" Eingehen auf alle höchst individuellen Eigenheiten eines einzigartigen Pflegebedürftigen fassen – wenn auch ideologisch – Anforderungen des pflegerischen Alltags zusammen.

Wenn solcher Alltag die Pflegenden auch immer gefährdet, eher nicht abstinent für die Pflegebedürftigen zu handeln als mit ihnen in Respekt vor der Autonomie ihrer Lebenspraxis, so ist doch ihr Bezug auf die Einzigartigkeit des individuellen Pflegebedürftigen in das Verständnis professionellen Handelns zu retten – gegen entindividualisierende Standardisierung. Holismus gefährdet Professionalisierung und damit die Pflegebedürftigen. Aber entindividualisierende Standardisierung ist Deprofessionalisierung. Sie ist das Gegenextrem zum Holismus. Wenn sich entindividualisierende Standar-

disierung mit Holismus verbindet, soll externe Evidence die interne Evidence ersetzen und Powers Schreckgespenst wird geboren. Entindividualisierende Standardisierung ist der Gegenstand des nächsten Abschnittes.

3.3) „Schwestern seid gehorsam": Pflegestandards ohne Verfallsdatum, ohne Evidencebasierung, ohne Respekt vor der Autonomie der individuellen Lebenspraxis

3.3.1) Wenn „Pflegestandards" sich gegen Pflegebedürftige richten
Spätestens in den achtziger Jahren des vorigen Jahrhunderts setzte auch in
Deutschland eine begeisterte Bewegung für „Pflegestandards" ein. Die ersten Pflegeinrichtungen beginnen damit, implizites Wissen zu formulieren, in
Qualitätszirkeln zu erörtern und in Hausstandards oder viel allgemeineren
nationalen Standards festzuschreiben. Die Bewegung für Pflegestandards
verbreitet sich so, dass auch Einrichtungen, die nicht selber Standards erarbeiten wollen, auf Standards nicht verzichten können. Bald gibt es fertige
Standardbücher zu kaufen und Datenträger, von denen fertige Standards
heruntergeladen, mit dem Logo der Einrichtung versehen und angepasst
werden können. Heute steht fast in jeder deutschen Einrichtung ein Stan-
dard-Handbuch – zumindest im Schrank. Zur selben Zeit entwickeln Medizinische Fachgesellschaften erste Leitlinien. Sie werden von Ärztinnen und
Ärzten zunächst mit deutlich weniger Begeisterung aufgenommen als die
Pflegestandards von den Pflegenden.

Die Bewegung für Pflegestandards mag durchaus als Fortschritt in der
Explizierung impliziten Wissens, in der Reflexion eigenen Handelns und
ansatzweise in der Qualitätssicherung gesehen werden. Auch für die individuelle Angemessenheit der Pflege, für den verantwortlichen Respekt vor der
Autonomie der Lebenspraxis des einzigartigen Pflegebedürftigen kann –
nicht muss – Standardisierung ein wichtiger Schritt sein: Pflege ist immer
mitgeprägt von der Individualität des Pflegenden und sollte geprägt sein von
der Individualität des Pflegebedürftigen. Beide Individualitäten sind keineswegs dasselbe. Wenn die Individualität der Pflegenden wichtiger wird als
die Individualität der Pflegebedürfnisse, geht die Verteidigung der Individualität der Pflegenden zu Lasten der Pflegebedürftigen. In diesem Fall können
– nicht müssen – Pflegestandards den Pflegebedürftigen zu ihrem Recht und
zu Respekt vor ihrer Autonomie verhelfen.

Dennoch enthalten Standards auch Gefahren. Die gefährlichen, mit den Prinzipien von Evidence based Nursing unvereinbaren Nebenwirkungen von Standards liegen darin, dass sie für einige Pflegende die eigenverantwortliche Beschäftigung mit den höchst individuellen Bedürfnissen und Ressourcen des einzelnen Pflegebedürftigen weniger wichtig erscheinen lassen als die Einhaltung von Standards. (vgl. Behrens 1999, 1996) Das hängt mit dem Irrtum zusammen, das Einhalten von Standards sei haftungsentlastend. Nur wer sich nicht an Standards halte, heißt es oft in Anweisungen, müsse sich verantworten. Das ist falsch. Tatsächlich muss sich, wer sich an Standards hält, ganz genauso und in demselben Maße verantworten wie der, der sich nicht an Standards hält. Denn man kann Standards nicht anwenden, ohne sie an die individuellen Bedürfnisse des Pflegebedürftigen anzupassen. Diese Anpassung verlangt die Erarbeitung interner Evidence, die erst externe Evidence nützlich macht. Verantworten müssen wir uns vor den individuellen Pflegebedürftigen, nicht vor den Standards.

Deswegen ist dem Europarat zuzustimmen, dass die Nichteinhaltung von Leitlinien keineswegs mit besonderen Sanktionen verknüpft sein sollte.[10] (Europarat 2002) Gerade in der Pflege ist diese Einsicht gefährlicherweise noch wenig verbreitet. Die meisten auf Konsensus-Konferenzen verabschiedete Expertenstandards wurden ohne Verfallsdatum für die Wiedervorlage veröffentlicht, ohne leicht nachprüfbare Belege externer Evidence und ohne Hinweis auf den nötigen Respekt vor der Autonomie der Lebenspraxis des individuellen Patienten. Wie Schlopsna (2003) auf zeigte, erfüllt selbst der wohl bekannteste deutsche Pflege-Standard, der Dekubitus-Standard, weder die Professions-Kriterien von Evidence based Nursing noch die Kriterien des Europarates (2002). Schon der Begriff „Standard", der in der Pflege benutzt wird, gibt zu Missverständnissen Anlass. Der Begriff der „Leitlinie" gäbe meiner Ansicht nach viel deutlicher wieder, dass es sich um einen Vorschlag handelt, dessen Anwendung und Anpassung allein der Pflegebedürftige in Zusammenarbeit mit der von ihm beauftragten professionellen Pflegekraft entscheidet. Der oder dem einzelnen Pflegebedürftigen sind die Pflegenden verantwortlich.

---

[10] vgl. etwas ausführlicher zu dieser auch rechtlich komplexen Diskussion Behrens 2003: 59.

3.3.2) Historische und alltägliche Wurzeln des Standard-Gehorsams

Auch für die Gehorsambereitschaft gegenüber Standards lassen sich leicht alltägliche Situationen und historische Traditionen angeben, die diese Haltung immer wieder verstärken. Diese im folgenden aufgeführten alltäglichen Situationen und historischen Traditionen liegen

- in der „Weisungsabhängigkeit" von Pflege
- im Vorrang von Eminenz vor Evidence
- in der Verkehrung von Wissenschaft zur Ex-Cathedra-Dezision
- in dem Fehler, die Effizienz einer Maßnahme zu beurteilen, ohne ihre Effektivität zu kennen

„Weisungsabhängigkeit"

In Deutschland hat die Pflege – im Unterschied schon zu Österreich – keine „Vorbehaltsbereiche", in denen sie allein entscheidungsbefugt ist. Die Pflege gilt in Deutschland als weisungsabhängig, meist abhängig von ärztlichen Weisungen. Es braucht nicht betont zu werden, dass die Pflege faktisch im Alltag permanent eigene Entscheidungen trifft, einfach weil die Pflegesituationen zu komplex sind, um durch eine Weisung hinreichend determiniert zu werden. „Gehorsam", schrieb schon Florence Nightingale, „reicht allenfalls für ein Pferd, aber nicht einmal für einen Polizisten". Das ist weniger eine normative Forderung als eine empirische Beobachtung. Auch der einer militärischen Disziplin unterworfene Polizist steht vor so komplexen Situationen, dass er Vorschriften nicht einfach anwenden kann, sondern eigenverantwortlich interpretieren muss. Aber die Berufung auf den bloßen Gehorsam gegenüber Vorschriften hat den Vorteil, dass sie von Verantwortung entlastet, auch wenn man faktisch eigenständig handelte.[11]

---

[11] Ein besonders grauenhaftes Beispiel dafür boten die Nürnberger Prozesse. In ihnen standen Krankenschwestern unter Anklage, die ihnen anvertrauten pflegebedürftigen Kinder und Erwachsene mit Behinderungen umgebracht hatten. Obwohl die Krankenschwestern überaus aktiv die Morde organisiert hatten, glaubte das Nürnberger Gericht der Verteidigung, dass eine deutsche Krankenschwester nichts in eigener Verantwortung tue. Die Krankenschwestern wurden von der Anklage des Mordes freigesprochen.

Begründung mit Eminenz statt mit Evidence

Innerhalb der Hierarchie der Klinik scheinen Evidencebelege nicht selten zu leichtgewichtig verglichen mit den schwergewichtigen Entscheidungen der institutionell Entscheidungsbefugten. So fanden wir in vier kooperierenden Universitätsklinika auf den Intensivstationen stark unterschiedliche, auch unterschiedlich aufwendige Praktiken der Mundpflege bei vergleichbaren Patienten, ohne dass eine der Pflegedirektionen, ärztlichen Direktionen oder pflegerischen Fachleitungen daraus die Notwendigkeit folgerte, in kontrollierten Vergleichen die wirksamste der Mundpflegepraktiken herauszufinden. Begründung für die jeweilige Praktik der Mundpflege war, dass eine dafür zuständige Person im Hause das eben so haben wolle. Niemandem erschien es nötig oder lohnend, die guten Gründe, die diese jeweils zuständigen Personen für ihre enorm unterschiedlichen Weisungen ja vermutlich haben, zu prüfen oder auch nur kennen zu lernen. In einer von Eminenzen geprägten Kultur erscheint die Suche nach Evidence als verlorene Mühe.

3.3.3) Verkehrung der Wissenschaft zur ex cathedra Dezision

Nach dem Selbstverständnis der Wissenschaft kommt es bekanntlich seit Jahrhunderten – im Unterschied zum hierarchischen Betrieb – keineswegs darauf an, wer etwas sagt, sondern ausschließlich darauf, wie das Gesagte logisch und empirisch begründet ist. Ob die 17jährige Pflegeschülerin oder die Lehrstuhlinhaberin es ist, die ein Argument vorbringt oder einen Beleg präsentiert, das ist gleich – wenn der Beleg und das Argument selber gültig sind. Viele Praktiken in der Wissenschaft ergeben sich aus diesem Selbstverständnis: z.B. die Anonymisierung eines zu prüfenden Artikels für eine wissenschaftliche Zeitschrift, wodurch die Gutachtenden nicht wissen sollen, wer den zu prüfenden Artikel geschrieben hat, und die Lehrstuhlinaberin nicht anders behandeln als die wissenschaftliche Mitarbeiterin, die Praktikerin, die Privatgelehrtin oder die Pflegeschülerin. Andererseits ist auch die Wissenschaft, schon weil viele Forschungsprojekte nur kooperativ zu bewältigen sind, nach Art eines arbeitsteiligen Betriebs organisiert. Und zusätzlich gibt es InhaberInnen eines Lehrstuhls („cathedra"), so dass Äußerungen von dieser cathedra aus mehr gelten – insbesondere, je weiter das Publikum von der Detailarbeit der jeweiligen Wissenschaft weg ist. In Talkshows, in vielen Lehrbüchern, in Zeitungsinterviews geht es häufig mehr darum, wer etwas sagt, als um seine Belege. Paradoxerweise verkehrt sich so die Wissenschaft in der Wahrnehmung zur ex cathedra Dezision.

3.3.4) Effizienz ohne Effektivitätsnachweis – logisch unmöglich

Obwohl in diesem Buch nicht betont zu werden braucht, dass ich Effizienz erst feststellen kann, wenn ich Effektivität nachgewiesen habe, wird genau dies im deutschen Gesundheitswesen häufig versucht. So wurden „Leistungserfassungssysteme" der Pflege entwickelt (vgl. Behrens/Horbach 2003), die aber eigentlich keine Leistung, sondern nur Zeitaufwände erfassen. Ein Zeitaufwand ist aber nur dann eine Leistung, wenn er hinreichend wahrscheinlich die gewünschte Wirkung, also Effektivität erzielt. Insofern ist ein in der Schweiz und in Deutschland häufig angewandtes System, das LEP, das System der „Leistungserfassung der Pflege" schon im Namen entweder ein Etikettenschwindel oder ein noch einzulösendes Versprechen auf die Zukunft. Wahrer hieße es „AEP", „Aufwandserfassung in der Pflege". Die Autoren und Ko-Autoren des LEP und des LEP-Deutschland sind aber dabei, Aufwände mit Wirkungen zu verknüpfen und in vergleichenden Studien die wahrscheinliche Effektivität pflegerischer Interventionen zu prüfen, so dass der Name Leistungserfassungssystem möglicherweise in Zukunft gerechtfertigt sein wird. Für ein anderes in der Pflege verbreitetes System zur Ermittlung des Personalbedarfs, die PPR, gilt dasselbe. Es gibt vor, Personalbedarf zu messen, stellt aber nur Personalkennzahlen unter der heroischen Vorannahme zur Verfügung, dass im wesentlichen alles, was in der Pflege geschieht, um der Effektivität willen nötig ist. Denn was nicht hinreichend wahrscheinlich die erwünschte Wirkung hat, dessen bedarf auch niemand. Ohne Effektivität kein Bedarf.

Dieser Überlegungen mögen als theoretisch treffend, praktisch aber von geringer Relevanz gelten. Das ist leider nicht der Fall. Vielmehr zeigten nicht nur unsere Untersuchungen zu Entscheidungen über das Ausmaß pflegerischer Bemühungen (Behrens/Horbach 2003) sondern auch ein Fülle ähnlicher Studien eine erschreckende Folge dieses geringen Interesses an Effektivitätserhebungen. Da nicht genau bekannt ist, was wirklich effektiv und deshalb nötig ist, regiert ein „Sparstrategie", die einfach Handlungen weglässt – ohne zu prüfen, ob sie für die Effektivität nötig sind oder nicht. Anstatt zwischen gleich effektiven Pflegemaßnahmen die effizienteste zu suchen und auszuwählen, wird, weil die Effektivität nicht evident bekannt ist, einfach beliebig in die verfügbare Zeit hineingeschnitten. Diese „Sparstrategie" kann höchst uneffizient sei. Kein Ökonom würde eine solche Kürzungsstrategie als Sparstrategie bezeichnen. Wie wir nachweisen konnten, richtet sich in den deutschen Einrichtungen das Ausmaß der Pflege nach der am jeweiligen Tag verfügbaren Zeit – nicht nach dem angenommenen Bedarf der einzelnen Pflegebedürftigen. (vgl. Kurven in Behrens/Horbach 2003) Der pflegerische Aufwand pro Pflegebedürftigen variiert unabhängig von dessen angenommenen individuellem Bedarf allein mit der von außen vorgegebenen Zeit. Eine solche Varianz der Handlungen in Abhängigkeit von der gerade verfügbaren Zeit wäre selbst in der Autoindustrie unvorstellbar. Wenn keine Zeit ist, wird eben das Auto auch nur halb fertig und kann nicht verkauft werden. Solange die Pflege nicht zuerst die Effektivität und dann die Effizienz ihrer Handlungen evident nachweisen kann, ist sie gegenüber Kürzungsstrategien hilflos.

Knappheit zu bewältigen haben Betriebe ebenso wie Haushalte. Ob Pflege in Betrieben geleistet wird, die nicht lange in roten Zahlen existieren können, oder in Haushalten, die auch nicht über die Grenzen ihrer Ressourcen hinaus pflegen können, macht in dieser einen Hinsicht keinen sehr entscheidenden Unterschied.

3.4) Fazit

Alltägliche Situationen der Pflege zu analysieren ist mindestens so nötig wie pflegerische Programm-Schriften zu erörtern, wenn es darum geht, individuellen Holismus einerseits, allzu große Bereitschaft zu Standard-Gehorsam als Klippen der Professions-Entwicklung zu begreifen. Akademisierung allein garantiert keineswegs die Entwicklung des professionstypischen Respekts vor der Autonomie der Lebenswelt des Klienten. Das Gegenteil kann der Fall sein. Zwar fördert die historische Entwicklung der Wissenschaft, die von der annähernd absoluten Gewissheit zur Unterscheidung von interner und externer Evidence fortschritt, diesen Respekt. Aber es ist keineswegs gesagt, dass Akademisierung mit Forschung ausreichend in Berührung bringt. Und die Fähigkeit, externe Evidence für den Aufbau der internen zu nutzen, lässt sich nur in der reflektierenden klinischen Praxis entwickeln. (vgl. Behrens/Langer 2004)

Die an Foucault und Bourdieu orientierten Ansätze, und nur auf diese ging ich hier ein, können meiner Ansicht nach für die Soziologien der Pflege und der Pflege-Profession fruchtbar werden – wenn sie sich auf die Differenz zwischen alltäglich normierender Pflege und den Professionshabitus der Pflege einlassen und die Brüche der Wissenschaftsentwicklung nicht übersehen. Sonst verlieren sie ihre Kraft zu kritischer Unterscheidung.

Literatur

Amrhein, L. 2002: Machtbeziehungen und soziale Konflikte in der stationären Altenpflege. In: Backes, G. M.; Clemens, W. (Hrsg.), 2002: Zukunft der Soziologie des Alter(n)s, Opladen, S. 183–218.

Anderson, J. M.; Elfert, H.; Lai, M. 1989: Ideology in the clinical context: chronic illness, ethnicity and the discourse on normalisation. In: Sociology of Health and Illness 11, S. 253–278.

Badura, B. 1996: Arbeit im Krankenhaus. In: Badura, B.; Feuerstein, G. (Hrsg.), 1996: Systemgestaltung im Gesundheitswesen, Zur Versorgungskrise der hochtechnisierten Medizin und den Möglichkeiten ihrer Bewältigung, 2. Auflage, Weinheim/München, S. 21–82.

Badura, B.; Feuerstein, G. 1994: Systemgestaltung im Gesundheitswesen, zur Versorgungskrise der hochtechnisierten Medizin und den Möglichkeiten ihrer Bewältigung, Weinheim u.a.

Bauch, J. 2000: Medizinsoziologie. München/Wien.

Behrens, J. 1981: Nicht nur Katzen haben viele Leben, Arbeitsmarktstruktur, Habitus und biographische Thematisierung. In: Schulte, W. (Hrsg.): Soziologie in der Gesellschaft, aus den Veranstaltungen der Sektionen der Deutschen Gesellschaft für Soziologie beim 20. Deutschen Soziologentag, Bremen 1980, S. 640-644.

Behrens, J. 1982: Die Ausdifferenzierung der Arbeit, in: Hondrich, K.O. (Hrsg.), 1982: Soziale Differenzierung, Frankfurt/New York, S. 129 – 209.

Behrens, J. 1983: 'Bedürfnisse' und 'Zufriedenheiten' als Statussymbole und Anrechte, Lehren aus einem Panel für Bedürfnistheorie und Planung. In: Hondrich,

K. O.; Vollmer, R. (Hrsg.), 1983: Bedürfnisse im Wandel, Theorie, Zeitdiagnose, Forschungsergebnisse, Opladen, S. 193-244.

Behrens, J. 1984: „Selbstverwirklichung" – vom Verblassen aller Alternativen zur Berufsarbeit, Umfragen und Fallstudien zur Krise der Arbeit in Familie und Erwerbstätigkeit. In: Hoffmann-Nowotny, H.-J.; Gehrmann, F. (Hrsg.), 1984: Ansprüche an die Arbeit, Umfragen und Interpretationen, Soziale Indikatoren XI Konzepte und Forschungsansätze, Frankfurt/New York.

Behrens, J. (mit Arbeitsgruppe Sozialpolitik), 1986: Sozialpolitische Regulierung und die Normalisierung des Arbeitsbürgers. In: Neue Politik 1/1986, S. 1-22.

Behrens, J. 1994: Der Prozeß der Invalidisierung, Das demographische Ende eines historischen Bündnisses. In: Behrend, Ch. (Hrsg.), 1994: Frühinvalidität – ein „Ventil" des Arbeitsmarkts?, Berlin, S. 105-135.

Behrens, J. 1996: Die Freiheit der Wahl und die Sicherung der Qualität. In: Behrens, J.; Braun, B.; Morone, J.; Stone, D. (Hrsg.), 1996: Gesundheitssystementwicklung in den USA und Deutschland: Wettbewerb und Markt als Ordnungselemente im Gesundheitswesen auf dem Prüfstand des Systemvergleichs, Baden-Baden, S. 197-214.

Behrens, J. 1999: Evaluation of OHS as a system of incentives – a German example. In: Menckel, E.; Westerholm, P. (Hrsg.), 1999: Evaluation in Occupational Health Practise, Oxford.

Behrens, J. 2000: Schicksal, Leistungsgerechtigkeit und Bedarfsgerechtigkeit. Ungleichheit in der Gesundheit und die Trennbarkeit von Geltungssphären politischer Strategien. In: Helmert, U. Bammann, K. Voges, W. Müller, R. (Hrsg.), 2000: Müssen Arme früher sterben? Soziale Ungleichheit und Gesundheit in Deutschland, Weinheim/München.

Behrens, J. 2002: Inklusion durch Anerkennung. Chronische Krankheit, das Veralten der Indikatoren sozialer Ungleichheit und die Herausforderungen an die Pflege und anderer Gesundheitsberufe. In: Österreichische Zeitschrift für Soziologie, Heft 4/2002, 27. Jg. S. 23-41.

Behrens, J. 2004: Die Verwechslung von Zielen und Mitteln und von interner und externer Evidence, Zur Lebensqualitätsforschung in der Onkologie. In: FORUM DKG 4/04 (im Erscheinen).

Behrens, J.; Langer, G. 2004: Evidence-based nursing: vertrauensbildende Entzauberung der „Wissenschaft", Hermeneutisch-interpretative und statistische Methoden für tägliche Pflegeentscheidungen, Bern.

Behrens J.; Horbach, A. 2003: Leistungserfassung Intensivpflege Deutschland – Abschlussbericht. http://www.bosch-stiftung.de/download/02020301_24_ abschlussbericht.pdf

Bourdieu, P. 1979: Entwurf einer Theorie der Praxis auf der ethnologischen Grundlage der kabylischen Gesellschaft, Frankfurt a.M.

Bourdieu, P. 1987: Die feinen Unterschiede, Kritik der gesellschaftlichen Urteilskraft, Frankfurt a.M.

Detel, W. 1998: Macht, Moral, Wissen, Foucault und die klassische Antike, Frankfurt.

Europarat 2002: Entwicklung einer Methodik für die Ausarbeitung von Leitlinien für optimale medizinischen Praxis, Zeitschrift für ärztliche Fortbildung und Qualitätssicherung, 96 (Suppl. III), 1-60, Empfehlung Rec (2001) 13 des Europarates und Erläuterndes Memorandum.

Foucault, M. [1963] 1981: Die Geburt der Klinik, Eine Archäologie des ärztlichen Blicks, Frankfurt a.M./Berlin/Wien.

Foucault, M. [1966] 1988: Die Ordnung der Dinge, Eine Archäologie der Humanwissenschaften, Frankfurt a.M.

Foucault, M. [1968] 1997: Archäologie des Wissens, 8. Auflage. Frankfurt a.M.

Foucault, M. [1976] 1983: Der Wille zum Wissen, Sexualität und Wahrheit, Bd. 1. Frankfurt a.M.

Foucault, M. [1976] 1992: Leben machen und sterben lassen, Die Geburt des Rassismus. In: Diskus 41/1, S. 51-58.

Foucault, M. [1978] 2003: Die „Gouvernementalität". In: Foucault, M.: Schriften in vier Bänden, Dits et Ecrits, Band III: 1976–1979. Hrsg. von Daniel Defert und François Ewald. Frankfurt a.M. S. 796-823.

Gastaldo, D.; Holmes, D. 1999: Foucault and nursing: A history of the present. In: Nursing Inquiry 6, S. 231-240.

Goffman, E. 1977: Rahmen-Analyse, Ein Versuch über die Organisation von Alltagserfahrungen, Frankfurt a.m.

Goffmann, E. [1961] 1977: Asyle, Über die soziale Situation psychiatrischer Patienten und anderer Insassen, 3. Aufl. Frankfurt/M.

Henderson, V. [1964] 1997: Das Wesen der Pflege. In: Schaeffer, D.; Moers, M.; Steppe, H.; Meleis, A. (Hrsg.), 1997: Pflegetheorien, Beispiele aus den USA, Bern u.a. S. 39–54.

Hirschauer, S. 1994: Die soziale Fortpflanzung der Zweigeschlechtlichkeit. In: Zeitschrift für Soziologie und Sozialpsychologie 46/4, S. 668-692.

Hohm, H.-J. 2002: Das Pflegesystem, seine Organisationen und Karrieren. Systemtheoretische Beobachtungen zur Entstehung eines sekundären Funktionssystems, Freiburg.

Honneth, A. 1998: Kampf um Anerkennung, Frankfurt a.m.

Honneth A. 2001: Leiden an Unbestimmtheit, eine Reaktualisierung der Hegelschen Rechtsphilosophie, Stuttgart.

KDA (Kuratorium Deutsche Altershilfe), 2001: Kuratorium Deutsche Altershilfe fordert bedarfsgerechte Pflege, Pflegezeitbemessungsverfahren PLAISIR sollte in allen Heimen eingesetzt werden, Pressemitteilung v. 21.03. 2001.

Labisch, A. 1992: Homo hygienicus: Gesundheit und Medizin in der Neuzeit, Frankfurt a.M.

Luhmann, N. 1975: Soziologische Aufklärung, 2. Aufsätze zur Theorie der Gesellschaft, Opladen.

Luhmann, N. 1981: Soziologische Aufklärung 3. Soziales System, Gesellschaft, Organisation, Opladen.

Manthey, M. 2002: Primary Nursing: Ein personenbezogenes Pflegesystem, Bern.

Meyer-Abich, K. M. 1988: Wissenschaft für die Zukunft, S. 94-103.

Naegele, G. 1999: Neue Märkte und Berufe, Altern schafft Bedarf. In: Niederfranke, A.; Naegele, G.; Frahm, E. (Hrsg.): Funkkolleg Altern 2: Lebenslagen und Lebenswelten, soziale Sicherung und Altenpolitik, Opladen, S. 435-478.

NANDA (North American Diagnosis Association), 1990: Taxonomy I revised-1990 with official nursing diagnoses, Philadelphia.

Parsons, T.; Shils, E.A.; Allport G.W. 1951: The General Theory of Action. In: Parsons, T.; Shils, E.A.: Towards a General Theory of Action. New York, S. 3-29.

Parsons, T. 1957: The Mental Hospital as a Type of Organization. In: Greenblatt, M.; Levinson, D. J.; Williams, R. H. (Hrsg.), 1957: The Patient and the Mental Hospital. Glencoe.

Platon: Werke in acht Bänden griechisch und deutsch nach Oevres Complètes, Universités de France (griech), Darmstadt 1990.

Powers, P. 1996: Discourse analysis as a methodology for nursing inquiry. In: Nursing Inquiry 3, S. 207-217.

Powers, P. 1999: Der Diskurs der Pflegediagnosen, Bern u.a.

Powers, P. 2002: A discourse analysis of nursing diagnosis. In: Qualitative Health Research 12/7, S. 945-965.

Schimank, U. 1996: Theorien gesellschaftlicher Differenzierung, Opladen.

Schlopsna, J. 2003: Die Beurteilung des ersten nationalen „Expertenstandard Dekubitusprophylaxe in der Pflege", Diplomarbeit am Institut für Gesundheits- und Pflegewissenschaft der Martin-Luther-Universität Halle-Wittenberg.

Schroeter, K. R. 2000: Altern in Figurationen – Figurative Felder im Alter. In: Backes, G. M. (Hrsg.), 2000: Soziologie und Alter(n), Neue Konzepte für Forschung und Theorieentwicklung, Opladen, S. 109-138.

Schroeter, K. R. 2002: Lebenswelten ohne (soziale) Hinterbühne: Die Lebenslagen stationär versorgter, pflegebedürftiger älterer Menschen unter dem Vergrößerungsglas einer feld- und figurationssoziologischen Betrachtung. In: Dallinger, U.; Schroeter, K. R. (Hrsg.): Theoretische Beiträge zur Alternssoziologie, Opladen, S. 141-168.

Schroeter, K. R. 2003: Pflege als figuratives Feld – Ein soziologischer Zugang zum Pflegemanagement. In: Pflegemagazin 4/5, S. 38-50.

Schroeter, K. R. 2004: Der pflegerische Bilck: „The Nursing Gaze – Big Sister is Watching You". In: Blüher, S.; Stosberg, M. (Hrsg.), 2004: Neue Vergesellschaftungsformen des Alter(n), Wiesbaden, S. 141-166.

Schroeter, K. R. 2005a: Pflege als figuratives Feld. In: Schroeter, K. R.; Rosenthal, T. (Hrsg), 2005: Soziologie der Pflege, Grundlagen, Wissensbestände und Perspektiven, Weinheim/München, S. 85-105.

Schroeter, K. R. 2005b: Pflege als Dispositiv: Zur Ambivalenz von Macht, Hilfe und Kontrolle im Pflegediskurs. In: Schroeter, K. R.; Rosenthal, T. (Hrsg), 2005: Soziologie der Pflege, Grundlagen, Wissensbestände und Perspektiven, Weinheim/München, S. 385-404.

Schütz, A. [1932] 1981: Der sinnhafte Aufbau der sozialen Welt, Eine Einleitung in die verstehende Soziologie, 2. Auflage, Frankfurt a.M.

Schütz, A.; Luckmann, T. 1988: Strukturen der Lebenswelt Bd.1, Frankfurt a.M.

Oevermann, U. 1991: Genetischer Strukturalismus und das sozialwissenschaftliche Problem der Erklärung der Entstehung des Neuen. In: Müller-Dohm, S. (Hrsg.) 1991: Jenseits der Utopie, Frankfurt a. M. S. 267-336.

Voges, W. 2002: Pflege alter Menschen als Beruf, Soziologie eines Tätigkeitsfeldes, Wiesbaden.

Weizsäcker, V. v. 1987: Beitr. zum Symposion d. Univ. Heidelberg (1. – 3.5.1986) sowie d. 24. Arbeitstagung d. Dt. Kollegiums für Psychosomat. Medizin (5.3.1986) u.d. 36. Lindauer Psychotherapiewochen (19.4.1986), Schriften zur anthropologischen und interdisziplinären Forschung in der Medizin, Bd. 1, Berlin/Heidelberg/New York/London/Paris/Tokyo.

Monika Hutwelker

Zum Problem der Professionalisierungsbedürftigkeit pflegerischen Handelns

Grundsätzlich kann man in Bezug auf Inhalt und Richtung des bislang geführten Diskurses um die Professionalisierung der nichtärztlichen Gesundheitsberufe festhalten, dass in der laufenden Diskussion zwei sich einander ausschließende – weil unterschiedlichen Kategorien zuzuordnende – Handlungslogiken, zum einen das organisationslogische bürokratische Handeln und zum anderen das professionslogische Handeln, mit einander vermengt werden.

Unter dem nach organisationslogischen Gesichtspunkten operierenden Handeln hat man das Bemühen zu verstehen, die Pflegetätigkeit vor allem Qualitätskriterien zu subsumieren, die in der Regel betriebswirtschaftlichen Überlegungen entnommen wurden.

Notwendigerweise bemühen sich die Akteure der Pflegepraxis hierbei vor allem handwerkliche Routinen und standardisierte Arbeitsabläufe über so genannte Qualitätsstandards festzuschreiben, womit wohl eine Qualitätssicherung und Weiterentwicklung in der Pflege intendiert wird, was aber lediglich zu vermehrten Handlungsanweisungen in Form neuer und neuester Dienstanweisungen führt, die so Eingang in den Arbeitsalltag finden und letztlich den Status Quo festschreiben.

Die Konsequenz davon ist eine dieser Logik folgende „professionell" ausgeführte pflegerische Tätigkeit, die sich auf eine ingenieuriale – immer gleich gute – Anwendung von Pflegeroutinen am Pflegebedürftigen reduziert. In diesem Sinne verstanden hätten die beruflich Pflegenden lediglich auf vorhandenem Wissen aufruhende und bereits festgelegte Pflegestandards zu übernehmen und entsprechend zu applizieren. Im Ergebnis empfängt dann der Pflegebedürftige selbst die pflegerische Hilfe in einer Art und Weise, dass das was von ihm nicht mehr gekonnt und geleistet werden kann von den Pflegenden standardgemäß übernommen wird und die geleistete Hilfe schließlich nur noch als ein Helfen im Sinne eines abhängkeitsfördernden Intervenieren beschrieben werden kann.

Die Aufgabe der an Fachhochschulen etablierten Pflegestudiengänge wäre in diesem Zusammenhang im Wesentlichen auf die Generierung oder Fundierung einer pflegerischen Wissensbasis beschränkt, die sich auf Organisationsstrukturen, Qualitätskriterien, Kennzahlen und quantitative Messverfahren reduziert. Sie wären also auf den Stand einer Art „Verwaltungsdisziplin" begrenzt, die sich nur noch marginal mit dem eigentlichen Gegenstandsbereich der Pflege beschäftigt. Damit folgt die Ausrichtung des Pflegeberufes einem heute vorherrschenden Trend der Technokratisierung, der in den verschiedensten Berufsfeldern zu konstatieren ist. So gesehen wird damit allenfalls das Geschäft der Statussicherung durch „Professionalisierung", im Sinne einer expertokratischen Spezialisierung der Expertise, in der das Wort Professionalisierung eigentlich missbräuchlich verwendet wird, betrieben. An einer Expertisierung – als Ausdruck eines Statusgeschäftes – können grundsätzlich alle Berufe teilhaben, deren Vorantreiben einer Expertisierung tendenziell auf Initiative einer Ministerialbürokratie beruht, also „von oben" vorgesehen ist.

Im Gegensatz dazu kennzeichnet ein professionslogisches Handeln eine pflegerische Handlungspraxis, die zunächst und vor allem eine stellvertretende helfende Intervention in der Weise vorsieht, dass dem Pflegebedürftigen über die routinisierte Seite einer wissenschaftlich begründeten Wissensbasis hinaus eine je konkrete einzelfallspezifische Hilfestellung angeboten wird, die an den selbstständigen Bewältigungsfähigkeiten und Autonomiepotentialen des Pflegebedürftigen ansetzt und diese bei ihrer Hilfestellung nutzt und befördert. Wenn man also professionelles Handeln in diesem Sinne entlang seiner Grundstruktur definiert, hat man den harten Kern der Anforderungen an professionelles Berufshandeln. Diese liegen einerseits in der universalisierten Regelanwendung von Wissen auf wissenschaftlicher Basis und andererseits in einem sinnhaften Fallverstehen. D.h. es geht schlicht um die Fähigkeit, wissenschaftlich fundierte und abstrakte Kenntnisse in konkreten Situationen angemessen anwenden zu können.

Unter dem hier angesprochenen Regelwissen ist dabei ein Wissen zu verstehen, das sich von Meinung, Illusion und Glauben durch seinen objektiven Wahrheitsgehalt unterscheidet: Das ergo intersubjektiv (also egal welche

Person pflegt, Pflegeperson unabhängig), methodisch abgesichert und als systematisch erschlossen gilt und somit als wissenschaftliches Wissen ausgewiesen werden kann. Dem zu Folge hat ein professionell Handelnder zum einen eine größere Begründungskompetenz, wobei sein Handeln natürlich wiederum unter einer stärkeren Begründungsverpflichtung steht als das der Nicht-Professionellen oder Laien. Zum anderen beinhaltet diese notwendig eine Verpflichtung auf bestimmte unhintergehbare Verhaltensregeln, die allgemein als „code of ethics" bezeichnet werden.

Der professionelle Eingriff ist also darauf spezialisiert, an konkreten Handlungsproblemen akut gewordene Krisen des Pflegebedürftigen, etwa bezüglich seiner Gesundheitsvorstellungen und/oder Alltagsbewältigung, stellvertretend Krisenlösungen zu erarbeiten und anzubieten. Diese stellvertretende Krisenlösung folgt somit ganz organisch einer je konkreten fallspezifischen Problemlösung auf der Basis eines kodifizierten methodisierten Wissens und ist wesentlich durch ihre Nicht-Standardisierbarkeit gekennzeichnet, da die Hilfe der expertenhaften Intervention in einem Arbeitsbündnis mit einem Pflegebedürftigen im praktischen Vollzug einer zu provozierenden Selbsthilfe selbst liegt. Die zugrundeliegende Annahme der „Nicht-Standardisierbarkeit" professionellen Handelns verweist darauf, dass im Handlungskontext wegen der Fallspezifität keine vollständigen Lösungsstandards vorliegen können.

Für die einer solchen professionellen Handlungslogik sich verpflichtet wissenden Pflegewissenschaft besteht also die Herausforderung darin, dass sie in ihren Diskursen nicht das überholte Aufgabenverständnis der Pflege widerspiegelt und die jahrzehntelange eigene Minderbewertung der Pflege als „ärztliche Assistenzaufgabe" ungewollt reproduziert.

Vielmehr hat sie sich der Sache selbst zu stellen und sich ihres Gegenstandes der Pflege anzunehmen.

Des weiteren stellt sich vor diesem Hintergrund die Frage: Sind die ganzen Bestrebungen und Debatten um Professionalisierung des Pflegeberufes nur eine Modeerscheinung im Trend zur „professionalization of everyone" zur Befriedigung „privater" Autonomie der Berufsangehörigen? Wäre diese Frage mit ja zu beantworten, dann wäre der Prozess der Professionalisierung im Pflegeberuf nichts anderes als eine gelenkte Steigerung der individuellen Leistungsfähigkeit und grundsätzlich von einem Vorgang des „organischen

Wachsens", welcher im eigentlichem Sinne Professionalisierungsprozesse beschreibt, zu unterscheiden. Folglich geht es um eine Klärung und Erschließung der Struktur des eigentlichen Handlungsproblems, vor das der Pflegeberuf gestellt ist. Für die Analyse dieses Problems bedarf es einer angemessenen Methodologie. Diese liegt in der objektiven Hermeneutik von Oevermann u.a. (1979) vor.

Um zu Aussagen bezüglich der Strukturlogik pflegerischen Handelns zu gelangen und um überprüfen zu können, ob die Handlungsstruktur des Pflegeberufes und damit der Beruf an sich im Fokus von professionellem Handeln – analog der Professionalisierungstheorie von Oevermann (1999) – professionalisierungsbedürftig ist, habe ich hierzu 2003 Interviews mit Krankenschwestern, die Apoplexie-Patienten pflegen, geführt und diese mit der Methode der objektiven Hermeneutik analysiert.

Ergebnisse der Untersuchung

Bei der Behandlung von Schlaganfallbetroffenen konnte festgestellt werden, dass für die stellvertretende Krisenintervention sozusagen zwei Handlungsräume gegeben sind.

Zum einen der ärztliche Handlungsraum, der klar von der akuten Krisensituation des plötzlichen Ereignisses her bestimmt ist (in dem es um die Behebung der akuten Lebensgefährdung geht, also Kreislaufstabilisierung Hochdrucksenkung und sich nachfolgend auf Sekundärprävention bezieht, wie medikamentöse Einstellung von Markumar, ß-Blocker, etc.) und zum anderen der pflegerische Handlungsraum, in welchem das Kranksein des Patienten und dessen Auseinandersetzung mit Verlust und Dysfunktion und den ihm eigenen Bewältigungsanforderungen im Hinblick auf eine größtmögliche Restitution von Autonomie das Handeln bestimmt.

Die pflegerische Hilfestellung (im Sinne einer stellvertretenden Krisenlösung) hat dabei zur Aufgabe, die im konkreten Fall noch vorhandene Ressourcen zu heben und zu erschließen, damit einerseits die temporären Einschränkungen überwindbar werden und eine maximale Rückbildung erreicht werden kann, während andererseits die manifestierten Einschränkungen in deren Nichtalltäglichkeit im Sinne von Veralltäglichung in die Lebenspraxis integriert werden müssen. Es geht also um die Nutzbarmachung von noch vorhandenen Autonomie-Potentialen, um die weitestgehende Wiedergewinnung einer autonomen Lebenspraxis. Dabei ist zu beachten, dass der pflegerische Handlungsraum nicht dem medizinischen Handlungsraum nachgelagert oder von diesem bestimmt wird.

Denn die pflegerische Hilfestellung ist ihrer Strukturlogik nach dominant durch das rehabilitative Moment des Pflegehandelns geprägt, so dass, wenn ein solches nicht in die Krisenlösung eingebunden wird, der Patient tendenziell „versandet", sprich die Restitution der größtmöglichen Selbstständigkeit nicht erreicht werden kann. Gemeint ist das dosiert Fordernde – durch gezieltes Anleiten, Üben, Beraten – das den Patienten befähigt Kompensationsmechanismen zu finden und auszubilden. Dabei orientiert sich der Hilfebedarf und die pflegerische Hilfestellung in ihrer Wahlentscheidung und Durchführungsentscheidung (das Wie der Durchführung durch Veränderung der Routinenlösung) am konkreten Einzelfall. Es wird ein Arbeitsbündnis eingerichtet, dessen Notwendigkeit in einer kurzen fast unscheinbaren Stelle eines Interviews klar hervortritt und hier exemplarisch dargestellt wird.

Ich mein', wichtig ist es auch immer, ich mein, gut, oft geht des auch mit den Schlaganfallpatienten nur so, man kriegt des dann schon raus, dass man schon, also an einem Ziel arbeitet, das man klar setzt, was möchte er eigentlich. (S10/Z45-48 Sequenzstelle aus einem Interview mit einer Krankenschwester auf einer geriatrischrehabilitativen Station)

Mit dieser Aussage wird genau das Fallspezifische zusammenfassend resümiert. Man braucht also ein Kriterium, ein Ziel, das mit der Fallrekonstruktion begründet sein muss. Es geht um die Beantwortung der Frage: „Was ist für diesen Fall wesentlich, worauf muss ich mich konzentrieren?" Indem man sich auf das Wesentliche konzentriert, rückt anderes in den Hintergrund. Dabei ist eine Selektionsentscheidung zu treffen, welche man nicht allgemein nach abstrakten Kriterien vornehmen kann, sondern diese muss durch die Fallspezifität begründet sein. Dabei liegt der Fokus auf dem „was möchte er (der Patient) eigentlich", und nicht auf „was will die Pflegekraft".

Genau an dieser Stelle wird das Arbeitsbündnis thematisch, welches den Patienten als Aushandlungspartner bzw. als autonome Person anerkennt. Sollte man mehr wollen als der Patient möchte, würde man ihn einfach nur noch unter ein Behandlungsschema subsumieren, mit dem der Patient zum „Standardpatienten" reduziert wird. Hält man sich kehrseitig an das, was er möchte, arbeitet man sozusagen mit dessen „Bordmitteln". Das „man kriegt das dann schon raus" mutet zunächst in der sehr vagen Formulierung so an, als ob hier ein Vorgehen nach Versuch und Irrtum erfolgt. Diese Lesart konnte im weiteren Verlauf der Interviewanalyse verworfen werden, da diese Ausdrucksweise schon allein dem massiven Krankheitsbild geschuldet ist, da Patienten oft aufgrund von gleichzeitig auftretender Aphasie oder Dysarthrie nicht in der Lage sind, verbal ihre Wünsche oder ihr Anliegen zu formulieren.

Ein Arbeitsbündnis muss in Folge dessen als notwendige konstitutive Bedingung für adäquates Pflegehandeln angesehen werden. Denn schon allein die Entscheidung, ob Pflegehandeln kompensierend zur Stabilisierung erfolgen muss, um z.b. eine akut vorliegende Krisensituation – die zunächst als solche diagnostiziert werden muss – zu deeskalieren oder ob rehabilitativ vorgegangen werden kann, bedarf es der Rückkopplung an den Einzelfall.

Ebenso hat sich eindeutig in den Sequenzanalysen der Interviews bestätigt, dass die Pflegepraxis bei Schlaganfallbetroffenen – weil sie in ihrer Hilfestellung auf Krisen bezogen ist, sich mit dem Krankheitserleben und der Auseinandersetzung mit diesen beschäftigt – alle drei Gesichtspunkte der Nichtstandardisierbarkeit aufweist.

So versucht die pflegerische Hilfestellung die vom Einzelnen (Pflegebedürftigen) nicht mehr zu bewältigende Krise im Kontext der konkreten Lebensgeschichte fallspezifisch zu diagnostizieren, indem sie die Stärke von Symptomausprägungen, die genaue Handlungseinschränkung und das Anliegen und Bestreben des Patienten zu erfassen sucht. Sie interveniert passgenau sachgemäß, damit das Hilfe-Angebot greifen kann. Und sie benötigt dazu die Einrichtung eines Arbeitsbündnisses, welches seiner Eigenlogik zufolge nicht standardisiert eingerichtet werden kann, damit in dieser autonomen Praxis der Patient zur Mitarbeit angeregt wird und seine ihm verbliebenen Autonomie-Potentiale bewusst einsetzen kann, um diese für eine Selbstheilung zu mobilisieren.

So zeigt sich vor diesen Strukturgegebenheiten das Pflegehandeln in dieser kontextuellen Einbettung – der Pflege von Schlaganfallbetroffenen – als professionalisierungsbedürftig.

Überraschend war im Ergebnis der Sequenzanalysen, dass sich das Pflegehandeln auf einer eigens für Schlaganfallbetroffene vorgesehene Behandlungsabteilung (Stroke Unit) in Routinehandeln erschöpft. Begründet werden kann dies mit der besonderen Behandlungslogik einer solchen Abteilung.

Die Behandlungslogik einer Stroke Unit gleicht der einer Intensivstation, in deren Handlungsraum ein anderer Krisentyp vorliegt und auf den der Handlungsfokus neu auszurichten ist. Patienten, die auf einer Intensivstation behandelt werden, befinden sich in der Regel in einer lebensbedrohlichen Krisensituation, die so schnell wie möglich beseitigt werden muss. Diese Form der Krise kann als transitorische bezeichnet werden und liegt vollständig im Bereich der ärztlichen Zuständigkeit. Das Pflegehandeln reduziert sich in diesem Zusammenhang vor allem auf ein kompensierendes Übernehmen von Pflegetätigkeiten, die der Patient aufgrund seiner lebensbedrohlichen Krise nicht mehr selbstständig tätigen kann. Ebenso kann aufgrund der besonderen Krisensituation kein klassisches Arbeitsbündnis, welches sich hier allenfalls ärztlicherseits herstellen lässt, eingerichtet werden. Die Pflegeperson handelt in diesem Kontext folglich hauptsächlich in der Funktion einer ärztlichen Hilfskraft und verliert tendenziell ihren pflegespezifischen Blick. Dieses Ergebnis der Untersuchung ist insofern bemerkenswert, da aus der Innensicht der beruflich Pflegenden mit dem intensivmedizinischen Behandlungskontext eine höhere Reputation verbunden ist. Tatsächlich zeigt die Analyse jedoch, dass je weiter sich das Pflegehandeln aus dem medizinischen Handlungsraum entfernt, desto professionalisierungsbedürftiger ist es, bzw. je näher es dem Handlungsraum der Medizin kommt, desto weniger ist das Handeln professionalisierungsbedürftig. So könnte man vermuten, dass beide Handlungsräume (der pflegerische wie der ärztliche) nicht eigenständig nebeneinander existent sein können. Dies scheint insofern erklärungsbedürftig als das Pflegehandeln ja nicht so sehr die Krankheit selbst behandelt, sondern vielmehr Hilfestellungen auf der Ebene des Krankseins und dessen Bewältigung anbietet.

Ein Erklärungsansatz liegt sicherlich in der geschichtlichen Entwicklung des Pflegeberufes. Vergegenwärtigt man sich, dass die pflegerische Tätigkeit ursprünglich aus dem ärztlichen Handlungsraum hervorgegangen ist und in der Hauptsache durch dessen Ansprüche an Pflege geprägt wurde, so wird klar, dass die Pflege sich im 19. Jahrhundert als eine dem ärztlichen Handeln nachgeordnete Tätigkeit etablierte. Im Verlauf ihrer Transformation zu einem Beruf wurde sie zu einem Werkzeug des Arztes, das aus Sicht der ärztlichen Profession allenfalls den Rang eines Heilmittels in der Medizin beanspruchen kann. In den gängigen Vorstellungen des 19. Jahrhunderts oblag es allein dem Willen und der Befähigung des Arztes ob der Patient gesundete oder nicht. So führte das gängige Frauenbild und die Einrichtung des Berufes als ursprünglich weiblicher Beruf zu einer als notwendig erachteten Demutshaltung der Pflegenden. Diese Demutshaltung, die konstitutiver Bestandteil der traditionellen Ordenspflege war, ließ die Leistung der Pflege hinter der des Arztes verschwinden, so dass nur noch die des Arztes erkennbar blieb. Kehrseitig dazu trat mit der Übernahme von ärztlichen Routinen, also Arzthandeln, die Person „Pflegerin" wieder aus dem Nichts hervor, während das Pflegehandeln im Nichts verblieb. So vermochte die Pflegeperson auch keine Deutung über ihren eigenen Handlungsraum vorzunehmen.

Folglich kann in dieser geschichtlichen Entwicklung der Pflegetätigkeit der ursächliche Grund für eine mangelnde pflegerische Wissensbasis gesehen werden, die über keine eigenen Deutungskriterien verfügt, welche sich heute noch darin Ausdruck verleiht, dass die Übernahme ärztlicher Routinen als prestigeträchtiger erachtet werden.

Auch die Feststellung – Pflegehandeln fuße auf einer unzureichenden Wissensbasis – hat sich bei der Betrachtung der Bobath-Methode bestätigt. Auch sie ist ursprünglich eine von einem Arzt entwickelte Methode für die pflegerische Behandlung von Schlaganfallpatienten, die aufgrund von beobachteten erklärungsbedürftigen vereinzelten Reaktionen der Patienten nach anfänglich eher zufällig stattgefundener pflegerischer und gymnastischer Betreuung entwickelt wurde. Seither ist diese Methode zwar fortlaufend weiterentwickelt worden, jedoch fehlt es an grundlegender Begleitforschung aus entsprechenden Langzeitstudien, in denen z.B. die Frage nach den schädigungsbedingten Grenzen für die pflegerische Intervention aufgeworfen und zu klären beabsichtigt wird.

Somit ist hier schon fallspezifisch erkennbar, dass methodischerseits Deutungsdefizite der pflegerischen Wissensbasis bestehen. In diesem Zusammenhang ist das insofern von besonderer Bedeutung, da die Wissensbasis die notwendige und hinreichende Voraussetzung einer Expertise kennzeichnet, die im Hinblick auf professionelles Handeln natürlich gegeben sein muss, die aber gleichzeitig, wenn sie als vorliegende Routine eines professionellen Handelns in die Krise gerät, durch den professionalisierten Experten selbstständig zu bewältigen ist. Würde ein Experte die Generierung einer Wissensbasis jedes Mal an eine übergeordnete Instanz delegieren, wäre die Autonomie und Verlässlichkeit seiner Expertise grundsätzlich nicht mehr gegeben bzw. sie wäre darauf angewiesen in den Modus des Ingenieuralen zu degenerieren.

Die unreflektierte Übernahme und Applikation einer bereits vorhandenen Wissensbasis bedeutet nämlich in diesem Sinne, dass die Patienten unter der bislang geltenden Basis klassifikatorisch subsumtionslogisch nach Wahrscheinlichkeiten behandelt würde. Dieser Vorgang würde auf der Ebene von Pflegehandeln zu einem Helfen im Sinne eines abhängigkeitsfördernden Intervenierens führen, und wäre damit sie keine professionalisierungsbedürftige berufliche Tätigkeit. Denn für eine Profession besteht zwingend die Notwendigkeit, die Routinen der Expertise selbstständig zu bearbeiten, so dass sie die widerprüchliche Einheit von Entscheidungszwang und Begründungsverpflichtung gelungen einzulösen vermag.

Folglich ergibt sich für eine Profession die Anforderung, dass deren Mitglieder grundsätzlich als forschende Wissenschaftler in den wissenschaftlich-methodischen Diskurs eingeführt worden sind, um die Erzeugung und Aufrechterhaltung der methodisierten Geltungsbasis von Wissen sichern zu können.

Und hierin liegt die Chance für einen „echten" Professionalisierungsprozess des Pflegehandelns. Indem nämlich ein Beruf als professionalisierungsbedürftig oder gar als professionalisiert zu gelten hat, was für den Handlungsraum der Pflege von Schlaganfallbetroffenen eindeutig bewiesen werden konnte, kann das bisher genannte Hauptkriterium gegen eine Professionalisierbarkeit der Krankenpflege, das in der Weisungsgebundenheit an ärztliches Handeln gesehen wurde, nicht mehr geltend gemacht werden.

Demzufolge gilt es zu prüfen, ob weitere unterschiedliche Handlungsräume für pflegerische Interventionen erkennbar und definierbar sind, die unabhängig vom institutionellen Kontext gegeben sind. D.h. in weiteren Untersuchungen von Pflegepraxis ist zu prüfen, ob Pflegekräfte unabhängig von institutionellen Arrangements mit den Verantwortlichkeiten betraut werden, dem Patienten in der Bewältigung der Krankheitsfolgen stellvertretende Hilfestellung zu geben. Wenn auch in weiteren Handlungsräumen das Pflegehandeln im Prinzip die Behandlungslogik selbst aufweist, dann sind auch in diesen Ansätze für naturwüchsige Professionalisierung erkennbar.

Folglich kann des weiteren die These falsifiziert werden, dass durch einen institutionellen Kontext allein ein pflegerischer Handlungsraum tendenziell negiert wird. Denn auch das professionalisierungsbedürftige Lehrerhandeln bleibt im institutionellen Kontext Krankenhaus im Unterrichten von kranken Kindern als solches bestehen und wird nicht durch die ärztliche Profession übernommen oder gar negiert. So wird der Lehrer tendenziell wie der Psychiater als Experte konsultiert, während aufgrund der besonderen Krisensituation im Handlungsraum der Intensivstation kaum pädagogische Praxis vorzufinden sein wird. Auf einer Intensivstation fallen institutioneller Handlungskontext und professioneller Handlungsraum zusammen und in der Behandlungslogik ausschließlich durch ärztliches Intervenieren bestimmt. Sollte in diesem Handlungsraum dennoch ein pflegerisches Intervenieren notwendig werden, so wäre dies analog dem Lehrerhandeln ein konsiliarisches Tätigsein.

In weiterer Konsequenz müsste grundsätzlich die pflegerische Spezialisierung im Sinne einer Professionalisierung entlang ihres eigenen Handlungsraumes erfolgen. Dies wäre dann eine eigenlogische Spezialisierung und würde naturgemäß von „unten" stattfinden.

Die Intensivpflege, OP-Pflege und Anästhesiepflege wären hingegen kehrseitig hierzu keine Spezialisierungen des Pflegehandelns, sondern eindeutig ärztliche Hilfsdienste im ärztlichen Handlungsraum. So gesehen ist die heutige operationstechnische Ausbildung, die keine Pflegeausbildung zur Grundlage hat, auch keine pflegerische Spezialisierung, sondern sozusagen eine Ausbildung zum Techniker. Ebenso gehört die Intensivweiterbildung nicht in den Kontext einer pflegerischen Spezifizierung, sondern sollte unabhängig als Spezialausbildung für ärztliches Hilfspersonal explizit für diesen Bereich angeboten werden, vielleicht z.B. als Weiterbildung für den Beruf der Arzthelferin.

Unabhängig davon müsste sich die Pflegewissenschaft positionieren. Der Pflegewissenschaft müsste es wiederum um die Fundierung des pflegerischen Handelns gehen, indem sie eigenständige Problemdefinitionen und

Gegenstandsbestimmungen vornimmt, so dass einzelne Phasen des Krankheitsverlaufes und der damit verbundenen Bewältigungsanforderungen und die Besonderheiten des Hilfe- und Pflegebedarfes den Fokus bilden. Die praxisentlastet gewonnenen Erkenntnisse können folglich auf der Ebene von Praxis wiederum als Routinen in das Handeln Eingang finden, sofern ein kollegialer Diskurs zur Praxis der Pflege gehört. Vor diesem Hintergrund bestünde tendenziell unter Einbeziehung der gesetzlichen Rahmenbedingungen die Möglichkeit, dass sich die Pflegewissenschaft sogar zu einer vollgültigen Profession im Sinne der Einheit von Forschung und Lehre entwickelte, wenn sie sich gleichzeitig ähnlich wie die Natur- und Gesellschaftswissenschaften an der Universität etablierte.

Bedauernswerter Weise steht die gegenwärtige Entwicklung des Pflegeberufes jedoch mit der Tendenz der Verfachhochschulung der zuvor skizzierten Möglichkeit diametral entgegen, da sie in ihrer Logik eine Trennung von Theorie und Praxis vorsieht. So wird auf der einen Seite an der eher praktischen Ausbildung der Pflegenden an Fachschulen festgehalten und auf der anderen Seite hiervon losgelöst mit der Pflegewissenschaft an Fachhochschulen eine Institution zur Entwicklung und Bereitstellung von Theorien eingerichtet, die nicht mehr an die Fallorientierung rückgekoppelt ist. Damit wird ein neuer beruflicher Zweig konstruiert, der im eigentlichen Sinne keine Wissenschaft ist, sondern einem Ingenieurstudium oder einer Technikerausbildung gleicht. Folglich bliebe die Fachschulausbildung der Pflegenden und damit die Pflegepraxis weiterhin, wegen fehlender wissenschaftlicher Kompetenz, weitgehend professionalisierungsbedürftig.

Im Effekt wird das Problem der Professionalisierungsbedürftigkeit des Pflegeberufes durch die Verfachhochschulung nicht gelöst, sondern verdoppelt.

Schlussbemerkung

Die Chance für eine Professionalisierung und damit die Transformation von beruflicher Pflege von einem Assistenzberuf zu einem eigenständigen Dienstleistungsberuf im Sinne einer Profession – sofern die beruflich Pflegenden sich für diesen Weg entscheiden – ist dann meiner Meinung nach nicht mehr in Debatten um Abgrenzung oder Emanzipation von der ärztlichen Profession zu führen, oder nur im Sinne einer Modeerscheinung im

Trend „professionalization for everyone" (zur Befriedigung „privater" Autonomie der Berufsangehörigen) zu bewerten, sondern liegt wesentlich darin, wie es gelingt das Pflegehandeln selbst in den Mittelpunkt der Betrachtung zu stellen.

D.h., es geht letztlich nicht darum einem Ideal nachzulaufen und allein mit der Errichtung einer Pflegekammer die formalen Voraussetzungen zu schaffen und anschließend zu glauben, dass damit Pflege autonom würde oder dass dadurch Pflege professionell sei oder werde, sondern Pflegehandeln muss beschrieben, evaluiert und auf eine wissenschaftliche Basis gestellt werden.

Damit eine Professionalisierung von professionalisierungsbedürftigem Pflegehandeln gelingen kann, bedarf es also der im engeren Sinne wissenschaftlichen Kompetenz des Verständnisses von Theorien und der Verfahren ihrer Konstruktion sowie der Logik ihrer strikten Anwendung und eine hermeneutische Kompetenz des Verstehens eines konkreten Einzelfalles und der Fähigkeit der fallspezifischen Brechung der Routinen in der Sprache des Falles, so dass die Hilfestellung außerhalb des Bereichs reiner deduktiver Theorieanwendung liegt. Folglich bedürfte es hierzu notwendig einer hinreichenden pflegewissenschaftlichen Fundierung. Denn in dem Maße, in dem die stellvertretende pflegerische Hilfestellung auf eine ausgewiesene Expertise rückführbar und als solche begründbar ist, lässt sich auch dem Pflegehandeln unterstellter Widerspruch zwischen Alltagsorientierung der Tätigkeiten und der „Jedermanns-Qualifikation" auf der einen Seite und professioneller Spezialisierung der beruflichen Tätigkeit auf der anderen Seite begegnen.

Literatur

Oevermann, U. 1995: „Theoretische Skizze einer revidierten Theorie professionalisierten Handelns.", Unveröffentlichtes Manuskript, Frankfurt a.M..

Oevermann, U. 1999: Der professionalisierungstheoretische Ansatz des Teilprojekts „Struktur und Genese professionalisierter Praxis als Ort der stellvertretenden Krisenbewältigung", seine Stellung im Rahmenthema des Forschungskollegs und sein Verhältnis zur historischen Forschung über die Entstehung der Professionen im 19. und 20. Jahrhundert, Unveröffentlichtes Manuskript, Frankfurt a.M. 25.04.1999.

Oevermann, U. 2000: Professionalisierungsbedürftigkeit und Professionalisiertheit am Beispiel pädagogischen Handelns, Unveröffentlichtes Manuskript, Delmenhorst.

Oevermann, U.; Allert, T.; Konau, E.; Krambeck, J. 1979: Die Methodologie einer „objektiven Hermeneutik" und ihre allgemeine forschungslogische Bedeutung in den Sozialwissenschaften. In: Soeffner, H.-G. (Hrsg.): Interpretative Verfahren in den Sozial- und Textwissenschaften, Stuttgart, S. 352-434.

Wolfgang Dunkel

Erfahrungswissen in der Pflege – Basis einer Professionalisierung jenseits von Verwissenschaftlichung?

1) Professionalisierung als Verwissenschaftlichung – das Beispiel der Pflege

Im Prozess der Modernisierung der Erwerbsarbeit hat sich der gesellschaftlich anerkannte Wissenskanon zur Begründung von Professionalität gewandelt: An die Stelle beruflicher Traditionen und Erfahrungen ist zunehmend der Bezug auf wissenschaftlich begründetes Wissen getreten.[1] (Böhle u.a. 2001) Insbesondere zeigt sich dies dort, wo eine Aufwertung der beruflichen Tätigkeiten angestrebt wird, gegenwärtig etwa im Bereich der Pflege.

Die entsprechenden Bemühungen um eine Professionalisierung der Pflege bestehen zunächst in ihrer *Akademisierung*. Diese ist durch die Einrichtung einer Vielzahl von Studiengängen – insbesondere an den Fachhochschulen – in den letzten 15 Jahren erheblich voran getrieben worden. (vgl. Kälble 2005 in diesem Band) Insofern sind hier Erfolge erzielt worden. Die Entwicklung der Pflegewissenschaften beschränkt sich in Deutschland hingegen bislang vor allem auf die Rezeption vor allem USamerikanischer Beiträge und auch die Pflegeforschung ist noch nicht in größerem Umfang ausgebaut worden.

Ein weiterer Schwerpunkt der Professionalisierung ist darauf gerichtet, das *pflegerische Handeln* stärker als bislang auf eine *wissenschaftliche Basis* zu stellen. Dabei geht es nicht nur darum, medizinisches oder auch etwa ernährungswissenschaftliches oder sozialwissenschaftliches Wissen mit auf zu nehmen, sondern darum, genuin pflegewissenschaftliches Wissen zu generieren und für die Praxis handlungsleitend zu machen. Eine zentrale Rolle spielt dabei das Kreislaufmodell des *Pflegeprozesses*, in dem auf die Daten-

---

[1] Der Artikel ist im Rahmen des von der Deutschen Forschungsgemeinschaft geförderten Sonderforschungsbereiches 536 „Reflexive Modernisierung" im Teilprojekt A 3 „Grenzen der wissenschaftlich-technischen Beherrschung und ‚anderes Wissen' – Umbrüche im gesellschaftlichen Umgang mit sinnlicher Erfahrung" entstanden.

sammlung und die Problemidentifikation (idealerweise in Form einer Pflegediagnose) ein Aktionsplan, die Aktion und deren Evaluation folgen und, falls nötig, sich daran ein weiterer Kreislauf anschließt. Dieses Modell hat sich m. E. deswegen als Leitlinie für ein professionelles pflegerisches Handeln durchgesetzt, weil es den Eindruck erweckt, dass Pflege auf wissenschaftlich gewonnenen Daten beruht, einem systematischen Problemlösungsprozess folgt und all dies rational begründbare Entscheidungen ermöglicht. Unterstellt wird dabei, dass die Qualität von Pflege besser wird, je wissenschaftlicher begründet das assessment des Pflegebedarfs, je evidenzbasierter die zu wählenden Interventionen und je objektivierter die Dokumentation des erzielten Fortschritts gelingen.

Professionalisierungsbemühungen solcher Art sind darauf ausgerichtet, das in der Pflege traditionsreiche handwerkliche Wissen abzulösen durch ein Fachwissen, das wissenschaftlichen Kriterien genügen soll. Solche Kriterien bestehen darin, dass die Generierung des Wissens getrennt von seiner praktischen Anwendung erfolgt; dass das Wissen über eigenständige und von der praktischen Anwendung getrennte Lernprozesse angeeignet wird; dass das Wissen über objektivierte Verfahren darstellbar ist; und dass der Geltungsanspruch des Wissens kontextunabhängig ist.

Trotz aller Fortschritte der letzten Jahre wird allgemein konstatiert, dass das pflegerische Handeln noch nicht hinreichend professionalisiert sei. Eine erste, immer wieder genannte Ursache hierfür wird darin gesehen, dass die Pflegewissenschaften selbst noch nicht den notwendigen Status als eigenständige Wissenschaft erlangt haben. Dies wurde gerade in den ersten Jahren der Akademisierung der Pflege in Deutschland darauf zurückgeführt, dass es sich ja noch um eine junge Disziplin handele. Eine zweite Ursache wird darin gesehen, dass es an der Übertragung wissenschaftlich gewonnenen Wissens auf die Praxis hapere. Annegret Veit (2002) argumentiert bspw. so: Nach ihr ist die Krankenpflege deswegen noch nicht so professionell, wie sie sein will, weil die akademisierten Pflegekräfte nicht wieder zurück in die Praxis gehen, um dort ihr wissenschaftliches Wissen auf den Einzelfall anzuwenden. Das Problem der Professionalisierung ist hier ein Problem des Transfers von der Theorie in die Praxis. Dabei macht die Theorie den Unterschied aus zwischen einer professionell und einer nicht professionell handelnden Pflegekraft:

„Professionell handelnde Pflegekräfte reflektieren ihre Praxis an der zuvor erworbenen wissenschaftlichen Theorie. Ihre Erfahrungen helfen ihnen dabei, die Theorie immer optimaler auf den konkreten individuellen Patienten zu übertragen, ohne dabei in den Bereich des rein erfahrungsgeleiteten Handelns abzugleiten". (Veit 2002: 127)

Eine dritte Ursache für die mangelnde Professionalität kann jedoch darin gesehen werden, und auf diesen Gesichtspunkt möchte ich im Folgenden genauer eingehen, dass *pflegerische Expertise nur zu einem Teil auf wissenschaftlichem Wissen beruht* und deswegen ein Verständnis von Professionalität, das sich ausschließlich auf wissenschaftliches Wissen bezieht, zu kurz griffe.

Dies bedeutet auch, dass in der pflegerischen Praxis anders gehandelt wird, als dies manche pflegewissenschaftlich fundierte Modelle einfordern. Die Arbeiten von Patricia Benner zeigen, dass dieses Handeln nicht als weniger qualifiziert einzuschätzen ist, sondern dass es gerade hoch qualifizierte PflegeexpertInnen sind, die etwa vom Modell der Pflegediagnose und einer anschließenden Behandlung des Patienten abweichen:

„Das Diagnose-Behandlungsmodell als Prozess kam in den Berichten der Pflegenden aller Kompetenzstufen einfach nicht vor, ganz sicher nicht in denen der Pflegeexperten. Ausschlaggebend für die Urteile waren vielmehr das unmittelbare Erfassen der klinischen Situation, der durch die Berichte des Patienten ermöglichte schrittweise Einblick in seine Geschichte sowie die durch die Vertrautheit mit seinen Reaktionsmustern bedingte Fähigkeit, qualitative Veränderungen wahrzunehmen. Bezeichnend für die Handlungen der Pflegenden waren die Reaktionen, die, auf der Grundlage von intuitiven, ganzheitlichen Wahrnehmungen von dem, was in ähnlichen Situationen in der Vergangenheit gelungen war und in Übereinstimmung mit den Reaktionen dieses Patienten, (sic) angepasst wurden. Diese flexiblen, kompetenten Reaktionen trugen freilich nicht die Merkmale einer auf expliziten Pflegediagnosen basierenden ‚Behandlung'." (Benner u.a. 2000: 42f)

Das Modell des Pflegeprozesses ist vielfältig kritisiert worden. Joanna Latimer (2000: 129ff) stellt als wichtigsten Aspekt dieser Kritik heraus, dass die Reduktion des pflegerischen Urteilsvermögens auf ein analytisches Instrument, das anhand objektiver Kriterien verfährt, den Blick auf die intuitive, subjektive Seite verstellt, die eigentlich die pflegerische Expertise ausmache. Sie sieht dies im Zusammenhang damit, dass die Pflegewissenschaften in aller Regel theoretisch gewonnene Modelle der Pflege überstülpen anstatt erst einmal den sehr konkreten Pflegealltag zu erfassen und darauf ihre Modelle aufzubauen.[2]

Ich möchte nun versuchen, die „intuitive, subjektive Seite" des Pflegehandelns etwas näher darzustellen.

2) Erfahrungswissen in der Pflege

Die Debatte über die Bedeutung des Erfahrungswissens für kompetentes (auch: professionelles) Handeln reicht weit über den Bereich der Pflege hinaus. (vgl. Böhle u.a. 2002, 2004) Dabei spielen unterschiedliche Begriffe wie *implizites Wissen* (Polanyi 1985; Neuweg 1999) oder Unterscheidungen wie die zwischen *Wissen und Können* (Ryle 1992) eine Rolle. Der gemeinsame Kern solcher Begrifflichkeiten besteht darin, dass sie sich auf ein Wissen beziehen, das im praktischen Handeln erworben und angewandt wird, daher in hohem Maße personengebunden und auf konkrete Situationen bezogen und oftmals nicht (oder nicht ohne weiteres) explizierbar ist.

In den angloamerikanischen Pflegewissenschaften selbst werden solche Debatten verstärkt ab den neunziger Jahren aufgenommen: Während in den sechziger und siebziger Jahren Pflege als wissenschaftsbasiertes, intellektuelles Handeln zu begründen versucht wird, wird nun, angestoßen vor allem durch die bereits angesprochenen Pionierarbeiten von Patricia Benner zur Bedeutung von Intuition für die pflegerische Expertise, die technische Rationalität eines wissenschaftlich begründeten Fachwissens als das per se bessere Wissen mehr und mehr in Frage gestellt. Dies habe, so Johnson und Rat-

---

[2] It seems to me that nursing theorists and many researchers continually go to other theories (such as cognitive psychology) and try to make nursing fit them, instead of going to nursing practice and make nursing not like other things but like itself, and then try to understand it." (Latimer 2000: 3) Eine solche Vorgehensweise relativiert dann auch, wie man in Latimers Buch eindrucksvoll nachvollziehen kann, die oftmals anzutreffende Tendenz, Pflege ausschließlich als eine per se einfühlsame und heroische Arbeit am Pflegebedürftigen zu verstehen, da der ethnographische Blick auch Leistungen der Pflegekräfte sichtbar werden lässt, bei denen es nicht um das Wohl der Patienten geht, sondern um das Funktionieren der Station und damit verbundene Aufgaben wie etwa das Prozessieren und Disziplinieren der Patienten, die verschiedene Phasen der Krankenhausbehandlung durchlaufen müssen.

ner (1997: 9), gar dazu geführt, dass nun die Bedeutung „objektiven" Wissens (wie naturwissenschaftliches Wissen, Pflegestandards, festgelegte Prozeduren, ethische Prinzipien, Logik etc.) zu Gunsten „subjektiven" Wissens (Intuition, manuelle Fertigkeiten, ästhetische Wahrnehmung, Musterwahrnehmung, verkörpertes Wissen etc.) stark abgewertet worden sei. Zwar bedeutet dies noch nicht, dass pflegerische Professionalität nun tatsächlich eher über solche subjektiven Anteile als über objektives Wissen legitimiert würde.[3] Aber es hat eine bemerkenswerte Wende in den Pflegewissenschaften selbst statt gefunden.

Dabei besteht eine erste zentrale Referenz dieser Wende in den Arbeiten von Michael Polanyi (1985) zum impliziten Wissen (im Orig.: *tacit knowing*). Dieses zeichnet sich dadurch aus, dass intuitiv gehandelt wird, d.h. nicht nach einem Plan vorgegangen wird, sondern das Handeln den Anforderungen der je spezifischen Handlungssituation ohne großes Nachdenken angepasst wird (wie das oben schon von Benner u.a. beschrieben worden ist), dass implizite Wissensinhalte genau deswegen implizit sind, weil sie sich nicht verbalisieren lassen und sich daraus Grenzen der Formalisierbarkeit und Technisierbarkeit eines solchen Wissens ergeben.

Eine zweite wichtige Referenz besteht für die Pflegewissenschaften in den Arbeiten von Donald A. Schön (1983) zum *reflective practitioner*. Schön kann zeigen, dass sich professionelles Handeln nicht auf eine technische Rationalität, der es bei eindeutigen Zielen um eine planbare und stringente Problemlösung geht, reduzieren lässt. Reflektiert wird dadurch, dass gehandelt wird – *reflection in action* nennt Schön dies. Der professionell Handelnde kann situationsspezifische Anforderungen deswegen bewältigen, weil er nicht erst nachdenkt und dann handelt, sondern weil er das zu lösende Problem dadurch erkennt, dass er handelt: „He understands the situation

---

[3] Eine solche Skepsis ist auch in Bezug auf die medizinische Profession angebracht, wenn man sich etwa die kritischen Arbeiten von Eric J. Cassell (1997, 2003) ansieht, der angesichts eines Trends zunehmender Technisierung, Spezialisierung und Verwissenschaftlichung nicht müde wird darauf zu bestehen, dass die Heilkunst des Arztes oder der Ärztin (wie sie sich etwa zeigt in der genauen Beobachtung des Patienten, in der Untersuchung des Körpers mit dem Tastsinn oder in einer gelingenden verbalen Kommunikation mit dem Patienten) mehr sein muss als die Anwendung wissenschaftlichen Wissens, und darauf hinzuweisen, dass diese Heilkunst bedroht ist.

by trying to change it." (Schön 1983: 151) Allerdings verstehen diejenigen, die über eine solche Professionalität verfügen (also etwa die Pflegeexperten bei Benner), reflection in action eben nicht als Ausweis ihrer Professionalität – genau dies bleibt für die technische und wissenschaftlich unterlegte Expertise reserviert. (Schön 1983: 69)

Auch wenn diese Ansätze zu einer Relativierung des Verständnisses professioneller Pflege als Anwendung von Theorie auf die Praxis wesentlich beigetragen haben, bleiben sie doch der Vorstellung von Pflege als eines primär intellektuellen Handelns insoweit verhaftet, als sie sich auf die kognitive Ebene von Wahrnehmung und Handlungsregulation (allerdings ergänzt durch emotionale Anteile – reflection in action kann zum Beispiel auch ein Gefühl sein, etwa das Gefühl für einen Ball) beschränken. Ausgeblendet bleibt dabei, dass Pflege, insoweit sie *direkte Arbeit am Menschen* ist, vor allem auch *körperliche Arbeit am Körper* einer anderen Person ist. Dies wird erst in jüngeren Arbeiten zur Praxis der Pflege stärker in den Blick genommen. Ein gutes Beispiel hierfür ist die Studie von Julia Twigg (2000) zum Baden in der ambulanten Pflege. Für sie liegt die Essenz der Pflege in den Feinheiten der körperlichen Interaktion zwischen Pflegekraft und pflegebedürftigem Menschen. Es geht um die Fragen von Intimität und Aufrechterhaltung von Würde, aber auch um negative Erlebnisqualitäten wie etwa Ekelgefühle. Es geht um die, wie Twigg das nennt, „dunkle Seite der Pflege". Auch im deutschsprachigen Raum sind mittlerweile Arbeiten erschienen, die sich um eine Enttabuisierung dieser dunklen Seite bemühen: Katharina Gröning (1998) beschreibt in „Entweihung und Scham" Pflege (insbesondere alter Menschen) als Sisyphusarbeit, in der akzeptiert werden muss, dass manches Leid nicht gelindert werden kann und in der Pflegebedürftige wie auch Pflegende mit Scham und Angst umzugehen haben. Und es liegen mittlerweile einige Publikationen vor, die sich mit Ekel in der Pflege offensiv auseinandersetzen. (Overlander 1996; Ringel 2000; Krey 2003)

Wie kann nun professionelles Handeln in der Pflege beschrieben werden, wenn nicht als Anwendung wissenschaftlichen Wissens auf die Praxis? Die Studie von Michael Brater und Anna Maurus (1999) gibt uns hierzu einige Anhaltspunkte. Sie beschäftigt sich am Beispiel einer stationären Einrichtung der Altenhilfe damit, welche Vorgehensweisen souveräne Pflegekräfte in ihrer Arbeit kennzeichnen. Dabei stellen die AutorInnen fest, dass *erfah-*

rungsgeleitetes, situatives Arbeiten hier eine zentrale Rolle einnimmt: Souveräne Pflegearbeit wird dadurch ermöglicht, dass die Pflegekräfte ihre Anstrengungen nicht darauf verwenden, dem zweckrationalen Modell von Arbeit entsprechend ein vorgegebenes Ziel in möglichst effektiver Weise zu erreichen. Angesichts der nicht zu vermeidenden Unberechenbarkeiten des Arbeitsalltags im Altenpflegeheim müsste ein solcher Anspruch auch immer wieder scheitern. Deshalb hat es sich als sinnvoll erwiesen, so etwas wie „Arbeit auf Abruf", also die Reaktion auf ex ante nicht festlegbare Bedürfnisse der BewohnerInnen, nicht als defizient, sondern als Stärke zu begreifen. Die Professionalität der PflegeexpertInnen zeigt sich hier darin, dass sie Pflege situations- und klientenangemessen organisieren zu können. Es geht dabei nicht darum, allgemein gültige Regeln für Pflegeprozesse zu definieren und diese möglichst konsequent anzuwenden. Die Regel professionellen Handelns besteht vielmehr darin, in hohem Maße flexibel zu erkennen, was Patienten brauchen, zu erkennen, welche Möglichkeiten die jeweilige Handlungssituation bietet und dann die Pflege zu leisten, die den jeweils konkreten Umständen am besten entspricht. Dabei sollten der Pflegekraft alle Wahrnehmungs- und Handlungsressourcen zur Verfügung stehen, die es ihr erlauben erfolgreich zu agieren: pflegerisches Fachwissen genauso wie Einfühlungsvermögen, eine persönliche Beziehung zu den BewohnerInnen genauso wie die Entlastung von unsinnigen, da nicht den individuellen Bedürfnissen der BewohnerInnen entsprechenden, pflegerischen Maßnahmen.[4]

Es lassen sich also vielerlei Belege dafür finden, dass das Erfahrungswissen für eine kompetente Pflege eine große Rolle spielt. Weshalb aber spiegelt sich dies nicht darin wider, dass Pflege ihren Professionalitätsanspruch eben auf Erfahrungswissen gründet und dies auch gesellschaftlich anerkannt wird? Hierzu möchte der folgende und diesen Artikel abschließende Abschnitt einige Hinweise geben.

---

[4] Systematisch entfaltet wird das erfahrungsgeleitete Arbeitshandeln im Konzept des objektivierenden und subjektivierenden Arbeitshandelns, das Fritz Böhle anhand von Arbeitsanalysen in verschiedenen Branchen entwickelt hat – vgl. zum Beispiel Böhle und Schulze (1997).

3) Erfahrungswissen und seine Anerkennung als professionelles Wissen

Professionalität bemisst sich gemeinhin vor allem daran, inwieweit es möglich ist, berufsspezifische Kompetenzen so zu begründen, dass sich damit eine Differenz von Experte und Laie etablieren lässt, die ersterem ein hohes Maß an Handlungsautonomie verleiht. Die Begründung solcher Kompetenzen muss nun zum einen den Laien überzeugen, damit er damit einverstanden ist, zum Klienten zu werden. Sie muss den Experten selbst überzeugen, damit er in der Lage ist, entsprechend zu handeln. Und es muss gelingen eine gesellschaftliche Anerkennung zu erringen, die den Status der Professionalität institutionell absichern kann.

Wenn man darüber hinausgeht, Pflege als ein Handeln zu begreifen, das von der pflegenden Person allein ausgeführt wird, sondern als *interaktive Arbeit* auffasst, wird offensichtlich, dass es sich um eine Form von Arbeit handelt, in der mindestens zwei Personen miteinander kooperieren und bei der das Arbeitsergebnis nur dann zustande kommt, wenn sich die Beteiligten im Zuge der Interaktion erfolgreich miteinander abstimmen. Für die Beteiligten bedeutet dies, dass sie ihre Handlungsziele immer nur in Abhängigkeit von den Interessen ihrer Interaktionspartner erreichen können – dies ist nicht zuletzt deswegen kein triviales Problem, weil die Interessen der Beteiligten nicht unbedingt komplementär sein müssen. Dabei müssen sie einige grundlegende Abstimmungsprobleme bewältigen, da ansonsten die Dienstleistungsinteraktion scheitern würde: Sie müssen wechselseitiges Vertrauen herstellen, damit sie überhaupt guten Mutes in eine Auseinandersetzung mit offenem Ausgang gehen; sie müssen sich darauf einigen, was überhaupt das Ziel der gemeinsamen Anstrengungen sein soll; und sie müssen ihre Handlungen während der Interaktion so aufeinander abstimmen, damit sie dieses gemeinsame Ziel auch erreichen können.[5]

Diese Abstimmungsprobleme haben zunächst Konsequenzen für die spezifischen *Anforderungen interaktiver Arbeit* und damit auch professioneller Pflege. Eine von Dienstleistungsbeschäftigten mit Kundenkontakt generell beklagte Belastung, die mit den Spezifika interaktiver Arbeit in Zusammen-

---

[5] Eine theoretische Ausformulierung dieser Problematik findet sich in Weihrich und Dunkel (2003), empirische Beispiele finden sich in Dunkel und Voß (2004).

hang steht, ist der „schwierige Kunde", also der Kunde, der nicht in einer Weise zu kooperieren bereit ist, wie es den Interessen des Dienstleistungsgebers entspräche.[6] Übertragen auf die Interaktion zwischen Pflegekraft und pflegebedürftiger Person gewinnt diese Problematik noch an Schärfe und mitunter auch Tragik, etwa dann, wenn eine dementiell erkrankte Altenheimbewohnerin nicht einsehen mag, dass die Körperwäsche im Bett nur zu ihrem Besten ist. (vgl. Dunkel/Rieder 2003)

Neben dem Umgang mit „schwierigen" Interaktionspartnern besteht eine besondere Anforderung interaktiver Arbeit darin, dass sie unter Anwesenheit anderer Personen (des Interaktionspartners, unter Umständen aber auch weiteren Personen) stattfindet und dies eine kontinuierliche Selbstkontrolle notwendig macht. Gesteigert wird diese Problematik dadurch, dass sich diese Selbstkontrolle auch auf die eigenen Gefühle erstrecken kann.[7] Hinzu kommt die der Pflege inhärente Nähe zu der Person, die gepflegt wird: Nähe zum einen auf der Ebene der persönlichen Beziehung, zum anderen auf der Ebene des körperlichen Kontakts. Ein enger persönlicher Kontakt kann die Bewältigung des Sterbens von Pflegebedürftigen, auf das Pflegekräfte nur unzureichend vorbereitet sind (Anderson/Heinlein 2004), zur Überforderung werden lassen. Ein enger körperlicher Kontakt kann zu Erfahrungen des Ekels führen.

Die spezifischen Anforderungen und Belastungen interaktiver Arbeit machen es notwendig, stärker als bislang darüber nachzudenken, wie Arbeitsbedingungen gestaltet werden können, damit sie zu einer Humanisierung der Arbeit am Menschen beitragen. (vgl. Dunkel 2004) Auf der anderen Seite gewinnt hier der Kunde eine besondere Bedeutung als Quell von Freud und Leid, von *Missachtung und Anerkennung*. (vgl. Voswinkel 2005) Auf diese Weise ist der Kunde nicht nur bedeutsam als Herausforderung für die professionelle Pflege, sondern er spielt auch eine Rolle in der Frage, worauf Professionalität gegründet werden kann. Ulrich Oevermann (1996) hat in

---

[6] Wichtig ist es hier festzuhalten, dass diese Perspektive auch umgekehrt gilt: Auch der Kunde kann dadurch Belastungen erleben, dass der Dienstleistungsgeber nicht in einer Weise zu kooperieren bereit oder in der Lage ist, wie es den Interessen des Kunden entspräche.

[7] Vgl. hierzu die vielschichtige Problematik der Gefühlsarbeit – am Beispiel der Altenpflege erläutert in Dunkel (1988).

seinen Ausführungen zur Strukturlogik professionellen Handelns dem „Arbeitsbündnis" zwischen dem Professionellen und seinem Klienten einen zentralen Stellenwert eingeräumt. Voraussetzung für ein solches Arbeitsbündnis ist eine gewisse Bereitschaft des Klienten, sich in die Abhängigkeit des Professionellen zu begeben. Grundlage hierfür können bestimmte Zertifikate sein, die den Professionellen als Professionellen (etwa als eine examinierte Altenpflegerin) ausweisen und damit dessen Vertrauenswürdigkeit herstellen sollen.

Wie aber ließe sich Erfahrungswissen zertifizieren? Wir haben zwar genügend Hinweise darauf, welch hohe Relevanz Erfahrungswissen aufgrund seiner Spezifika für die Pflege hat – genau dieselben Spezifika tragen aber dazu bei, dass die Legitimation eines Expertenstatus qua Erfahrungswissen problematisch ist: Es ist an Personen gebunden, nicht ohne weiteres von ihnen ablösbar. Für die Wahrnehmung und Anerkennung von Erfahrungswissen in der Pflege hat sich dies bislang so ausgewirkt, dass es eher als Eigenschaft individueller Personen (Die eine hat's, die andere nicht...) gesehen wird und weniger als Ausweis von Professionalität.

Erfahrungsgeleitetes Arbeiten hat seine besondere Relevanz in Bezug auf Aspekte pflegerischer Arbeit, die nicht so gut sichtbar gemacht werden können und deshalb nur schwierig Anerkennung ernten können.

Erfahrungswissen ist implizit, damit nicht verbalisierbar, nicht formalisierbar und so auch nicht in Fachbüchern objektivierbar. Zudem wird es dadurch erworben, dass man praktische Erfahrungen sammelt – Wissen und Handeln sind nicht getrennt und deshalb auch nicht Lernen und Praxis.

Erfahrungswissen wird deshalb von Kundenseite aufgrund der persönlichen Erfahrung in der Interaktion etwa mit der Pflegekraft anerkannt und nicht auf der Grundlage eines Zertifikates. Es wird in dieser Hinsicht die Person gewürdigt und nicht die Profession, der sie angehört. Erfahrungswissen erscheint so – und damit sind wir auf der gesellschaftlichen Ebene der Anerkennung – als eine selbstverständliche Ressource, die Pflegende aus anderen Lebensbereichen (etwa der Familienarbeit) mitbringen und/oder die sie sich in der beruflichen Praxis naturwüchsig aneignen.

Welche Wege gibt es gleichwohl, pflegerische Professionalität stärker als bislang auf erfahrungsgeleitetes Arbeiten zu gründen und damit stärker daran zu binden, worin pflegerisches Handeln in der Praxis besteht?

Ein erster Weg bestünde darin, die Fallbezogenheit und die damit verbundene hermeneutische Komponente professionellen Handelns, wie sie von Oevermann betont wird, auch in der Pflege stärker auszuarbeiten. Dies wird u.a. in der oben bereits angesprochenen Arbeit von Veit (2002) vorgeschlagen und entspricht auch dem Modell von Benner, nach dem zunächst die wissenschaftlich fundierte Ausbildung erfolgt und sich dann in der Praxis ein Expertentum ausbildet, das auf der Kenntnis einer möglichst großen Zahl erlebter Einzelfälle beruht.

Ein zweiter Weg bestünde darin, erfahrungsgeleitetes Lernen und Arbeiten in die Erstausbildung selbst zu integrieren. Hierzu müssen aber neue Wege des Lernens und der Vermittlung von Theorie und Praxis, von Schule und Betrieb gefunden werden. Einige ermunternde Beispiele hierzu liegen vor: So sind im Rahmen von öffentlich geförderten Modellversuchen in der Chemischen Industrie (Bauer u.a. 2002) und im Friseurhandwerk (Asmus u.a. 2004) Lernformen entwickelt worden, die erfahrungsgeleitetes Arbeiten in spezifischer Weise fördern können. (vgl. auch Bauer u.a. 2004)

Ein dritter Weg bestünde darin, bestimmte Aspekte dessen, was man der subjektiven Seite pflegerischen Handelns zuschreiben könnte, zu methodisieren und zu einer Kunstlehre zu erheben, wie dies etwa auf dem Feld der pflegerischen Berührung bei der Kinästhetik der Fall ist.

Auf welche Weise auch immer die Professionalisierung der Pflege weiter voran getrieben werden sollte – wir müssen uns abschließend vergewissern, in welchem Umfeld dies geschieht. Dieses Umfeld ist auf der einen Seite gekennzeichnet durch einen wachsenden ökonomischen Druck im Gesundheitswesen, wie er sich im Krankenhausbereich in einer erheblichen Verkürzung der Patientenverweildauern, im Bettenabbau und der Schließung von Krankenhäusern oder wie er sich in der ambulanten Pflege in einer steigenden Konkurrenz um Klienten und in der Auseinandersetzung mit dem restriktiven Finanzierungsverhalten der Kassen zeigt. Möglicherweise liegt eine Chance für die Anerkennung des Erfahrungswissens angesichts solcher Entwicklungen gerade darin, dass es besonders effiziente Handlungsmöglichkeiten bereit hält.

Auf der anderen Seite wird Pflege mehr und mehr diszipliniert und einer Vielzahl von Qualitätskontrollen unterworfen. (Twenhöfel 2004) Da diese aber genau dadurch ermöglicht werden, dass pflegerisches Handeln nach außen im Sinne einer systematischen Vorgehensweise inszeniert wird, macht sie sich – etwa über ausgiebige Pflegedokumentationen – in besonderer Weise kontrollierbar. Die Chance erfahrungsgeleiteten Handelns besteht hier darin, dass sie eher als eine Kunstlehre zu begreifen ist und dies bestimmte Formen externer Kontrolle ausschließt.

Schließlich ist noch zu betonen, dass die Professionalisierung qua Akademisierung, wie sie seit 15 Jahren in Deutschland im Bereich der Pflege betrieben wird, dazu beiträgt, dass der Professionalisierung eines Berufsstandes insgesamt der Boden entzogen wird: Da im Unterschied zu anderen Professionen eine akademische Ausbildung nicht die allgemeine Grundlage für die Mitglieder des Berufsstandes ist, sondern nur von einer Elite absolviert wird, droht die Pflege in einen professionalisierten und einen dequalifizierten Anteil auseinander zu fallen. (Stemmer 2003) Falls man dies nicht möchte, wäre eine Begründung pflegerischer Professionalität unabhängig davon notwendig, ob ihre Trägerin einen akademischen Abschluss hat oder nicht. Die Bedeutung des Erfahrungswissens für die pflegerische Expertise könnte hierzu ein Ausgangspunkt sein.

Literatur

Anderson, P.; Heinlein, M. 2004: „Nun hat er es endlich hinter sich" – über den Umgang mit dem Sterben im Altenheim. In: Dunkel, W.; Voß, G. G. (Hrsg.): Dienstleistung als Interaktion – Beiträge aus einem Forschungsprojekt: Altenpflege – Deutsche Bahn – Call Center, München/Mering, S. 61-69.

Asmus, A.; Bauer, H. G.; Dunkel, W.; Munz, C.; Stiel, M. 2004: Entwicklungsmöglichkeiten durch qualifizierte Arbeit - Beispiele aus dem Friseur- und Kosmetikbereich. In: Kreibich, R.; Oertel, B. (Hrsg.): Erfolg mit Dienstleistungen - Innovationen, Märkte, Kunden, Arbeit, Stuttgart, S. 271-278.

Bauer, H. G.; Böhle, F.; Munz, C.; Pfeiffer, S.; Woicke, P. 2002: Hightech-Gespür – Erfahrungsgeleitetes Arbeiten und Lernen in hoch technisierten Arbeitsbereichen, Schriftenreihe des Bundesinstituts für Berufsbildung, Bielefeld.

Bauer, H. G.; Brater, M.; Büchele, U.; Dahlem, H.; Maurus, A.; Munz, C. 2004:

Lernen im Arbeitsalltag, Wie sich informelle Lernprozesse organisieren lassen, Bielefeld.

Benner, P.; Tanner, C. A.; Chesla, C. A. 2000: Pflegeexperten, Pflegekompetenz, klinisches Wissen und alltägliche Ethik, Bern.

Böhle, F.; Bolte, A.; Drexel, I.; Dunkel, W.; Pfeiffer, S.; Porschen, S. 2002: Umbrüche im gesellschaftlichen Umgang mit Erfahrungswissen – Theoretische Konzepte, empirische Befunde, Perspektiven der Forschung, Reihe: ISF München Forschungsberichte, München.

Böhle, F.; Bolte, A.; Drexel, I.; Weishaupt, S. 2001: Grenzen wissenschaftlich-technischer Rationalität und „anderes Wissen". In: Beck, U.; Bonß, W. (Hrsg.): Die Modernisierung der Moderne, Frankfurt, S. 96-105.

Böhle, F.; Bolte, A.; Dunkel, W.; Pfeiffer, S.; Porschen, S.; Sevsay-Tegethoff, N. 2004: Der gesellschaftliche Umgang mit Erfahrungswissen – Von der Ausgrenzung zu neuen Grenzziehungen. In: Beck, U.; Lau, C. (Hrsg.): Entgrenzung und Entscheidung – Was ist neu an der Theorie reflexiver Modernisierung?, Frankfurt a.M. S. 95-122.

Böhle, F.; Schulze, H. 1997: Subjektivierendes Arbeitshandeln – Zur Überwindung einer gespaltenen Subjektivität. In: Schachtner, C. (Hrsg.): Technik und Subjektivität, Frankfurt a.M. S. 26-46.

Brater, M.; Maurus, A. 1999: Das schlanke Heim: Lean Management in der stationären Altenpflege, Hannover.

Cassell, E. J. 1997: Doctoring, The Nature of Primary Care Medicine, Oxford.

Cassell, E. J. 2003: The Nature of Suffering and the Goals of Medicine, 2nd ed. Oxford.

Dunkel, W. 1988: Wenn Gefühle zum Arbeitsgegenstand werden – Gefühlsarbeit im Rahmen personenbezogener Dienstleistungstätigkeiten. In: Soziale Welt, Heft 39, S. 66-85.

Dunkel, W. 2004: Auch Arbeit am Menschen braucht Humanisierung. In: Mitbestimmung, Heft 12, 50. Jg. S. 39-41.

Dunkel, W.; Rieder, K. 2003: Interaktionsarbeit zwischen Konflikt und Kooperation. In: Büssing, A.; Glaser, J. (Hrsg.): Dienstleistungsqualität und Qualität des

Arbeitslebens im Krankenhaus, Schriftenreihe Organisation und Medizin, Göttingen, S. 163-180.

Dunkel, W.; Voß, G. G. Hrsg.) (2004: Dienstleistung als Interaktion – Beiträge aus einem Forschungsprojekt: Altenpflege – Deutsche Bahn – Call Center, München/Mering.

Gröning, K. 1998: Entweihung und Scham, Grenzsituationen in der Pflege alter Menschen, Frankfurt a. M.

Johnson, J. L.; Ratner, P. 1997: The Nature of the Knowledge Used in Nursing Practice. In: Thorne, S. E.; Hayes, V. E. (eds.): Nursing Praxis, Knowledge and Action, Thousand Oaks, pp. 3-22.

Krey, H. 2003: Ekel ist okay, Ein Lern- und Lehrbuch zum Umgang mit Emotionen in Pflegeausbildung und Pflegealltag, Hannover.

Latimer, J. 2000: The Conduct of Care. Understanding Nursing Practice. Oxford.

Neuweg, G. H. 1999: Könnerschaft und implizites Wissen – Zur lehr- und lerntheoretischen Bedeutung der Erkenntnis- und Wissenstheorie Michael Polanyis. Münster.

Oevermann, U. 1996: Theoretische Skizze einer revidierten Theorie professionalisierten Handelns. In: Combe A.; Helsper, W. (Hg.): Pädagogische Professionalität, Untersuchungen zum Typus pädagogischen Handelns, Frankfurt a.M. S. 70-182.

Overlander, G. 1996: Die Last des Mitfühlens, Aspekte der Gefühlsregulierung in sozialen Berufen am Beispiel der Krankenpflege, Frankfurt a. M.

Polanyi, M. 1985: Implizites Wissen, Frankfurt a. M..

Ringel, D. 2000: Ekel in der Pflege – eine „gewaltige" Emotion, Frankfurt a. M.

Ryle, G. 1992: Der Begriff des Geistes, Stuttgart.

Schön, D. A. 1983: The Reflective Practitioner, How Professionals think in Action, Ashgate.

Stemmer, R. 2003: Pflege – Professionalisierung, In: Dr. med. Mabuse, Heft 146, S. 39-42.

Twenhöfel, R. 2004: Krankenanstalt oder Heim? Identitätsprobleme der stationären Altenpflege. In: Dr. med. Mabuse, Heft 149, S. 67-69.

Twigg, J. 2000: Bathing – the Body and Community Care, London.

Veit, A. 2002: Professionelles Handeln als Mittel zur Bewältigung des Theorie-Praxis-Problems in der Krankenpflege, Dissertation, Universität Erlangen-Nürnberg.

Voswinkel, S. 2005: Welche Kundenorientierung? Anerkennung in der Dienstleistungsarbeit, Berlin.Weihrich, M.; Dunkel, W. 2003: Abstimmungsprozesse in Dienstleistungsbeziehungen – Ein handlungstheoretischer Zugang. In: Kölner Zeitschrift für Soziologie und Sozialpsychologie, Heft 4, 55. Jg. S. 758-781.

Beate Stiller

War da was? Zum Leistungs- und Erfolgsverständnis von Krankenpflegenden

1) Einleitung

Dieser Beitrag basiert auf meiner Studie zum Leistungs- und Erfolgsverständnis von Krankenpflegenden. Sie zielt darauf ab, subjektive Theorien von Krankenpflegenden über ihre Leistung und ihren Erfolg in der Pflege zu explorieren. (vgl. Stiller 2005) Anlass der Studie ist die im Zuge der Professionalisierung formulierte Anforderung an Pflegende, in Abstimmung mit ihren Patienten selbstbestimmt Pflegeziele zu entwickeln, angemessene Interventionen zu planen und ihre Ergebnisse – also ihren Erfolg – zu evaluieren und zu dokumentieren. ProtagonistInnen dieses modernen Managements stoßen allerdings bei der Einführung dieses Konzeptes auf wenig Enthusiasmus bei den praktisch Tätigen, dafür aber auf viele Widerstände. Die Studie will deshalb dazu beitragen, dieses Phänomen besser zu verstehen.

Um die Relevanz dieser Fragestellung zu verdeutlichen, werde ich eingangs Aspekte der Professionalisierungsdebatte aufgreifen, um so das Dilemma der Pflege zwischen Selbstlosigkeit und Selbstbestimmtheit transparent zu machen und daraus die These der Untersuchung abzuleiten. Im Anschluss an Ergebnisse der Frauenforschung besagt die zentrale Vorannahme der Untersuchung, dass Pflegenden durch eine Internalisierung tradierter Normen das Verständnis für den Wert der eigenen Leistung verstellt ist (vgl. z.B. Rabe-Kleberg 1993) und erst durch Reflexion ins Bewusstsein rückt. Daher galt es über die Methoden selbst einen reflexiven Prozess mit Pflegenden zu initiieren. Darauf gehe ich genauer in Kapitel 3 ein. Die zentrale Methode ist die „Erinnerungsarbeit" (Haug 1991, 1999), bei der in Gruppen Erinnerungen verschriftet und gemeinsam bearbeitet werden. In Kapitel 4 zeige ich exemplarisch ein Fallbeispiel aus dieser Arbeit und Ergebnisse aus der Bearbeitung.

2) Professionalisierung – Pflege zwischen Selbstlosigkeit und Selbstbestimmtheit

Die Pflegeberufe befinden sich im deutschsprachigen Raum seit ca. 20 Jahren in einem Veränderungsprozess. Die Notwendigkeit dieser Veränderungen wird aus unterschiedlichen Perspektiven fokussiert: Zu Beginn der Debatte wurde eher die Notwendigkeit der Überwindung konservierter Traditionen in der Pflege diskutiert, während heute verstärkt die Qualitäten dieser Veränderungen im Mittelpunkt stehen.

Aus der Perspektive der Professionalisierungsdebatte stellt sich die Frage, ob hier eine Professionalisierung gelungen ist oder ob nur von einer Modernisierung der Pflege gesprochen werden kann. Diesen Zugang habe ich ausgewählt, weil hieran sehr gut das Dilemma konservierter Traditionen der Pflege veranschaulicht werden kann.

Wenn von einer Professionalisierung der Pflege ausgegangen wird, so ist zunächst zu hinterfragen, was eine Profession kennzeichnet. Um das näher bestimmen zu können, ist die Frage nach den Kennzeichen einer Profession relevant.

Innerhalb der Professionsforschung besteht kein Konsens darüber, wie sich Professionen entwickeln und was sie kennzeichnet. Folge ich dem Ansatz des amerikanischen Soziologen Abbott (1988), so ist unter einer Profession (1) ein spezifischer Organisationstyp von Arbeit zu verstehen, der sich (2) durch die Monopolisierung eines Wissenstypus in einem bestimmten Kollektiv und (3) dessen Anwendung auf spezifische gesellschaftliche Probleme auszeichnet. Das Ziel dieser Definition ist, eine Profession von anderen Formen der Erwerbsarbeit wie (1) der Privat- und Hausarbeit und (2) von zuarbeitender (Frauen-) Arbeit abzugrenzen. (vgl. Rabe-Kleberg 1997; Gildemeister 1998)

Für meinen Kontext ist relevant, dass Pflege dieser Definition einer Profession nicht standhält, weil sie keinen spezifischen Wissenstypus für sich deklariert, der zur Lösung bestimmter gesellschaftlicher Probleme angewendet wird. (Ein Grund dafür, warum Pflege immer noch Schwierigkeiten hat, sich klar von der Laienpflege abzugrenzen.) Das Gegenteil hat Aktualität: Die Strukturen der Pflege sind eher vormodern, weil

(1) pflegerische Kernleistungen trotz umfangreicher Bemühungen noch nicht definiert sind, (2) Pflege sich in einem Traditionsdilemma befindet

durch geschlechtspezifische Zuschreibungen der besonderen Eignung von Frauen und (3) Verklärungen der Pflege als Aufopferung.

Pflege kann also für sich nur dann in Anspruch nehmen, eine Profession zu sein, wenn ihr eigenständiger Beitrag zur Gesundung von Patienten definiert und empirisch nachgewiesen ist. Erreicht sie das nicht, so bedeuten Veränderungen der Pflege „bestenfalls eine statusaufwertende Modernisierung in einigen Bereichen pflegerischen Handelns". (Schäffer u.a. 1997)

Hinter diesen Ansätzen können wir ein spezifisches Subjektverständnis finden: Im traditionellen Verständnis ist die Aufopferung des eigenen Selbst das Leitbild, während im professionellen Verständnis Selbstbestimmtheit die Basis ist. Selbstlosigkeit aber, impliziert Subjektaufgabe – Selbstbestimmtheit braucht das Subjekt als zentralen Quell- und Bezugspunkt. Anders formuliert: Für die Umsetzung dieser Ziele brauchen Pflegende ein Akteursbewusstsein, weil sie diejenigen sind, die die Pflegearbeit Tag für Tag leisten und Unzulänglichkeiten ihres Arbeitsfeldes mit persönlichem Engagement balancieren. Pflegenden ist aber – so meine Annahme – das Verständnis für den Wert ihrer Leistung durch diese traditionellen Normen und Verklärungen der Pflege verstellt. Professionalisierung kann nicht nur von außen in die Pflege hineingetragen werden, sondern muss auch von den praktisch Tätigen aktiv gestaltet werden. Das macht es notwendig, subjektive Theorien von Pflegenden über ihre Pflegeleistungen zu erfassen.

3) Arbeit mit Erinnerungen

Die Studie wurde in einer neurologischen Station eines akademischen Lehrkrankenhauses in Hamburg durchgeführt. Um die subjektiven Theorien von Krankenpflegenden über ihre Leistung zu explorieren, habe ich in einer Methoden-Triangulation gearbeitet: Zunächst habe ich als teilnehmende Beobachterin zehn Wochen auf der Station mitgearbeitet, meine Beobachtungen notiert und reflektiert und sie dann anhand einer Analyse der Pflegedokumentation überprüft. In einem dritten Schritt habe ich mit sechs Pflegenden dieser Station in drei Gruppen nach der Methode Erinnerungsarbeit zu ihrem Leistungsverständnis gearbeitet.

Die Methode Erinnerungsarbeit wurde von der kritischen Psychologin Frigga Haug (1991, 1999) als Antwort auf die Frauenbewegung der 1970er Jahre entwickelt. Ausgangspunkt ihres Erkenntnisinteresses sind Alltagserfahrungen von Frauen. Die Methode beabsichtigt, das Selbstverständliche, die Routinen des Alltags zu hinterfragen, mit dem Ziel, Wissen aus diesen Erfahrungen zu gewinnen, um so weibliche Lebenspraxis zu versprachlichen.

Erinnerungsarbeit ist eine Gruppenmethode. Die Mitglieder einer Gruppe verschriften ihre Erinnerungen szenisch zu einer Fragestellung und bearbeiten ihre so dokumentierten Erfahrungen gemeinsam, im Kollektiv. Entsprechend werden die TeilnehmerInnen einer Forschungsgruppe auch zu Mitgliedern oder zu „Mit-Forschenden" im Forschungsprozess. Die Methode ist als eine Möglichkeit der Selbstwahrnehmung zu verstehen, die bereits mit dem Schreibprozess beginnt.

Die Auswertung der Erinnerungsszenen ist eine Textanalyse. Im ersten Schritt wird die Szene dekonstruiert (vgl. Haug 1993: 60 ff), in dem die einzelnen Textteile Spalten einer Tabelle zugeordnet werden. So erschließt sich beispielsweise, ob eine Handlung im Passiv oder im Aktiv beschrieben ist, welche Stimmung ausgedrückt wird und welche Motive für Einzelhandlungen genannt werden. Mit diesem Vorgehen wird ersichtlich, dass zumeist Textstellen ausgelassen sind, die aber wesentlich für die Plausibilität der Handlung sind. Bereits durch das Aufdecken dieser Leerstellen, Widersprüche und Brüche wird etwas über kulturelle Konstruktionen in Erfahrung gebracht.

Die Mitwirkenden[8] meiner Arbeitsgruppen stellten mündlich oder schriftlich erzählte Pflegeszenen zur Diskussion, die sie als positive Pflegeerfahrung bewerteten. Um den Prozess gemeinsamer Auseinandersetzungen über Leistungen in der Krankenpflege zu initiieren, habe ich die Zugangsfrage gewählt: Welche Situation verbindest du mit Erfolg oder Zufriedenheit in der Pflege? Die Szenen, die daraufhin entstanden sind, wurden gemeinsam an fünf Arbeitsterminen zu je neunzig Minuten diskutiert und erste Ergebnisse auf der Grundlage der von mir erstellten Protokolle besprochen.

Nachfolgend werden Auszüge aus dieser Arbeit und Ergebnisse gezeigt.

---

[8] Die Mitwirkenden der Erinnerungsarbeit werden im Text in ihren Pseudonymen Hannelore, Annegret, Patricia, Hartmut, Dennis und Lena benannt.

4) Zwischen Banalität und Sinnerkennen

Die Aufforderung, eine Pflegesituation zu erinnern, die mit Erfolg oder Zufriedenheit in Beziehung steht, war für die Mitwirkenden nicht so leicht umsetzbar, wie die folgenden Zitate illustrieren:

> *„Also ich finde Pflege, das ist ein längerer Prozess, und Du kannst Pflege nicht als Moment abspeichern und von daher kann ich nicht erfolgreich sein. Weil, erfolgreich bin ich nur dann, wenn es über einen längeren Zeitraum geht, kontinuierlich bergauf, vielleicht mit kleinen Dellen, o.k. Deswegen find ich erfolgreich ein unpassendes Wort."* (Annegret)
>
> *„Das erinnert mich gerade so von wegen ich hab jemandem ein Klistier gegeben und das hat mit Erfolg geklappt (lacht dabei verschämt). Das sagen wir dann auch immer so, von wegen erfolgreich abgeführt (lacht, beide lachen)."* (Patricia)
>
> *„Das ist so schwierig, weil man kein Ereignis vor sich hat, find ich."* (Lena)
>
> *„Manchmal ist der Service so schlecht."* (Hannelore)

Es war also für sie eine besondere Herausforderung, Pflegesituationen mit Erfolg oder Zufriedenheit zu verbinden. Obwohl es von mir so gedacht war, dass die Mitwirkenden eher Alltägliches beschreiben sollten, waren die Szenen, die letztlich entstanden sind, eher außergewöhnliche Situationen.

Im Folgenden zeige ich eine der entstandenen Szenen, deren Dekonstruktion und die Systematisierung der beschriebenen Haupthandlung. Auf dieser Grundlage wird die darin enthaltene Leistung diskutiert. Es wird zu zeigen sein, dass Leistungen in den Erzählungen Leerstellen sind. Um aber die tatsächlich erbrachte Leistung für die Mitwirkenden der Erinnerungsarbeit transparent zu machen, wurden während der Gruppenarbeit die Leerstellen und Brüche der Szene(n) bearbeitet, um so auf der Grundlage einzelner Handlungsschritte die Einzelleistungen, die zu einem Erfolg geführt haben, auch für die VerfasserInnen selbst nachvollziehbar zu machen. Es wird gezeigt, dass die Mitwirkenden durch Ausblenden der eigenen Aktivitäten verpassen, den Erfolg ihrer Arbeit zu erkennen und entsprechend zu würdigen.

4.1) Die Pflegeszene

An ein besonderes Datum erinnere ich mich nicht wenn ich an besondere Zufriedenheit in der Pflege denke. Aber eine Geschichte fällt mir zu diesem Thema spontan ein:

Ich hatte Nachtdienst auf der chirurgischen Privatstation. Wie immer gab es am Abend viel zu tun bis alle Patienten zur Ruhe gebracht worden waren jedoch ein Patient, ein „akuter Bauch" 1. Tag nach Op klingelte alle „fünf Minuten", klagte über Schmerzen, Herzrasen, Schweißausbruch usw. usw. Auch nachdem ich ihm sämtliche Bedarfsmedikation verabreicht hatte, trat keine Besserung seines Zustandes ein. Der hinzugerufene diensthabende Arzt knurrte nur: „der spinnt ja und mehr Schmerzmittel bekommt der nicht" und zog von dannen.

So war ich nun mit meinem Problempatienten allein und fühlte mich ziemlich rat- und hilflos. Als der Patient erneut klingelte, ging ich in sein Zimmer, setzte mich auf den Stuhl neben seinem Bett und sagte: „Medikamente darf ich ihnen keine mehr geben aber ich bleibe jetzt so lange bei ihnen, bis sie eingeschlafen sind." Darauf antwortete er: „Ich habe solche Angst vorm Sterben. Aber wenn Sie hier bleiben, fühle ich mich nicht mehr so allein."

Irgendwann begann er dann aus seinem Leben zu erzählen, von seiner Frau, seinen Kindern, von sich, dass er befürchtete Magenkrebs zu haben usw.

Ich konnte tatsächlich bei ihm bleiben, bis er gegen Morgen einschlief, – ruhig und entspannt.

Den Rest der Nacht musste ich mich sehr sputen um meine Nachtdienstaufgaben noch erledigen zu können.

Als ich am nächsten Abend meinen Nachtdienst antrat, saß „mein Patient" schon auf mich wartend in seinem Bett und sagte mir Danke dafür, dass ich ihm durch mein „Dasein und Zuhören" eine furchtbare Nacht erträglich gemacht hätte.

Ich weiß, dass ich damals mal ganz besonders zufrieden in der Pflege war.

4.2) Die Handlung

Im Fokus der Szene steht ein Patient, der kurz nach einer Bauchoperation (akuter Bauch, 1. Tag nach OP) keine Nachtruhe findet, weil er Schmerzen hat, Herzrasen und Schweißausbruch. Diese Beschwerden sind für ihn anscheinend so beunruhigend, dass er wiederholt nach der Pflegerin klingelt („alle fünf Minuten"), also Hilfe einfordert. Sie ist folglich gefordert, zu intervenieren. Mein vorrangiges Interesse für die Dekonstruktion der Haupthandlungslinie ist nun, wie die Pflegerin ihr Vorgehen beschreibt, um das Problem zu lösen. Um ihre einzelnen Handlungsschritte herauszuarbeiten, ordne ich sie den Kategorien Diagnose, Intervention und Schlussfolgerung zu, weil sie grundlegend für professionelles Handeln sind.

„In their cultural aspect, the jurisdictional claims that create these subjective qualities have three parts: claims to classify a problem, to reason about it, and to take action on it: in more formal terms, to diagnose, to infer, and to treat." (Abbott 1988: 40) Danach lässt sich die Haupthandlung der Szene wie folgt in zwei Sequenzen unterteilen:

Erste Sequenz			
Diagnose	Intervention		Schlussfolgerung
	aktiv	passiv	
Patient findet keine Nachtruhe; er hat Schmerzen, Herzrasen, Schweißausbruch	Bedarfs-medikation verabreichen	Arzt hinzu-rufen	ohne Erfolg: Symptomatik dauert an; keine Handlungsanweisung vom Arzt
Zweite Sequenz			
Intervention		Diagnose	Schlussfolgerung
aktiv	passiv		
Sie ging in sein Zimmer, setzte sich zu ihm und sagte;	Sie konnte tatsächlich bleiben; sie war da und hörte ihm zu	Angst vorm Sterben	Erfolg: Patient schläft ruhig und entspannt ein; bedankt sich am nächsten Tag für ihr Dasein und Zuhören

In der ersten Sequenz der Szene sind die Aktivitäten der Pflegerin bedingt nachvollziehbar: Sie verabreicht dem Patienten die (i.d.R. routinemäßig vom Arzt verordnete und in der Akte vermerkte) Medikation für den Bedarfsfall, um so seinen Zustand zu verbessern. Sie ist also Akteurin, weil sie eine begründete Entscheidung trifft und ein Ziel setzt. Mit ihrem Vorgehen hat sie aber keinen Erfolg; die Beschwerden des Patienten dauern an. Warum ihr zweiter Interventionsversuch, nämlich den diensthabenden Arzt zur Problemlösung zu konsultieren, hier im Passiv steht, ist nicht nachvollziehbar. Die These könnte hier lauten, dass sie eine Handlungsanweisung vom Arzt erwartet hat, weil Pflegende in ihrer Stellung der Krankenhaushierarchie keine Berechtigung haben, dem Arzt Aufgaben zuzuweisen. Aus dieser Perspektive ist der Arzt in dieser Begegnung auch folgerichtig als der eigentliche Entscheidungsträger dargestellt.

Die zweite Sequenz der Szene kennzeichnet eine ad hoc Entscheidung: Die Pflegerin interveniert entschieden, ohne dass sie eine Diagnose für die Beschwerden des Patienten hat.

„Professionals often run them together. They may begin with treatment rather than diagnosis; they may, indeed, diagnose by treating (...)" (Abbott 1988: 40)

In der Pflegeszene entwickelt die Pflegerin auch während der Intervention die Diagnose (Angst vorm Sterben). Aber welche Intervention auf diese Diagnose folgt und was schließlich zum Erfolg geführt hat, ist nicht nachvollziehbar. Ihre Aktion endet, als sie sich zu dem Patienten ans Bett setzt. Nun bedankt der Patient sich aber am nächsten Tag nicht nur für ihr Dasein, sondern auch für ihr Zuhören, was wiederum auf eine Aktion ihrerseits hindeutet. Sie hat also nicht nur Zeit bei dem Patienten verbracht, sondern auch weiterhin aktiv interveniert. Worin ihre weiteren Aktivitäten bestanden, lässt die Szene offen.

In der Bearbeitung der Pflegeszene während der Gruppenarbeit wurden diese Leerstellen und Brüche hinterfragt, um so die Handlung zu rekonstruieren. Nachfolgend wird das Ergebnis dieser gemeinsam geführten Rekonstruktion gezeigt.

4.3) Systematisierung der Handlung

Die Pflegerin geht in das Zimmer des Patienten, um sich nach dem Grund für sein Klingeln zu erkundigen. Während er ihr seine Beschwerden schildert, sammelt sie Informationen, um die Ursache dafür zu finden. Sie überprüft seine Vitalzeichen, informiert sich nach Aktensicht über seine Verlaufskurve und gelangt so zu der Differenzialdiagnose „Wundschmerz". Daraufhin verabreicht sie dem Patienten die verordnete Bedarfsmedikation. Sie hat also eine klare Hypothese, nach der sie auch ihre Intervention ausrichtet.

Als sich zeigt, dass sich mit diesem Vorgehen der Zustand des Patienten nicht verbessert, konsultiert sie den diensthabenden Arzt zur weiteren Klärung. Sie entscheidet sich dafür, weil sie keine neue Hypothese für die Ursachen der Beschwerden entwickeln kann und eine mögliche Op-Komplikation nur durch einen Arzt ausgeschlossen werden kann. Noch bevor sie den diensthabenden Arzt anruft, bereitet sie die Informationen so für ihn auf, so dass er nur nach Aktensicht (also ohne den Patienten anzusehen!) entscheiden kann, dass hier keine Komplikation vorliegt und deshalb auch keine medizinische Intervention notwendig ist. Sie ermöglicht ihm also eine Zeitersparnis.

Die (medikamentösen) Handlungsmöglichkeiten der Pflegerin sind ausgeschöpft. Da sie aber weiterhin zum Handeln gezwungen ist, weil der Patient ihr erneut signalisiert, dass sein Problem noch nicht gelöst ist, entscheidet sie ad hoc, sich zu dem Patienten ans Bett zu setzen. Wenngleich ihre Intervention nicht auf einer Diagnose beruht, so hat sie aber zumindest eine (wenn auch vage) These für die Ursachen seiner Beschwerden. Mit dieser Intervention zeigt sie Gesprächsbereitschaft und kündigt Geduld an. Der Patient nutzt seinerseits dieses Angebot.

Im Gespräch erfährt sie, dass der Patient Angst hat, an Magenkrebs erkrankt zu sein. Er ist also unzureichend über Ursache und Ergebnis der Operation aufgeklärt. Die Pflegerin informiert sich noch einmal durch Aktensichtung und klärt den Patienten über das medizinische Ergebnis – also stellvertretend für den Arzt – auf. Erst mit diesem ungeplanten Beratungsgespräch kann sie Abhilfe schaffen, so dass der Patient schließlich gegen Morgen seine Nachtruhe findet. Der Erfolg stellte sich also durch das aufklärende Gespräch über Ursache und Ergebnis der Operation ein.

4.4) Leistung

„Inference can work by exclusion or by construction." (Abbott 1988: 49)
Die erbrachte Leistung der Pflegerin kann nun wie folgt zusammengefasst
werden:

- Erstellen einer Diagnose durch Ausschlussverfahren (Wundschmerz nicht
  als Ursache für die Beschwerden) und Problemkonstruktion (Angst)
- Medizinische Einschätzung des Problems (möglicherweise eine auf die
  Op zurückzuführende Komplikation)
- Aufbereitung der Informationen für den diensthabenden Arzt
- Gefühlsarbeit (Bearbeitung der Angst des Patienten)
- (ungeplantes) Beratungsgespräch über Ursache und Ergebnis der Opera-
  tion.

Nach der oben gezeigten Rekonstruktionsarbeit kristallisiert sich heraus,
dass die Pflegerin in ihrer Problembearbeitung planvoll vorgegangen ist –
also Akteurin im Geschehen ist. Ihre Angebote führen zum Erfolg, so dass
ihr pflegerischer Beitrag zur Gesundung des Patienten sichtbar wird. Es
stellt sich mir nun die Frage, warum sie sich in ihrer Szene kaum klar als
solche benennt. Bei meinen Nachfragen dazu zeigt sich, dass die Pflegerin
ein anderes Verständnis ihrer Leistung hat, wie die folgende Diskussionsse-
quenz illustriert: „Wo ich einfach etwas getan habe, was das Übliche eben
nicht war." Auf mein weiteres Insistieren, was das Übliche sei, antwortet sie:
„Ja, den Patienten eben allein gelassen. Aber ich hatte die übrigen Patienten
ja versorgt. Es war eine operative Station, die waren eben auch ruhig."
Schließlich beharrt sie darauf, dass die Pflegeszene auch „einfach banal" sei.
   Ich hatte aber während meiner teilnehmenden Beobachtung öfter die Gelegenheit, ähnliche Pflegesituationen zu beobachten. Als ich die Pflegerin
damit konfrontierte, zeigte sich, dass diese Verhaltenheit in der Selbstschät-
zung der eigenen Leistung eigentlich eher Ausdruck einer negativen Bewertung von Routineleistungen ist. Schauen wir auf die gesamte Gruppe, so bewerteten die Mitwirkenden der Erinnerungsarbeit ihren Alltag wie folgt:
Routine ist „satt-und-sauber-Pflege" (Lena, Dennis, Hartmut), „Pflege ist
ganz, ganz gering angesehen" (Dennis), „da warst du nur zum Schrubbdienst
abkommandiert" (Lena), „Sie kommen – unsere Ärzte – und sagen, ja dann
gib‘ mal 5ml Eunerpan und dann sind sie wieder weg." (Hannelore)

Zusammengenommen sehen sie ihre Arbeit reduktionistisch, mit geringem Sozialprestige, fremdbestimmt und letztlich allein gelassen in der Verantwortung. Sie fühlen sich also nicht wirklich für die Gesundung von Patienten zuständig. Im Gegenteil, ihre Zuständigkeit ist für sie selbst ungeklärt: Die Mitwirkenden nehmen sich in ihrem Alltag in der Funktion eines Puffers in der Organisation Krankenhaus wahr.

Auf diesem Hintergrund wird es verständlich, warum es für die Mitwirkenden eine besondere Herausforderung war, positive Pflegesituationen zu erinnern und einen Erfolg in der täglichen Arbeit zu erkennen. So wird auch nachvollziehbar, warum – wie im vorliegenden Beispiel – der hohe Zeitaufwand und das unangemessene Arztverhalten als besondere Merkmale in Erinnerung bleiben.

In ihren Szenen beschreiben die Mitwirkenden ein Abweichen von dieser Routine. Sie definieren die Problemlagen der Patienten individuell und zeigen damit, dass sie eine Definitions-Macht haben: (1) Sie treffen individuelle Entscheidungen und beschreiben (2) dass und wie Patienten eine individuelle Pflegeleistung einfordern. D.h. aus der Bearbeitung der Pflegeszenen wird ersichtlich, dass der Erfolg ein Ergebnis individueller Aushandlungsprozesse ist und die Mitwirkenden Zufriedenheit mit einer gelungenen Interaktion verbinden.

5) Wege aus der Erfolglosigkeit

Nun stellt sich die Frage: Hat sich durch diese intensive Gruppenarbeit etwas in den Sichtweisen der Mitwirkenden verändert? Im ersten Teil meines Fazit möchte ich nun anhand von einigen Aussagen der Mitwirkenden zeigen, dass durch Reflexion Veränderungen bewirkt werden können. So kommt Hannelore am Ende der Bearbeitung ihrer Szene zu dem Schluss, dass „es Sinn gemacht hat, dann kommt doch auch Zufriedenheit". Lena sagt am Ende der Gruppenarbeit immerhin: Das war „ein normal gesetztes Ziel", das „erreichbar war". Für Dennis wird durch die Auseinandersetzung mit seiner Pflegeszene ersichtlich, dass es für ihn irgendwie so ein kleiner Erfolg war; („für mich war das irgendwie so ein kleiner Erfolg". Annegret, die wie Hannelore darauf beharrte, dass ihre Pflegeszene banal sei, erkennt für sich, dass „es diese Banalitäten sind, die zufrieden machen". Für Hartmut liegt das Ergebnis auf einer anderen Ebene, seine „Wahrnehmung ist anders geworden". Das ist zwar noch nicht viel nach einer so intensiven Arbeit. Für mich ist dies aber ein sehr wichtiges Ergebnis, weil genau daraus ersichtlich wird, wie lang der Weg zu einer eigenständigen Pflegeprofession ist. Um ein Akteursbewusstsein auszubilden, ist es von höchster Bedeutung, (1) Pflegeleistungen durch Reflexion bewusst zu machen und (2) Traditionen durch Reflexion der eigenen Wahrnehmungen und Erfahrungen zu überwinden, so dass (3) Pflegeleistungen als eigenständiger Beitrag zur Gesundung von Patienten nach außen und für die Leistungserbringer selbst sichtbar sind.

Literatur

Abbott, A. 1988: The System of Professions, An Essay on the Division of Expert Labor, Chicago/London.

Gildemeister, R. 1998: Halbierte Arbeitswelten? Gefühlsarbeit und Geschlechterkonstrukte am Beispiel professionalisierter Berufe. In: Supervision, 33, S. 48-59.

Haug, F. 1991: Sexualisierung der Körper, 3. Aufl. Berlin/Hamburg.

Haug, F.; Wollmann, E. 1993: Hat die Leistung ein Geschlecht? Erfahrungen von Frauen, Hamburg.

Haug, F. 1999: Vorlesungen zur Einführung in die Erinnerungsarbeit, Berlin/Hamburg.

Rabe-Kleberg, U. 1993: Verantwortlichkeit und Macht, Ein Beitrag zum Verhältnis von Geschlecht und Beruf angesichts der Krise traditioneller Frauenberufe, Bielefeld.

Rabe-Kleberg, U. 1997: Professionalität und Geschlechterverhältnis, Oder: Was ist ,semi' an traditionellen Frauenberufen?. In: Combe A.; Helsper, W. (Hrsg.), 1996: Pädagogische Professionalität, Untersuchungen zum Typus pädagogischen Handelns, 1. Aufl. Frankfurt a. M. S. 276-299.

Schaeffer, D.; Moers, M.; Steppe, H.; Meleis, A. 1997: Pflegetheorien, Beispiele aus den USA, Bern u.a.

Stiller, B. 2005: Leistung und Erfolg in der Pflege, Eine explorative Studie, Frankfurt a. M.

Werner Vogd

Führt die Evolution moderner Organisationen zu einem Bedeutungsverlust der Professionen?

Untersuchungen zum medizinischen Feld

Die folgenden Ausführungen beruhen auf einer zweiteiligen ethnografischen Studie zum ärztlichen Handeln und Entscheiden im Krankenhaus. Im ersten Teil fanden im Zeitraum von Januar 2000 bis September 2002 Feldforschungsphasen in vier verschiedenen Stationen unterschiedlicher medizinischer Disziplinen (Chirurgie, Innere Medizin, Psychosomatik) und unterschiedlicher Organisationsform (Allgemeinkrankenhaus, Universitätsklinikum) statt. Auch wenn sich die empirische Realität im ärztlichen Alltag überaus komplex zeigt und entsprechend auch in den Beobachtungsprotokollen die vielfältigsten Fassetten aufscheinen, so kristallisiert sich dennoch auf allen untersuchten Stationen ein Leitproblem heraus, das die Entscheidungsdynamik in vielen Fällen prägt – nämlich der Konflikt zwischen ärztlichem Ethos und der ökonomisch administrativen Rationalität. (vgl. Vogd 2002, 2004a, 2004b) Im zweiten Teil fand in der Zeit von Juli 2004 bis Oktober 2005 eine zweite Erhebungsphase in den ursprünglich beobachteten Stationen statt. Im Mittelpunkt dieser Untersuchung steht nun das ärztliche Handeln und Entscheiden im Krankenhaus unter veränderten organisatorischen und ökonomischen Rahmenbedingungen.[9]

Der Vergleich zwischen diesen beiden Erhebungsphasen ist insofern interessant, als die Krankenhäuser während dieser Zeit einen tief greifenden Wandlungsprozess erfahren. Zum einen ändert sich mit den im Januar 2003 eingeführten Diagnose Related Groups (DRG) die Form der Leistungsabrechnung grundlegend: Nicht mehr die Liegezeit, sondern die Fallpauschale wird zum primären Finanzierungsmodus. Zum anderen finden – oftmals verbunden mit der Privatisierung der Häuser – Konzepte moderner Unternehmensführung (EDV gestütztes „Controlling", „Outsourcing" und Zentra-

---

[9] Ich danke hiermit der Deutschen Forschungsgemeinschaft für die Förderung des Projekts.

lisierung von wichtigen Betriebsfunktionen) Eingang in den Krankenhaus-alltag. Diese Prozesse verändern nicht nur die Kontexte ärztlichen Handelns, sondern beeinflussen vermutlich in nicht unerheblicher Weise die ärztlichen Handlungs- und Entscheidungsprozesse. Zudem sind Spannungen zwischen dem traditionellen professionellen Selbstverständnis der Ärzte und den neu-en organisatorischen Anforderungen zu erwarten.

Aus diesem Grunde lohnt es sich zu schauen, was diese Prozesse für die ärztliche Professionalisierung bedeuten. Zunächst ist hierzu zunächst ein wenig auf die Besonderheiten der ärztlichen Profession einzugehen, um dann in einem zweiten Schritt die These vom Bedeutungsverlust der Profes-sionen zu explizieren. Im dritten Schritt schließlich sind die Überlegungen anhand von empirischen Beispielen aus dem Alltag einer internistischen Sta-tion eines Allgemeinkrankenhauses zu verdeutlichen.

Professionen

Carr-Saunders und Wilson (1933) definierten in den 30er Jahren Professio-nen dadurch, dass ihre Akteure spezialisierte intellektuelle Techniken be-herrschen, die durch Natur- oder Rechtswissenschaften begründet und in einer längeren Ausbildung erlernt werden. Der Professionelle hat dabei ein Bewusstsein der Verantwortlichkeit gegenüber seinem Klienten und der Ge-sellschaft und handelt überwiegend im Interesse des Gemeinwohls und nicht aufgrund individueller Profitinteressen.

Professionen unter dem Blickwinkel institutioneller Macht

In den 60er Jahren wurden zunehmend auch die Organisationen der Profes-sionellen in den Definitionen aufgegriffen. Eine Profession zeichnet sich nun neben dem Vollzug ihrer spezifischen Dienstleistungen auch dadurch aus, dass sie institutionell verfasste Organisationen bildet, die Ausbildung ihrer Adepten selbstständig regelt, einen eigenen professionsethischen Code formuliert sowie die Einhaltung desselben autonom überwacht. Die ärztliche Profession bestimme über die Interpretation ihres Wissens, wie auch über die Ausbildung ihrer Adepten und die paramedizinischen Berufe wie auch die Pflegen sei dieser untergeordnet.

Insbesondere mit dem Namen Freidson verbunden, änderte sich die Form des professionstheoretischen Diskurses jedoch in den folgenden Jahren

grundlegend. (Freidson 1979) Aus dem Blickwinkel einer ideologiekritischen Position wurde nun die Gemeinwohlorientierung des Professionellen
prinzipiell in Frage gestellt. Sie standen nun für ein Modell der hierarchischen Verteilung von Wissen, und die ärztliche Deutungsmacht hinsichtlich
des Zentralwertes Gesundheit wurde in Frage gestellt. Als Gegenbewegung
entstand der Ruf nach mehr Patientenautonomie wie auch Versuche, die
Pflege zu professionalisieren. Unter programmatischen Titeln wie „shared
decision making" und „informed consent" flaggten dann eine Reihe gesund-
heitspolitischer Diskurse aus.

Professionen unter dem Blickwinkel des Arbeitsbündnisses
Auch wenn diese Position zur Zeit die gesundheitspolitischen Debatten dominiert und wohl auch von der Mehrheit der Medizinsoziologen präferiert
wird, lassen sich im deutschsprachigen Raum zwei professionstheoretische
Ansätze benennen, die – wenngleich revidiert – der klassischen Position
wieder näher stehen. Zum einen ist hier die auf Luhmann zurückgehende
strukturfunktionalistische Analyse zu benennen (vgl. Stichweh 1987), zum
anderen Oevermanns interaktionstheoretischer Ansatz. Professionen werden
hier nicht mehr wie in der Freidsonschen Ideologiekritik als oligarchisches
Kartell machtbewusster Akteure angesehen, sondern stellen einerseits die
systemische Antwort auf das Grundproblem der medizinischen Behandlungslogik dar, nämlich innerhalb einer arbeitsteiligen Gesellschaft die
Krankheit eines konkreten Klienten zu diagnostizieren und zu behandeln,
und ergeben sich andererseits aus der spezifischen Strukturlogik der Arzt-
Patient-Beziehung. All die Paradoxien des modernen Medizinsystems, die
sich vielleicht am ehesten mit dem Satz „mehr Medizin hilft nicht mehr"
zusammenfassen lassen,[10] resultieren aus dieser systemischen bzw. struktu-

---

[10] Fisher u.a. (1999) stellen in keinem geringeren Publikationsorgan als dem *Journal of
American Medical Association* fest, dass ein Mehr an medizinischer Versorgung zur
Diagnose von Pseudokrankheiten, schädlichen Interventionen aufgrund von Zufalls-
schwankungen im Organismus, zu einer Multiplikation von diagnostischen Fehlern etc.
führen kann. Im gleichen Sinne brachte *British Medical Journal* (April 2002) jüngst ein
Sonderheft unter dem Motto *„too much medicine"* heraus. Die Kritik, dass ein Zuviel
an Medizin schadet, war bislang eher von außermedizinischer Seite zu hören. Insbesondere mit Ivan Illichs „Nemesis der Medizin" bekam die These der Iatrogenese Na-

rellen Perspektive der Eigenlogik medizinischen Handelns und weniger aus der Geld- und Machtgier bzw. der mangelnden Wissenschaftlichkeit des Mediziners.

Ich gehe im Folgenden nur auf den professionstheoretischen Ansatz von Oevermann ein. Die professionelle Praxis – so in Kürze die Argumentation – verlangt, im "Hier und Jetzt" der Realzeit zu handeln. Die Begründung für eine konkrete Handlungspraxis kann jedoch unter dem "Zeitdruck" der Praxis in der Regel immer nur *post hoc* getroffen werden. Entsprechend muss davon ausgegangen werden, dass dem Arzt die psychische Bewusstheit über Dimension und Konsequenzen der Entscheidung immer nur im Nachhinein in ihrer Gänze deutlich wird. Besonders für den Professionellen ergibt sich hieraus eine verschärfte Dynamik, denn von ihm wird schließlich erwartet, dass er sein Handeln an rationalen und wissenschaftlichen Kriterien ausrichten und, zumindest wenn gefragt, sein Tun diesbezüglich begründen kann. Während der Wissenschaftler sich – vom akuten Handlungsdruck entlastet – weit gehend mit der Überprüfung und Reflexion von Modellen begnügen kann, steht der ärztliche Praktiker gleichsam im spannungsreichen Zentrum von „Entscheidungszwang und Begründungsverpflichtung" und sieht sich hierin zusätzlich vor der Aufgabe stehend, die grundlegenden Widersprüchlichkeiten einer Praxis balancieren zu müssen, die immer auch soziale Dimensionen mit beinhalten. Kompetentes ärztliches Handeln besteht dabei im Sinne einer „Logik der Risikoabwägung" im Wesentlichen darin, dass „auch unter den Bedingungen des Nicht-Wissens oder der Unklarheit darüber, welche Krankheit genau vorliegt bzw. welche therapeutische Maßnahme genau passen könnte, eine Entscheidung getroffen werden" muss. (Oevermann 1996: 50)

Medizinische Praxis stellt im doppelten Sinne eine Krisenbewältigung dar. Zum einen ist die Autonomie des Patienten real bedroht, steckt also in einer Krise, zum anderen können die ingenieuralen Routinen, über die der ausgebildete Arzt selbstverständlich verfügen muss, um effizient und systematisch (be-)handeln zu können, jederzeit selbst in die Krise kommen. Therapien scheitern regelmäßig und es können erhebliche Unsicherheiten in der Diagnose bestehen.

---

men und Gestalt. (Illich 1995)

Entscheidend ist nun für Oevermann, dass der Arzt auch im Hinblick auf die Unsicherheit der Krise seine Entscheidungsverantwortung nicht delegieren kann. Er hat seinen Patienten nicht nur im Sinne seiner spezifischen medizinalen Kompetenz als Organsystem wahrzunehmen und zu behandeln, sondern muss ihn im Sinne der immer auch mit bestehenden diffusen Sozialbeziehung als ganzen Menschen wahrnehmen, muss also auch auf die sich durch die Krankheit ergebende biographische Krise des Patienten reagieren. Zwischen dem Ingenieur und dem Arzt besteht ein fundamentaler Unterschied: „Ein Ingenieur muss, wenn er eine Brücke baut und feststellt, dass die von der Bodenbeschaffenheit abhängigen Parameter die vorgegebenen und Gegenstand einer politischen praktischen Entscheidung bildenden Mindestwerte und Sicherheitsbestimmungen nicht mehr erfüllen, sofort sein Projekt beenden. Ein Arzt darf, wenn er nicht genau weiß, welchen Krankheitsprozess er bei einem Schwerkranken vor sich hat, nicht sein Geschäft mit der Begründung beenden, er habe alle ihm zur Verfügung stehenden Wissensquellen ausgeschöpft, ohne eine Aufklärung über den Krankheitsprozess zu erlangen, und könne es deshalb nicht länger verantworten, im Namen einer wissenschaftlich begründeten ärztlichen Kompetenz weiter zu praktizieren. Würde er das analog zu dem vom Ingenieur wissenschaftsethisch Geforderten tun, dann würde er nicht kompetent, sondern inkompetent handeln. Die Kompetenz eines Arztes besteht genau darin, auch im Falle der aktuellen wissensmäßigen, diagnostischen Unsicherheit und Unentschiedenheit dennoch als Arzt weiter praktizieren zu müssen, bis zum evtl. Tod des Patienten. Diese Verpflichtung und diese praktische Kompetenzausweitung ergibt sich nicht aus der wissenschaftlichen Begründungsbasis des ärztlichen Handelns *per se*, sondern aus der Logik des Arbeitsbündnisses". (Oevermann 2000: 30)

Im Gegensatz zur ideologiekritischen Professionalisierungstheorie liegt hier die professionelle Autonomie im ärztlichen Gegenstand selbst begründet. Sie ergibt sich aus der unhintergehbaren Grauzone ärztlichen Handelns und stellt deshalb nicht (nur) eine Konsequenz der geschickten Inszenierung der Ärzte im Spiel um gesellschaftliche Macht dar.

Um hier nochmals zusammenzufassen: Im Zentrum dieses Professionsverständnisses steht das Arbeitsbündnis zwischen Patient und Klient. Der Arzt agiert dabei zugleich als Spezialist und Generalist, nimmt den Patienten spezifisch, d. h. im Hinblick auf sein Krankheitsproblem wahr, aber auch generell als ganzen Menschen im Sinne einer „diffusen Sozialbeziehung".

Professionen auf dem absteigenden Zenit?
Oevermanns wie auch Stichwehs Überlegungen zur Aufgabe bzw. Funktion des Professionellen beruhen auf der Rekonstruktion der ärztlichen Arbeit, wie sie sich in den 70er Jahren, also noch im Nachklang des „goldenen Zeitalters der Medizin" darstellt. (Hafferty/Light 1995) Ein viertel Jahrhundert später lohnt es sich doch zu schauen, ob nicht die „weitergehende Ausdifferenzierung der gesellschaftlichen Funktionssysteme ebenso wie auch die Evolution moderner Organisationen" zu „einem Bedeutungsverlust der Professionen geführt" hat. (Stichweh 1996: 50)

Die Gemeinschaft der Ärzte zeigte sich nicht mehr als eine Gruppe von Gleichen, denn die Spezialisten gewannen zugunsten der Primärversorgung deutlich an Bedeutung, wenngleich die generalistischen und ganzheitlichen Tugenden der Allgemeinärzte weithin ausgelobt wurden. (Hafferty/Light 1995: 136) Als Folge der fortschreitenden Spezialisierung wurden Desintegrationsphänomene sowie vermehrt auch die Entfremdung der Organmedizin vom „ganzen" Menschen kritisiert.

Wie Feuerstein (1995) beispielsweise für das System der Organtransplantation aufzeigt, erscheinen nun komplexe Ketten fragmentierter und geteilter Verantwortlichkeiten, in der die zwangsläufig mitproduzierten Fehler weder den Teilorganisationen, noch den in ihnen agierenden Einzelpersonen zugerechnet werden können. Hiermit sieht sich der Patient nun weniger dem einzelnen Arzt gegenüber, der nun im Charisma seiner Autorität, verantwortlich im Klientelbezug und in persönlicher Vertrauensbeziehung, seine Entscheidung trifft. Stattdessen findet sich der Kranke insbesondere im Krankenhaus mit einer Organisation konfrontiert, deren Akteure wie auch ihre inneren Prozesse weit gehend unsichtbar und anonym bleiben.[11]

Die Taylorisierung der Medizin stellt zunächst noch nicht die Rolle der Ärzte als Leitberuf medizinischer Organisationen in Frage. Die professionel-

---

[11] Hier sei dann nochmals darauf verwiesen, dass wesentliche Teile des Behandlungsprozesses heutzutage interaktionsfrei, d. h. auf Basis von Akten, Befunden, Laborberichten etc. stattfinden, die Arzt-Patient-Interaktion also de facto weder in den diagnostischen, noch therapeutischen Prozessen eine zentrale Rolle spielt. (vgl. Berg 1996)

le ärztliche Semantik kann der Evolution ihrer Organisationen zunächst folgen und die Rationalisierung ihrer Disziplin gar als Selbstbild ihrer Profession übernehmen.[12] Die eigentliche Krise ergab sich vielmehr einerseits aus der rücksichtslosen Steigerung des Ressourcenverbrauchs der Medizin und andererseits in der vorangehend schon geschilderten Erosion der Wissensbasis im Zuge der Wissensexplosion und damit verbunden den Problemen der reflexiven Moderne. Aus gesellschaftstheoretischen Überlegungen wurde nun der Bedarf nach einer äußeren Grenze hinsichtlich der weiteren Steigerung der Gesundheitsausgaben abgeleitet. (Herder-Dorneich/Schuller 1983) Auch Kritik von wohlwollenderer Seite kam zu dem Schluss, dass die Gesundheitsbilanz der Bundesrepublik offensichtlich nicht den eingesetzten Mitteln zu entsprechen scheine. Die Gesamtrationalität des Gesundheitswesens zeige sich zumindest fragwürdig, und einhergehend damit wurde der medizinischen Profession die Kraft zur Selbststeuerung abgesprochen.

Die äußere Grenze wurde dann zunächst von ökonomischer Seite gezogen: In der Bundesrepublik wurden ab 1977 Krankenkassen und Leistungserbringer verpflichtet, eine Kostendämpfungspolitik mit dem Ziel der Beitragsstabilität zu verfolgen. Mit den Gesundheitsreformgesetzen (1989 „Erste Stufe", 1993 „Zweite Stufe", 1997 „Dritte Stufe") wurden dann schrittweise die Zugriffmöglichkeiten auf die medizinischen Prozessabläufe seitens der Krankenkassen erhöht. Externe Kontrollen hinsichtlich der Plausibilität und Begründung der ärztlichen Leistung wie auch Einzelverträge mit Krankenhäusern jenseits der globalen Landesbedarfsplanung wurden nun möglich. (Observatory 2000: 119)

Aber auch von anderer Seite erscheint die Rolle der ärztlichen Profession nun in Frage gestellt. Nicht zuletzt durch die universitäre Institutionalisierung von Public Health in den 80er Jahren, sowie dem Rekurs auf biometrische Verfahren in der Sozialmedizin und der damit verbundenen Rezeption der sogenannten *evidence based medicine* durch die Gesundheitspolitik konkurrieren nun auch nicht-ärztliche bzw. nicht-klinische Wissenseliten um die

---

[12] In diesem Zusammenhang sei nochmals auf Marc Bergs (1995) Diskursanalyse am Beispiel der Entwicklung des medizinischen Selbstverständnisses am Beispiel der Editorials der beiden großen amerikanischen Medizinjournale YAMA und NEJM verwiesen.

wissenschaftliche Definitionsmacht, wie der Zentralwert Gesundheit am besten sicher zu stellen sei. Da die neuen akademischen Disziplinen nicht für die klinische Tätigkeit ausgebildet werden, erscheint hier ein neuer akademischer Berufstypus, der im Hinblick auf seine berufsbiografischen Karrieremöglichkeiten eher der Politik, der Erziehung und der Wirtschaft näher stehen, als der Medizin.

Ihr Augenmerk ist nun weniger auf die klinische Arbeit mit dem vorrangigen Ziel der Krankenbehandlung denn auf Verwaltung und Management von Ressourcen gerichtet. Gegenüber Politik und Wirtschaft verliert die ärztliche Profession hiermit deutlich an Macht, denn die Kontrolle über das, was nun letztlich als medizinische Qualität zu bewerten ist, wird nun immer weniger der ärztlichen Selbstverwaltung zugetraut.[13] Leitlinien zur medizinischen Behandlung, ursprünglich als Instrumente der ärztlichen Selbstkontrolle formuliert, mutieren in den wirtschaftlichen und politischen Konturen leicht zu Mitteln, um Steuerungswirkungen auf die Behandlungsleistungen zu entfalten. (Vogd 2002) Darüber hinaus hält es beispielsweise der Gesetzgeber nun für notwendig, die Form und Menge der fachärztlichen Weiterbildungen mit dem Sanktionsmittel „Verlust der kassenärztlichen Zulassung" zu bestimmen und zu kontrollieren. (Pfadenhauer 2004)

All dies sind Indikatoren eines fortschreitenden Bedeutungsverlustes der ärztlichen Profession zu Gunsten komplexer, multizentrischer Steuerungsprozesse. Aus diesem Grunde lohnt sich der empirische Blick in eine medizinische Institution.

Von der sprechenden zur schreibenden Medizin: Veränderungen auf einer internistischen Station

Die folgenden Beobachtungen und Gesprächsausschnitte stammen aus Beobachtungen auf einer internistischen Station, die im Sommer 2004 zum zweiten Mal vom Forscher aufgesucht wurde. Im Jahr 2001 waren noch 3,75 Stationsarztstellen für 36 Patienten vorgesehen. 3 Jahre später waren nur noch 2,25 Ärzte für dieselbe Station eingeteilt. In der gleichen Zeit reduzierte sich der durchschnittliche Klinikaufenthalt eines Patienten von 11 auf 7

---

[13] Siehe hierzu die Diskussion um das Zentrum der Qualität in der Medizin, bzw. dem britischen Gegenstück NICE.

Tage. Gleichzeitig kommt es aufgrund von Ruhetagen nach Nachtdiensten, Urlaub sowie Freizeitausgleich von Überstunden zu häufigem „Schichtwechsel" und damit regelmäßig zu Schnitten in der Kontinuität der ärztlichen Arbeit:

Stationsarzt Dr. Martin (im Gespräch mit dem Beobachter): *Jetzt 2 Stellen für die Station und dann eine Funktionsärztin, die dann eine halbe Stelle für beide Stationen hat. (...) Dann manchmal hat einer von uns Dienst alleine (...) da passieren dann auch Sachen, die nicht so gut sind (...) kann man sich einfach nicht besser drum kümmern (...) .*

Während früher die Stationsärzte jeden ihrer Patienten ausführlich untersuchten und damit kennen lernen konnten, ist dies unter den heutigen Bedingungen nicht mehr möglich. Man verlässt sich nun stattdessen auf die Diagnose, die der Arzt von der Aufnahmestation gestellt hat:

Stationsarzt Dr. Martin: *(...) jetzt mit den Überstunden (...) habe ich genauso viele wie vorher (...) nur dass die jetzt nicht mehr bezahlt werden (...) gut ein Teil der Zeit kommt dann von mir (...) früher war dann auch mal Raum zwischendurch zu entspannen was für mich (...) und der andere Teil dann vom Patienten (...) weniger Zeit mit denen zu sprechen (...) auch habe ich früher immer die ganze internistische Untersuchung gemacht (...) muss ich mich auf die Untersuchung der Aufnahmestation verlassen (...) kann dann jetzt nur noch abhören und abtasten (...) das wird dann von den Patienten manchmal vorgeworfen (...) gibt dann auch mehr Ärger (...) Überstunden werden dann nicht mehr bezahlt (...) sollen durch Freizeit ausgeglichen werden (...) dann nach Drei Monaten kann man einen Antrag stellen, dass die bezahlt werden (...) aber wenn man das alles als Urlaub nimmt, dann ist das den Kollegen gegenüber unfair (...)*

Die Kommunikation der Ärzte kann nun vielfach nur noch schriftlich über die Patientenakte laufen, da in der Regel keine Zeit mehr ist, die Patienten persönlich dem Kollegen zu übergeben:

Dr. Martin: *(...) jetzt fühle ich mich kräftig. (...) die gute Laune (...) dass es jetzt in den Urlaub geht (...) sonst ist es aber am letzten Tag oft sehr hektisch (...) muss ich ja jetzt alles schriftlich notieren, wie es weiter geht (...) Hanne muss ja dann am Montag sehen können, was zu tun ist (...) ist dann nicht mehr so, wie in den guten alten Zeiten (...) als wir zwei drei Tage vorher mal bei der Visite mitgelaufen (...) war ja früher so, dass ich dann immer gedacht habe, eine Woche brauche ich, um mich in den Patienten einzudenken, heute sind die dann ja schon wieder weg (...)*

Unter den „neuen" organisationalen Verhältnissen erscheint der Behandlungsprozess deutlich fragmentiert und taylorisiert. Wir finden zudem eine deutliche Verminderung der Zeiten, die für Arzt-Patient und für Arzt-Arzt-Interaktionen aufgewendet wird. Anstelle der persönlichen Begegnung gewinnt nun die Patientenakte die Hauptrolle, um den roten Faden der Behandlung weiterzuspinnen.

Unter diesen Bedingungen ist auch der Stationsarzt nicht mehr verantwortlich für den „ganzen" Patienten, so dass es durchaus nicht selten vorkommen kann, dass ein Patient, beispielsweise nach einer kardiologischen Intervention, von dem Stationsarzt entlassen wird, ohne dass dieser den gesehen hat. Dies kann dann durchaus zu Komplikationen führen:

(9:45, auf der Station)
Pfleger: *(...) Frau Schmidt, eine Frau, die dann eine PCTA bekommen hatte (...) von der Station 15 auf die 33 verlegt (...) weil dann hier wieder ein Bett frei (...) soll dann entlassen werden (...)*
Stationsärztin Frau Dr. Kranz: *(...) gut, dann entlasse ich jetzt auch wieder eine Patientin, die noch nicht einmal gesehen (...) hätte ich jetzt gestern nicht alle entlassen, dann wäre das Bett nicht frei gewesen (...) (zum Pfleger) ist dann wenigstens ein EKG gemacht worden?*
Pfleger: *ja.*

(Ein wenig später: Die EKG-Assistentin läuft im Gang an der Ärztin vorbei.)
Dr. Kranz: *(...) hat die Frau Schmidt ein EKG bekommen?*

Assistentin: *War nicht dabei (...) kann ich jetzt auch noch eins machen (...)*
Dr. Kranz: *vielleicht war's auch unten*
Assistentin: *kann ich mich auch nicht erinnern (...) kann ich noch eins machen (...)*
Dr. Kranz: *jetzt ist sie wohl schon gegangen (...) machen wir eben Schmalspurmedizin (...)*

(10:30, im Arztzimmer)
Dr. Kranz: (setzt sich ins Arztzimmer, schaut die Akte von Frau Maier durch, codiert die Diagnosen in dem Abrechungsbogen bogen, und fertigt den kurzen Arztbrief für die Entlassung an. Der ganze Vorgang dauert knapp 20 Minuten).
Beobachter: *War das die Patientin, die Du nicht gesehen hast?*
Dr. Kranz: Ja.

(Ein wenig später wird Frau Schmitz von ihrer Tochter abgeholt. Der Pfleger sucht die Arztbriefe und fragt Frau Dr. Kranz, ob der Brief nicht schon fertig sei. Die Ärztin antwortet, dass der Brief an der üblichen Stelle, am Fensterbrett, liege).
Pfleger: *wir haben die Briefe vertauscht (...) Frau Schmidt hat den von Frau Schmitz mitbekommen (...) ich habe jetzt schnell noch ein Kopie gemacht und den gebe ich dann mit.*
Dr. Kranz (zum Beobachter): *darfst Du jetzt gar nicht aufschreiben, was hier geschieht (...) Patienten entlassen und nur kurz gesehen (...) den falschen Arztbrief (...) früher habe ich den Patienten immer selbst den Arztbrief übergeben und noch ein paar Worte mit ihm geredet (...) dafür ist dann heute auch keine Zeit mehr (...)*

Innerhalb des Behandlungssystems sind die Zuständigkeiten und Verantwortlichkeiten in kleine Portionen zerteilt. Kompetente Ärzte leiden darunter, nun nur noch Gehilfen eines Prozesses zu sein, den sie nicht mehr steuern können:

(Frau Dr. Kranz, eine internistische Fachärztin mit der Teilgebietsbe-
zeichnung „Kardiologie", schaut vor der Visite in die Akte eines Patienten, den sie noch nicht kennt und der nach einer kardiologischen Intervention auf die Station gekommen ist.)

Dr. Kranz: *Bei Herrn Nahod (...) da betreiben wir jetzt Schmalspurmedizin (...) soll eigentlich immer nach der Pumpfunktion gefragt werden
(...) das hat jetzt bei nie jemand gemacht (...) kriege jetzt immer ein
dumpfes Gefühl, wenn dann da steht „Pumpfunktion unbekannt" (...)*

Beobachter: *Sie sind jetzt auch Kardiologin?*

Dr. Kranz: *Ja, ist jetzt mein Problem (...) bin jetzt hier nur Gehilfin (...)
und in der Qualitätssicherung heißt es immer „Pumpfunktion ist wichtig" (...) wenn die jetzt niedrig ist, kann man mit einer medikamentösen
Einstellung ne Menge erreichen (...) und dann mit der PCTA, wenn die
zu niedrig, kann es auch problematisch werden (...) aber das ist jetzt
der Unterschied zwischen Theorie und Praxis (...) auch wenn es dann
in den Studien heißt, die Patienten würden davon profitieren (...) aber
wenn ich jetzt da was mache (...) und dann beispielsweise in den Arztbrief schreibe, die Dosis muss erhöht werden (...) dann trauen die sich
nicht ran (...) und dann ist es für die [die Hausärzte] auch eine Frage
des Budgets (...)*

Die Fragmentierung der ärztlichen Arbeit stellt neue Anforderungen an
die Organisation der ärztlichen Arbeit, denn die häufigen Personalwechsel
führen beispielsweise auch dazu, dass auf den Chef- oder Oberarztvisiten
Patienten vorgestellt werden, die den Ärzten unbekannt sind:

(8:35, Stationszimmer)

Dr. Holstein: *Gestern war ich dann alleine da (...) und dann noch Chefvisite (...) ich weiß ja jetzt auch nicht, was es unter den Bedingungen
soll (...) ich hatte von den meisten Patienten keine Ahnung (...) vielleicht hat der jetzt noch die Haltung (...) vielleicht, weil er noch ein
bisschen älter ist (...)*

Beobachter: *(...) und der ist dann zu allen Patienten?*

Dr. Holstein: *Ja, kam dann um halb (...) und war dann auch ein bisschen blöd (...) kenne die Patienten von der anderen Seite ja gar nicht*

(...) kann dann nur aus der Akte vorlesen (...) weiß dann aber auch nicht, ob das jetzt noch aktuell stimmt (...) jetzt bei dem einen Patienten, wo das CT einen Tag vorher (...)
Beobachter: *Herr Mannstein?*
Dr. Holstein: *Ja (...) da hatte ich das Röntgen zwar noch so vage in Erinnerung (...) und dann fiel es mir auf einmal wieder ein, das war ja gestern (...)*
Beobachter: *Und jetzt? Wurde da jetzt eine Entscheidung (...)*
Dr. Holstein: *Punktieren will er ihn (...) ist dann auch so eine Sache (...) ich weiß jetzt nichts näher über den Patienten (...) sein Befinden (...) wie der so drauf ist (...) konnte dann ja jetzt nur nach der Akte (...) aber ob das jetzt sinnvoll ist (...)*
Beobachter: *Hast Du dann vormittags die ganzen Akten durchgeschaut?*
Dr. Holstein: *Nein, da habe ich jetzt überhaupt keine Zeit für (...) muss ja dann Blutentnahmen (...) Untersuchungen anordnen (...) die ganzen Entlassungen (...) kann ich dann nur noch aus der Akte vorlesen (...) gut, ich komme dann meistens schon schnell herein (...)*
Beobachter: *Und mit der Punktion ist jetzt entschieden*
Dr. Holstein: *Er sagt dann „ist ja wirklich ein seltener und interessanter Fall" (...) aber eigentlich kann er das ja jetzt gar nicht entscheiden (...) ich kenne den Patienten ja jetzt gar nicht (...)*

In den Gruppenvisiten kann nun nicht mehr davon ausgegangen werden, dass jemand dabei ist, der den Patienten wirklich gut kennt. Entsprechend ändert sich nun auch die Form der Visite, sie erscheinen nun weniger als eine Arbeitsbesprechung vor dem Patienten, in der sich das medizinische Team über Behandlungsoptionen austauscht. Sie erscheint nun vielmehr nur noch ein Kontrollforum, in dem problematische Fälle entschieden werden können:

(10:30, Chefvisite, ein paar Wochen später)
Chefarzt: *(...) jetzt mit de Akte (...) können wir auch draußen gucken (...) wir brauchen uns ja jetzt nicht blöder machen, als wir sind (...) draußen schauen, braucht dann genauso lang, wie drinnen, also kön-*

nen wir das jetzt auch draußen machen (...) die neuen Verhältnisse brauchen neue Vorangehensweisen (...) nur die schwierigen Fälle, die müssen jetzt von allen gewusst werden (...) gibt ja immer nur 2-3 von diesen auf der Station (...)
Chefarzt: *Warum ist jetzt keine Schwester dabei?*
(Zur Famulantin) sagen sie mal Bescheid (...) wenn sie nicht können, sollen sie höflicherweise wenigsten Bescheid sagen (...)
(die Famulantin geht raus)
Pfleger (kommt): *Guten Tag (...) die Kollegin ist krank (...) haben jetzt eine Leihkraft von der 15, die sich hier auch nicht aus kennt (...)*
Chefarzt: *gut, dann wenigstens Bescheid sagen (...)*

Die vorangehenden Beobachtungen aus dem Krankenhausalltag lassen deutlich werden, dass der Krankenhausarzt innerhalb moderner Organisationen nicht als Professioneller im Sinne des klassischen Verständnisses agiert. Er ist nicht mehr für den ganzen Patienten verantwortlich, kann nur noch in Ausnahmefällen einen persönlichen Klientelbezug herstellen und ist zudem hochgradig abhängig von administrativen wie auch ökonomischen Sachzwängen. Die Beispiele zeigen aber auch auf, dass wir uns hier in einer Übergangsphase befinden. Der alte Habitus des ärztlichen Internisten scheint noch auf. Die Ärzte haben noch eine Erinnerung daran, dass die Dinge früher einmal anders waren, dass man Zeit hatte, um den Patienten kennen zu lernen, und dass die Medizin mehr eine sprechende Medizin war. Den Ärzten fehlen teilweise noch die Routinen, wie man mit den neuen organisationalen Bedingungen umzugehen hat. Möglicherweise wird in Zukunft mehr auf formale Lösungen gesetzt, um hier Sicherheit in die Abläufe zu bringen. Man mag, was an vielen Kliniken zurzeit angedacht wird, standardisierte Behandlungspfade für die häufig vorkommenden Krankheitsbilder einführen. Während früher breiter Raum war, um Unsicherheiten im Team zu besprechen, werden möglicherweise bald schon informelle Organisationsformen entstehen, die zwischen Routinefällen und Problempatienten unterscheiden, wobei erst im letzteren Falle, die höheren Ebenen der ärztlichen Hierarchie eingeschaltet werden. Ärztliches Entscheiden wird nicht mehr wie im alten Professionsverständnis heißen können, den Patienten wirklich gut zu kennen und ihn als ganzen Menschen zu sehen, um dann für ihn das richtige zu finden. Vielmehr wird dann im Regelfall nach Aktenlage zu entscheiden sein, aufgrund von Röntgenbildern, Laborwerten, Gutachten und vergangenen Arztbriefen, etc. Falls dann noch Unsicherheiten bestehen, wird man im Sinne einer arbeitsteiligen Organisation oftmals eher auf Hierarchie zurückgreifen, als eine Beziehung zum Patienten zu wagen. All dies spricht in der Tat für einen Bedeutungsverlust von Professionen im Angesicht der Evolution moderner Organisationen.

Abschließend stellen sich hier insbesondere drei Fragen:
1. Worin liegen die Chancen und die Gefahren dieser Professionalisierung?
2. Was bedeutet unter den heutigen Bedingungen Autonomie, Klientelbezug und der Blick für das Ganze?
3. Was bedeuten die genannten Prozesse für die Professionalisierung der Pflege?

In der aufgezeigten Entwicklung des Krankenhauses ergeben sich Verschiebungen innerhalb der Aufgabenspektren der unterschiedlichen Mitarbeitergruppen. Möglicherweise wird das Patientenmanagement vermehrt den Pflegekräften übertragen, nicht zuletzt auch, um teure ärztliche Arbeitskraft einzusparen.

Eine weniger dichte Betreuung und Versorgung der Patienten, wird Patienten und ihre Angehörigen fordern, mehr selbst auf ihr Wohl zu achten. Gegebenenfalls wird man der Medizin und ihren Organisationen nun zunehmend Misstrauen entgegen bringen, was wiederum auf der anderen Seite zu Anstrengungen veranlasst, sich von außen Qualität zertifizieren zu lassen. Vertrauen wird auch in Zukunft ein wichtiges Thema bleiben.

Literatur

Berg, M. 1995: Turning a Practice into Science: Reconceptualizing Postwar Medical Practice. In: Social Studies of Science 25, S. 437-476.

Berg, M. 1996: Practices of reading and writing: the constitutive role of the patient record in medical work. In: Sociology of Health and Illness 18, S. 499-524.

Carr-Saunders, A.; Wilson, P. A. 1933: The Professions, Oxford.

Feuerstein, G. 1995: Das Transplantationssystem. Dynamik, Konflikte und e-thisch-moralische Grenzgänge, Weinheim/München.

Fisher, E. S.; Welsh, G. H. 1999: Avoiding the unintended consequences of growth in medical care: how might more be worse? In: Journal of American Medical Association (JAMA) 281, S. 446-453.

Freidson, E. 1979: Der Ärztestand. Berufs- und wissenschaftssoziologische Durchleuchtung einer Profession, Stuttgart.

Hafferty, F. W.; Light, D. W. 1995: Professional dynamics and the changing nature of medical work. In: Journal of Health and Social Behavior, 1995, S. 132-153.

Herder-Dorneich, P.; Schuller, A. 1983: Die Anpruchsspirale. Schicksal oder Systemdefekt? Stuttgart/Berlin/Köln.

Illich, I. 1995: Die Nemesis der Medizin. Die Kritik der Medikalisierung des Lebens, München.

Oevermann, U. 1996: Theoretische Skizze einer revidierten Theorie professionalisierten Handelns. In: Combe, A.; Helsper, W. (Hrsg.): Pädagogische Professionalität. Untersuchungen zum Typus pädagogischen Handelns, Frankfurt a.M., 70-182.

Oevermann, U. 2000: Mediziner in SS-Uniformen: Professionalisierungstheoretische Deutung des Falles Münch. In: Kramer, H. (Hrsg.), 2000: Die Gegenwart der NS-Vergangenheit, Berlin, S. 18-76.

Pfadenhauer, M. 2004: Wo liegt die Kompetenz zur ärztlichen Kompetenzentwicklung? Über die (Verteilung von) Zuständigkeit für Fort- und Weiterbildung in der medizinischen Profession. Vortrag beim Workshop „"The Professionalization of Everyone?" – Gesundheitsberufe im Wandel" des Arbeitskreises 'Professionelles Handeln' am 18. und 19. Juni 2004 an der Fachhochschule Fulda. Manuskript.

Stichweh, R. 1987: Professionen und Disziplinen – Formen der Differenzierung zweier Systeme beruflichen Handelns in modernen Gesellschaften. In: Harney, K. (Hrsg.), 1987: Professionalisierung der Erwachsenenbildung: Fallstudien, Materialien, Forschungsstrategien, Frankfurt a.M. S. 210-275.

Stichweh, R. 1996: Professionen in einer funktional differenzierten Gesellschaft. In: Combe, A.; Helsper, W. (Hrsg.), 1996: Pädagogische Professionalität. Untersuchungen zum Typus pädagogischen Handelns, Frankfurt a.M. S. 49-69.

European Observatory on Health Care, 2000: Deutschland. Copenhagen.

Vogd, W. 2002: Professionalisierungsschub oder Auflösung ärztlicher Autonomie. Die Bedeutung von Evidence Based Medicine und der neuen funktionalen Eliten in der Medizin aus system- und interaktionstheoretischer Perspektive. In: Zeitschrift für Soziologie 31, S. 294-315.

Vogd, W. 2004a: Ärztliche Entscheidungsfindung im Krankenhaus bei komplexer Fallproblematik im Spannungsfeld von Patienteninteressen und administrativ-organisatorischen Bedingungen. In: Zeitschrift für Soziologie 33, S. 26-47.

Vogd, W. 2004b: Ärztliche Entscheidungsprozesse des Krankenhauses im Spannungsfeld von System- und Zweckrationalität: Eine qualitativ rekonstruktive Studie, Berlin.

Michaela Pfadenhauer

De-Professionalisierung durch Lernkulturalisierung
*Zur Herausforderung des medizinischen Standes durch
Life Long Learning*

1) Life Long Learning als politisch-professionelles Dauerthema

Einer der gravierenden Indikatoren für den Wandel (auch) von Gesundheitsberufen ist die Dauerthematisierung von Life Long Learning. Dieser Thematisierung mit Appellcharakter liegt die Vermutung zugrunde, dass sich die
‚Halbwertszeit' beispielsweise von medizinischem (Fach-)Wissen rasant
verringert. In der universitären und praktischen (Grund-)Ausbildung vermit-
telte diagnostische, prognostische und therapeutische Kenntnisse, Fertigkeiten und Fähigkeiten, kurz: ärztliche Kompetenzen drohen ständig zu veralten und von aktuelleren, besseren, exakteren Verfahrensweisen ‚überholt' zu
werden: „Der rasche Informationsverschleiß führt dazu, dass Berufswissen
bereits nach fünf Jahren, Computerwissen in manchen Bereichen bereits
nach einem Jahr veraltet ist. Alle fünf bis sieben Jahre verdoppelt sich das
verfügbare Wissen. Wir müssen Abschied nehmen von der Vorstellung, dass
die einmal erworbene Ausbildung für ein ganzes Berufsleben ausreicht oder
dass man mit sporadischen Auffrischungskursen auskommt. Lebenslanges
Lernen muss daher zur Maxime werden".[14]

Die bildungspolitische (vgl. etwa BMBF 2003) und erwachsenenpäda-
gogische (vgl. etwa Wiesner/Wolter 2005) Aufforderung zu Kompetenzentwicklung im Sinne eines „(berufs-)lebenslangen Lernens" hat selbst vor den
‚Toren' der – hinsichtlich der Regelung ihrer berufseigenen Belange weitgehend autonomen – medizinischen Profession nicht Halt gemacht, sondern ist
auch hier zwischenzeitlich ein Dauerthema professionspolitischer Verlautba-
rungen: „Wenn sich in der Medizin alle drei Jahre das Wissen erneuert, dann
verpflichtet schon die Aufnahme des Medizinstudiums zu einer lebenslangen

---

[14] Elke Wülfing, Parlamentarische Staatssekretärin beim Bundesminister für Bildung,
Wissenschaft, Forschung und Technologie, im März 1998.

Fortbildung".[15] Für den einzelnen Professionellen, den Arzt und Mediziner, bedeutet die Aufforderung zum (berufs-)lebenslangen Lernen eine Möglichkeit und einen Zwang zur Kompetenzentwicklung im Sinne der Erhaltung, Erweiterung und Erneuerung seiner beruflichen bzw. berufsbezogenen Kenntnisse, Fertigkeiten und Fähigkeiten zugleich. Für die Profession als Ganze impliziert die Aufforderung zum Life Long Learning die Notwendigkeit, Kompetenzentwicklung in Gestalt von Fort- und Weiterbildungsprogrammen zu ordnen, wobei im Fall der Medizin im Hinblick auf Kompetenzentwicklung im engeren Sinne eines lebenslangen Lernens semantisch exakt von Fortbildung zu reden ist, die hier terminologisch von der Ausbildung, die den Arzt zur staatlichen Approbation führt, zum einen und von der Weiterbildung des approbierten Arztes zum Spezialisten zum anderen unterschieden wird.[16] (vgl. Salzmann 1970; Vogt 1998)

2) Die professionsinterne Regelung der ärztlichen Fortbildung[17]

Eine hinsichtlich der Regelung ärztlicher Fortbildung führende Kompetenz im ‚Reigen' professioneller Organisationen kommt der Bundesärztekammer zu, die – als Arbeitsgemeinschaft der 17 Deutschen Landesärztekammern – die Spitzenorganisation der ärztlichen Selbstverwaltung bildet. Ihre Aufgabe besteht satzungsgemäß unter anderem darin, auf eine möglichst einheitliche Regelung der ärztlichen Berufspflichten und der Grundsätze für die ärztliche

---

[15] Prof. Dr. Hoppe, Präsident der Bundesärztekammer, am 22. März 2004.

[16] Das Erfordernis von Kompetenzentwicklung im *engeren* Sinne eines ‚lebenslangen Lernens' zum Erhalt, vor allem aber zur Aktualisierung seiner medizinischen Wissensbestände und zur damit erforderlichen Erweiterung seiner Fähigkeiten und Fertigkeiten stellt sich für den Arzt folglich ‚erst' im Anschluss an seine summa summarum mindestens zehnjährige Aus- und Weiterbildung.

[17] Die diesem Kapitel zugrunde liegenden Arbeiten wurden im Auftrag des Bundesministeriums für Bildung, Wissenschaft, Forschung und Technologie durchgeführt. Die von der Verfasserin vertretenen Auffassungen stimmen nicht unbedingt mit der Meinung des Bundesministeriums für Bildung, Wissenschaft, Forschung und Technologie überein, das ferner keine Gewähr für die Richtigkeit, Genauigkeit und Vollständigkeit der Angaben sowie die Beachtung der Rechte Dritter übernehmen kann. Gefördert wurde die Forschung zusätzlich durch die Europäische Union – Europäischer Sozialfonds (ESF).

Tätigkeit auf allen Gebieten hinzuwirken sowie eben die ärztliche Fortbildung zu fördern. Generell soll den Empfehlungen der Bundesärztekammer zufolge ärztliche Fortbildung „den sich aus der Entwicklung von Medizin und Epidemiologie ableitenden Fortbildungsbedarf" und „die individuellen Bedürfnisse des Arztes (...) nach Weiterentwicklung und Verfestigung der ärztlichen Kenntnisse und Fähigkeiten" berücksichtigen. (BÄK 2003: 4) Ausgegangen wird also nicht nur von einem objektiven Bedarf an Fortbildung infolge der raschen Wissensentwicklung auf medizinischem Gebiet, sondern zugleich von einem subjektiven Bedürfnis nach Fortbildung, dem „persönlichen Wunsch" (ebd.) eines jeden Arztes, kontinuierlich sein Wissen und seine Fähigkeiten zu erneuern und zu erweitern. Allerdings lässt sich konstatieren, dass eine – im Zuge der professionellen Sozialisation herkömmlicher Weise als internalisiert unterstellte – intrinsische Motivation, ein Berufsleben lang weiterzulernen, längst nicht mehr als hinreichend erachtet wird, sondern in Form einer Nachweispflicht sozusagen ‚zur Sicherheit' zusätzlich extrinsisch auferlegt wird.

Eine Art ausführendes Organ ist der ‚Deutsche Senat für ärztliche Fortbildung' als ständige Beratungsinstanz des Vorstandes der Bundesärztekammer. Ihm obliegt es unter anderem, Methoden und Medien auf ihre Eignung für die ärztliche Fortbildung hin zu überprüfen sowie Maßnahmen zur Qualitätssicherung der ärztlichen Fortbildung zu entwickeln, zu evaluieren und auf ihre Verbreitung hinzuarbeiten. Als zentrale Aspekte, die zur Qualitätssicherung ärztlicher Fortbildung gewährleistet sein müssen, erweisen sich erstens die Relevanz der Lehrinhalte, welche sich an den Erkenntnissen der ‚nachweisgestützten' Medizin[18] zu orientieren haben, zweitens die Qualität der Fortbildungsmethode hinsichtlich Themenauswahl, Form der Präsentation, Art der Medien, Auswahl der Experten, Organisation der Durchführung und Evaluation, sowie drittens die Unabhängigkeit der ärztlichen Fortbildung – vor dem Hintergrund, dass Fortbildungsmaßnahmen in nicht unerheblichem Umfang von Pharmakonzernen angeboten und durchgeführt bzw. zumindest finanziert werden.[19]

---

[18] Zur Bedeutung der Evidence Based Medicine für die Ausdifferenzierung der medizinischen Profession vgl. Vogd 2002.

[19] Einer Umfrage der Abteilung Allgemeinmedizin der Medizinischen Hochschule Hannover und des Instituts für angewandte Qualitätsförderung und Forschung im Gesund-

Während die Verpflichtung zur Fortbildung bislang lediglich im Berufs-recht verankert war und Fortbildungszertifikate dementsprechend auf frei-willige Basis erworben werden konnten, sind mit dem im Zuge der aktuellen Gesundheitsreform erlassenen „Modernisierungsgesetz der Gesetzlichen Krankenversicherung" seit dem 01.01.2004 alle im Vertragsarztbereich täti-gen Ärztinnen und Ärzte gesetzlich verpflichtet, sich in dem Umfang fach-lich fortzubilden, wie dies zur Erhaltung und Fortentwicklung der Be-rufsausübung in der vertragsärztlichen Versorgung erforderlich ist. Die Bundesärztekammer hat hierfür eine Fortbildungssatzung entwickelt, derzu-folge Ärzte innerhalb von fünf Jahren 250 so genannte „Fortbildungspunk-te" erwerben müssen. Grundeinheit für einen Fortbildungspunkt ist eine 45-minütige Fortbildungseinheit. Maßnahmen zur Fortbildung werden vor der Durchführung von der Ärztekammer gemäß einheitlichen Bewertungskrite-rien kategorisiert und mit Fortbildungspunkten bewertet, die durch die Teil-nahme erworben werden können.

Fortbildung ist in der Medizin zum einen in Form von Fachvorträgen im Rahmen von Tagungen, Seminaren und Kongressen möglich, die von inter-nationalen und nationalen Fachgesellschaften, Ärztekammern (Ärztetag) und Berufsverbänden, aber eben auch von Pharmakonzernen veranstaltet oder zumindest subventioniert werden. Mediziner bilden sich überdies durch die Lektüre wissenschaftlicher Fachzeitschriften und die Recherche auf ein-schlägigen Internetseiten fort, denen der je neueste Stand der Forschung auf dem Gebiet der Diagnostik, Prognostik und Therapie entnommen werden kann. Des Weiteren besteht für niedergelassene Ärzte grundsätzlich die Möglichkeit, in für ihre Spezialisierung einschlägigen Abteilungen angese-hener Universitätskliniken zu hospitieren, insbesondere um die Behandlung

---

heitswesen (AQUA) zufolge bleibt die Realität ärztlicher Fortbildung aus Sicht nie-dergelassener Ärzte weit hinter den Empfehlungen der Bundesärztekammer zurück. Gegenüber Fortbildungsveranstaltungen mit dem Ziel des explizit akademischen Wis-senstransfers fehle es an Fortbildungsangeboten, in denen Umsetzungslösungen für die eigene Praxis erarbeitet werden könnten. Expliziter Bedarf besteht demnach „nach An-geboten, die gleichzeitig den interkollegialen Austausch durch die Aktivierung der Teilnehmer fördern, praxisorientierte Themen behandeln, und die außer einem Er-kenntnisgewinn auch einen Kompetenzzuwachs ermöglichen". (Gerlach/Beyer 1999: 588)

von in der Praxis vor Ort eher seltenen Krankheitsfällen studieren zu können, während Klinikärzte bei niedergelassenen Kollegen an ärztlicher Behandlungspraxis ‚vor Ort' teilnehmen können. Eine relativ neue Fortbildungsinstitution bilden schließlich die so genannten Qualitätszirkel, in deren Rahmen sich Ärzte der gleichen Provenienz und gleichen Region – supervisionsartig – über den Umgang mit Problemen austauschen, die sich in ihrer täglichen Praxis stellen. (vgl. Schmidt 2003)

Allerdings lassen sich nicht alle Formen von Fortbildungsmaßnahmen in gleicher Weise nachweisen, was medizinische Standesorganisationen vor erhebliche Zertifizierungsprobleme stellt. Ärztliche Fortbildung im Rahmen von (vor-)organisierten Weiterbildungsmaßnahmen und damit Lernen unter formellen Bedingungen, d.h. Fortbildung mit konzeptionell vorgesehener Beteiligung jedes einzelnen Teilnehmers (in Workshops, Arbeits- und Kleingruppen, Qualitätszirkel etc.), aber auch eine strukturierte interaktive Fortbildung mittels Printmedien, Online-Medien und audiovisuellen Medien mit nachgewiesener Qualifizierung und Auswertung des Lernerfolgs in Schriftform erweisen sich nahe liegender Weise als besonders geeignet zur Erteilung eines Fortbildungsnachweises. Fortbildungspunkte können Ärzte, wenngleich bereits in geringerem Umfang, aber auch im Rahmen von Hospitationen, d.h. unter nicht-vororganisierten Bedingungen eines nonformellen Lernens im Rahmen von Arbeitsprozessen erwerben. Das informelle Lernen, d.h. Lernen jenseits von Bildungseinrichtungen, dem im Hinblick auf Kompetenzentwicklung in der gegenwärtigen Lernkultur-Debatte eine besondere Bedeutung beigemessen wird, erweist sich – generell, in besonderem Maße aber eben auch im Fall der ärztlichen Fortbildung – unter Zertifizierungsgesichtspunkten erwartungsgemäß als besonders prekär. (vgl. Bjørnåvold 2001) Auffällig ist jedenfalls, dass das so genannte „medizingestützte Eigenstudium" (BÄK 2003: 5) – im Verhältnis zu formal nachweisbar erbrachten Fortbildungsmaßnahmen – eine in ‚Fortbildungspunkten' verrechnet erheblich geringere Bewertung erfährt. In dieser – das Selbststudium durch Fachliteratur und -bücher sowie Lehrmittel bewertenden – Kategorie werden maximal 50 Fortbildungspunkte in fünf Jahren anerkannt und damit deutlich weniger als in allen anderen – die Teilnahme an Fortbildungsmaßnahmen unterschiedlicher Art zertifizierenden – Kategorien.

3) Kompetenztheoretische Implikationen der (Neu-)Regelung

Intendiertermaßen hebt das Zertifizierungsverfahren für ärztliche Fortbildung weit mehr auf formelle und zum Teil non-formelle als auf informelle Lernprozesse[20] und auf konventionelle Lernformen ab, die in der kompetenztheoretischen Terminologie als ,fremdorganisiert' oder doch zumindest ,fremdgesteuert' bezeichnet werden, womit gemeint ist, dass sich das Lernen nicht an eigenen, sondern an von außen vorgegebenen Relevanzen orientieren muss. (vgl. Erpenbeck 1997)

Auch wenn der Vorsitzende des Deutschen Senats für ärztliche Fortbildung in seinem Referat auf dem diesjährigen Deutschen Ärztetag explizit „Maßnahmen zur Verbesserung kommunikativer und sozialer Kompetenzen" zum Gegenstand ärztlicher Fortbildung erklärt hat, liegt deren Schwerpunkt fraglos auf der Vermittlung und Aneignung fachlicher Kompetenzen („wissenschaftliche Erkenntnisse") und – bereits zweitrangig – methodischer Kompetenzen („neue medizinische Verfahren").[21] (Eckel 2004: 3) Generell hebt ärztliche Fortbildung weitaus mehr ab auf ,Qualifikation' als auf ,Kompetenzentwicklung', d.h. auf die Vermittlung (berufs-)tätigkeitsbezogener Kenntnisse, Fähigkeiten und Fertigkeiten im Sinne einer optimalen „Anpassung an die Anforderungen späterer Verwendungssituationen" statt auf die „Förderung der individuellen Anpassungsfähigkeit". (Arnold 1996: 14)

---

[20] Während *formalisiertes Lernen* planmäßig organisiert im Rahmen bzw. ,unter Aufsicht' des formalen Bildungs- und Ausbildungssystems erfolgt und *informelles Lernen* ungeplant, beiläufig, sozusagen ,naturwüchsig' statt hat und – ganz entscheidend – vom Lernenden *nicht* als Lernen intendiert ist, ist *nicht-formelles* bzw. *proto-formalisiertes Lernen* zwischen diesen beiden Polen anzusiedeln: gemeint ist damit die Entwicklung und Aneignung von Kompetenzen außerhalb des öffentlichen Bildungs- und Ausbildungssystems, aber im Zuge eines (zumindest vom Lernenden) als Lernen beabsichtigten Bildungsprozesses. (vgl. Dohmen 2001; Colley u.a. 2003: 8f; vgl. empirisch dazu auch Hitzler/Pfadenhauer 2005)

[21] Kompetenz wird in der einschlägigen Literatur in der Regel als ein Konstrukt verstanden, das aus einer Reihe von Teil-Kompetenzen zusammengesetzt ist. Am gängigsten ist hierbei die Aufschichtung von (Handlungs-)Kompetenz aus Fachkompetenz, Methodenkompetenz, Sozialkompetenz und personaler Kompetenz, wobei letztere mitunter durch den Begriff der Reflexionskompetenz ersetzt wird. (vgl. Faulstich 1997, S. 165f)

Die Lernkultur, wie sie von professionellen Organisationen gerahmt und institutionalisiert wird, erscheint somit im Hinblick auf die derzeit geführte Lernkultur-Debatte – gelinde gesagt – als zurückhaltend innovativ, deutlicher ausgedrückt: als eingeschränkt kompetenzförderlich, wenn nicht gar als hinderlich für Kompetenzentwicklung im in dieser Debatte gemeinten Sinne. Denn Lernkultur muss diesen – zum großen Teil systemtheoretisch[22] begründeten – Vorstellungen entsprechend hinsichtlich der Lernprozesse weitgehend ent-strukturiert, hinsichtlich der Lernformen methodisch möglichst interaktiv bzw. offen und darf hinsichtlich der Lerninhalte keinesfalls nur sachzentriert angelegt sein, um überhaupt Chancen zum ,selbstorganisierten' Lernen bzw. eben zur Kompetenzentwicklung zu eröffnen.[23]

4) Professionstheoretische Implikationen der Regelungspraxis

Jeder Vertragsarzt – und das sind aus Gründen existentieller Notwendigkeit fast alle Ärzte hierzulande – hat nunmehr alle fünf Jahre gegenüber der Kassenärztlichen Vereinigung den Nachweis zu erbringen, dass er im zurückliegenden Fünfjahreszeitraum seiner Fortbildungspflicht nachgekommen ist. Mit der neuen Gesetzgebung hat die bislang ausschließlich berufsrechtliche Fortbildungspflicht also insofern einen neuen Stellenwert erhalten, als sie nun Bestandteil des Zulassungsrechts ist: Vertragsärzte, die zum 30. Juni 2004 zugelassen sind, müssen die Fortbildungsnachweise erstmalig bis zum 30. Juni 2009 erbringen. In Anbetracht dessen, dass Vertragsärzte bei Nichteinhaltung von einer (gestaffelten) Honorarkürzung und letztlich vom Verlust ihrer kassenärztlichen Zulassung, also von ,drastischen' Sanktionen bedroht sind, kann ohne Übertreibung von einer gesetzlichen Zwangsverpflichtung zur Fortbildung gesprochen werden.

---

[22] Als ,systemtheoretisch' bezeichne ich das – motivationspsychologische und kybernetische Ansätze integrierende – Kompetenzverständnis, wie es insbesondere in der Berliner Arbeitsgemeinschaft Qualifikations-Entwicklungs-Management (QUEM) konzipiert wurde und wird.

[23] Aus einer handlungstheoretischen Perspektive, dann nämlich, wenn dem Prozesscharakter des Handelns zur Bestimmung von Kompetenz bzw. von kompetentem Handeln Rechnung getragen wird, erscheint die Lernkultur, wie sie von professionellen (Standes-)Organisationen für Ärzte gerahmt wird, in einem anderen (,günstigeren') Licht. (vgl. Pfadenhauer 2004)

Seitens der Bundesärztekammer wird dieses Gesetz als Eingriff in die professionelle Selbstvertretung durch staatliche Überregulierung und als Einmischung in die professionsinterne Zuständigkeitsverteilung gewertet. Denn die im Recht der Krankenversicherung verankerte Kassenärztliche Bundesvereinigung hat hinsichtlich der Zuständigkeit für ärztliche Fortbildung durch den Gesetzgeber eine deutliche Aufwertung erfahren, auch wenn die Ärztekammern weiterhin an der Regelung von Fortbildungsangelegenheiten beteiligt sind.[24]

Diese gesetzliche Zuständigkeitsregelung stößt unter anderem bei medizinischen Fachgesellschaften auf Widerstand. So erklärt beispielsweise die Deutsche Gesellschaft für Ästhetisch-Plastische Chirurgie (DGÄPC), dass sie sich das Recht vorbehalte, Ärzte zu überprüfen, die in ihr organisiert sind. In Bezug auf das Zertifizierungsverfahren mittels Punktevergabesystem werden aus den Reihen fachärztlicher Berufsverbände, wie etwa dem Berufsverband der Deutschen Chirurgen, Probleme konstatiert bzw. Zweifel an der Wirksamkeit und Effizienz medizinischer Fortbildung geäußert, die durch das Sammeln von Punkten nicht ausgeräumt würden. Überdies liefere ein Fortbildungsnachweis für sich allein genommen keinen Anhaltspunkt dafür, ob der Inhalt der Fortbildung für die eigene Praxis relevant sei, oder gar ob die Teilnehmer erworbenes Wissen in ihrer täglichen Praxis umsetzen.

Allenthalben bestätigt sich folglich die professionstheoretische Beobachtung, dass unter dem Dach ‚einer' Profession verschiedene ‚Segmente', d.h. Akteure und Akteursgruppen – wie Bundes- und Länderkammern, Fachgesellschaften und Berufsverbände und die kassenärztliche Bundesvereinigung als Körperschaft öffentlichen Rechts – in Konkurrenz zueinander stehen. (vgl. Bucher/Strauss 1972) Als übergeordnetes kollektives Ziel vereint die professionellen (Standes-)Organisationen lediglich die 'Sorge' um ‚ihre' professionelle Definitionsmacht, die in Form von Lizenz und Mandat Exklusivitäten – Exklusivität von Wissen, Exklusivität von Zuständigkeit, Exklusi-

---

[24] Laut ‚Modernisierungsgesetz' soll die Kassenärztliche Bundesvereinigung „im Einvernehmen mit den zuständigen Arbeitsgemeinschaften der Kammern auf Bundesebene den angemessenen Umfang der im Fünf-Jahres-Zeitraum notwendigen Fortbildung" (§ 95 d (6) SGB V) regeln sowie das (Kontroll-) Verfahren des Fortbildungsnachweises organisieren.

vität des Zugangs zu Ressourcen usw. – sichert. Die Stoßrichtung ihrer Professionspolitik zielt wesentlich ab auf Kontrolle über Ressourcen, über Zugänge zu Ressourcen, aber auch auf Kontrolle über Positionen und Praktiken usw. Anlässe zu Professionspolitik ergeben sich keineswegs nur aufgrund staatlicher ‚Eingriffe' oder ‚feindlicher Übergriffe' (seitens konkurrierender Berufsgruppen), sondern nicht selten daraus, dass zwischen Gruppen oder innerhalb von Gruppen, welche die Sinnhaftigkeit von Subsinnwelten (re-)produzieren und 'tragen', Konflikte um Anschauungsweisen, Kämpfe um Zuständigkeiten und Streitigkeiten um Ressourcen entstehen können.

Ausgetragen werden professionsinterne Konflikte in aller Regel aber nicht unter Einzel-Akteuren, also etwa ‚Arzt gegen Arzt'. Diskutiert und verhandelt, nach Lösungen gesucht und um Kompromisse gerungen wird vielmehr auf der Ebene professioneller Organisationen wie Bundes- und Länderkammern, Fachgesellschaften und Berufsverbände, die – als politische Kollektiv-Akteure – ihre jeweiligen Mitglieder bzw. deren Interessen sowohl nach innen, also professionsintern, als auch nach außen, also in der Öffentlichkeit, vertreten und politisch durchzusetzen trachten.[25]

Auch wenn sich Professionen infolge eines den Eindruck von Einheit(lichkeit) intendierenden ‚impression management' von außen betrachtet häufig als interessenhomogen darstellen, besteht auf der Ebene ‚ihrer' (Teil)Organisationen also keineswegs Einigkeit darüber, was – bei welchem Thema bzw. welchem Problem auch immer – als beste Regelung, ja noch nicht einmal, was als geeignete Maßnahme anzusehen ist. Demzufolge erscheint auch die Vorstellung von einer einheitlichen Professionspolitik als obsolet – wofür das ‚Gerangel' um Kompetenz für medizinische Kompetenzentwicklung ein instruktives Beispiel darstellt.

5) Konsequenzen des Life Long Learning-Postulats für Professionen

Wissenssoziologisch gesehen bedeutet Professionalisierung, dass Problemlösungswissen systematisiert, unterfüttert, überhöht, in neue Kontexte gestellt, und dass damit über kurz oder lang plausibel gemacht wird, dass Prob-

---

[25] Bei der Beschreibung von professionellen Organisationen als politischen Kollektiv-Akteuren darf allerdings nicht außer acht geraten, dass es sich bei Organisationen um „Akteursfiktionen" (Schimank 1988) handelt.

lemlösungen keineswegs so einfach sind, wie (zuvor bzw. bislang) ange-
nommen worden war (weshalb sie hinsichtlich ihrer Adäquanz bzw. Qualität
auch keineswegs von jedermann beurteilt werden können). Mit der Proble-
matisierung von Problemlösungen geht eine Verdichtung von Problemsich-
ten einher, bis sich schließlich ein Sonderwissensbestand ausdifferenziert
hat, der in regulierten Ausbildungsgängen vermittelt und dessen Aneignung
mittels Zertifikaten bescheinigt wird. Wenn die Anwendung dieses Problem-
lösungswissens schließlich exklusiv an jene Personengruppen gebunden
sind, die nachweislich die von ihnen selbst definierten Qualifikationsstan-
dards erfüllen, und wenn ausschließlich die Mitglieder dieser Personengrup-
pe zur Ausführung dieser Lösungsanwendungen legitimiert sind (und wenn
sie dabei nur von ihresgleichen kontrolliert werden dürfen), dann kann von
gelungener Professionalisierung gesprochen werden.[26] (vgl. grundlegend
Berger/Luckmann 1969 sowie Pfadenhauer 2003: 23ff)

Wenig beachtet, gerade für Professionen aber hoch bedeutsam, impliziert
die politisch installierte und kulturell offenkundig gewollte Verpflichtung
zum Life Long Learning demgegenüber vor allem eines: dass bestehendes,
‚heute' noch gültiges (Problemlösungs-)Wissen spätestens ‚morgen' irrelevant sei, weil es veralte: Wenn aber neues Wissen ‚morgen' schon wieder
überholt sein wird, wird jeder (Sonder-)Wissensbestand sozusagen ‚folklori-
siert'[27] und seine praktische Relevanz substantiell in Frage gestellt. Bezeichnend für die Wissensgesellschaft scheint also zu sein, dass nicht Wissen,
sondern dass Lernen bedeutsam ist – und das ununterbrochen, ständig, le-
benslänglich.[28] Diese gesellschaftliche Aufforderung an alle und jeden, un-
entwegt und nahezu unter allen Umständen zu lernen, dazu zu lernen, um zu

---

[26] Vgl. für einen historischen Professionalisierungsbegriff im Verstande gelingender Erhaltung *ständischer* Momente in der bürgerlichen Gesellschaft den Beitrag von Heinrich Bollinger (2005) in diesem Band sowie bereits Bollinger (1986).

[27] Gemeint ist damit, dass diesem Wissen immer mehr lediglich ein nostalgischer Wert
des Überkommenen attestiert, ihm im gleichen Zuge aber jeder Anspruch auf Nütz-
lichkeit und Brauchbarkeit im Hier und Heute aberkannt wird.

[28] Die Pluralisierung der Orte der Wissensproduktion und damit auch der Orte der Wis-
sensvermittlung sind weitere zentrale Merkmale einer Wissensgesellschaft. (vgl. Stichweh 2004: 158ff)

lernen und neu zu lernen, bezeichne ich, in Ermangelung eines besseren Ausdrucks, bis auf weiteres als ‚Lernkulturalisierung‘.[29]

Bildungstheoretisch abstrakt gesprochen unterliegen so verstandene Lernkulturalisierung hie und Professionalisierung da ja vielleicht nicht unbedingt widersprüchlichen Zielsetzungen. Unbeschadet dessen ziehen sie in der Praxis aber durchaus unterschiedliche Konsequenzen nach sich: Während Professionalisierung eine Aufwertung und Überhöhung von Wissensbeständen bis hin zu „esoteric knowledge" (Hughes 1971: 374f) impliziert, bedeutet Lernkulturalisierung – ebenso beiläufig wie wirksam – deren schleichende Entwertung.

Anders ausgedrückt: Von professionalisierten Berufen – beispielsweise von der Medizin – nicht zuletzt qua Qualifizierungsmonopol verwaltetes Wissen wird durch die Aufforderung zum lebenslangen Lernen tendenziell entwertet, wenn die entsprechenden Bildungszertifikate, d.h. die amtlichen Beglaubigungen professioneller Kompetenz allenfalls noch den Zugang zu einer beruflichen Position eröffnen, wenn den Positionsinhaber dann aber die verpflichtende Aufforderung ereilt, sein Wissen ständig zu vermehren, zu aktualisieren und zu korrigieren. Denn das bedeutet vollzugspraktisch nichts anderes, als dass das Attest für Kompetenz sich mehr und mehr an die dokumentierte bzw. zertifizierte Einsicht in die Notwendigkeit des Life Long Learning heftet.

Ob die gegenwärtig anscheinend unaufhaltsame Lernkulturalisierung bei Semi-Professionen (vgl. Etzioni 1969), d.h. bei vielen der in diesem Band thematisierten Berufe, Professionalisierungsbestrebungen – insbesondere also die möglichst weitgehende Autonomisierung der Regelung ihrer berufseigenen Belange – eher befördert oder behindert, sei zunächst einmal dahin bzw. der weiteren Diskussion anheim gestellt. Es kann allerdings vermutet werden, dass Sonderwissensbestände und ihre Vermittlungsverfahren unter den derzeitigen Bedingungen bereits im Aufbau einer so intensiven Dauerreflexion und -kritik ‚von außen‘ unterzogen werden, dass diese Berufe den

---

[29] Metaphorisch gesprochen bedeutet ‚Kulturalisierung des Lernens‘ (auch), dass die ‚Natürwüchsigkeit‘ bzw. Beiläufigkeit gerade des *lebenslangen* Lernens ‚domestiziert‘, d.h. zum einen (mittels Lehrpläne etc.) in feste Bahnen gezwungen, zum anderen ideologisch als Zivilisations-erfordernis verbrämt wird.

Status einer Profession im traditionellen Sinne kaum noch erlangen dürften.[30] Vielmehr ist davon auszugehen, dass auch Traditionsprofessionen zusehends Autonomieverluste zugunsten eines wuchernden Lernkulturwesens werden hinnehmen müssen und damit einen Prozess der De-Professionalisierung erfahren.[31]

Kurz: Obwohl das kulturelle Verdikt ‚Life Long Learning' auf den ersten Blick lediglich als eine Beschleunigung des Wissensdurchlaufs erscheinen mag, hat es für etablierte Professionen auf jeden Fall, hat es vermutlich aber auch für alle Berufe mit Professionalisierungsbestrebungen gravierende Konsequenzen, die zu ermessen (und zu erwägen) für die Professionsforschung ein weites Betätigungsfeld bieten wird.

Literatur

Arnold, R. 1996: Evolution und Qualifikation – Grundlagen einer systemisch-evolutionären Didaktik beruflicher Bildung. In: Arnold, R. (Hrsg.), 1996: Lebendiges Lernen, Baltsmannweiler, S. 10-20.

BÄK, 2003: Bundesärztekammer – Arbeitsgemeinschaft der Deutschen Ärztekammern Hrsg. 2003: Empfehlungen zur ärztlichen Fortbildung. In: http://www.bundesaerztekammer.de/30/Richtlinien/Empfidx/EmpfFortb.pdf

Berger, P. L.; Luckmann, T. 1969: Die gesellschaftliche Konstruktion der Wirklichkeit, Frankfurt a.M.

Bjørnåvold, J. 2001: Lernen sichtbar machen. Ermittlung, Bewertung und Anerkennung nicht formal erworbener Kompetenzen in Europa, Luxemburg: Amt für

---

[30] Eine konträre Position dazu vertreten etwa Schulze-Krüdener/Homfeldt (2000: 502), die Fort- und Weiterbildung als „wichtige Professionalisierungsagentur für soziale Berufe" ansehen; vgl. dazu auch Peter (2001).

[31] Mit ‚De-Professionalisierung' ist hier also nicht ‚nur' die Verwandlung des Ärztestandes in einen medizinischen Fachberuf, also der „Weg von der Profession zum Beruf" (Bollinger/Hohl 1981), sondern – sozusagen einen Schritt weiter – die schleichende Entwertung des diesen fundierenden Expertenwissens gemeint, der überdies durch die seit den 70er Jahren ‚florierende', weil durch die massenmediale ‚Verwertungslogik' beförderte Expertenkritik Vorschub geleistet wird.

amtliche Veröffentlichungen der Europäischen Gemeinschaften / CEDEFOP: Europäisches Zentrum für die Förderung der Berufsbildung

BMBF 2003: Bundesministerium für Bildung und Forschung (Hrsg.), 2003: Konzeptionelle Grundlagen für einen Nationalen Bildungsbericht: Berufliche Bildung und Weiterbildung/Lebenslanges Lernen. Bildungsreform Band 7, Bonn/Berlin.

Bollinger, H. 1986: Die Professionalisierung des Ärztestandes im 19. Jahrhundert. Unveröff. Dissertation, Fakultät für Theoretische Medizin der Universität Ulm.

Bollinger, H.; Hohl, J. 1981: Auf dem Weg von der Profession zum Beruf. In: Soziale Welt, 32. Jg. S. 440-464.

Bucher, R.; Strauss, A. 1972: Wandlungsprozesse in Professionen. In: Luckmann, T.; Sprondel, M. (Hrsg.), 1972: Berufssoziologie. Köln, S. 182-197.

Dohmen, G. 2001: Das informelle Lernen. Die internationale Erschließung einer bisher vernachlässigten Grundform menschlichen Lernens für das lebenslange Lernen aller, Bonn.

Erpenbeck, J. 1997: Selbstgesteuertes, selbstorganisiertes Lernen. In: Kompetenzentwicklung '97. Münster, S. 310-316.

Etzioni, A. 1969: The Semi-Professions and their Organizations. Teachers, Nurses, Social Workers, New York.

Faulstich, P. 1997: Kompetenz – Zertifikate – Indikatoren im Hinblick auf Arbeitsorientierte Erwachsenenbildung. In: Arbeitsgemeinschaft Qualifikations-Entwicklungs-Management (Hrsg.), 1997: Kompetenzentwicklung, 97: Berufliche Weiterbildung in der Transformation – Fakten und Visionen. Münster, S. 141-195.

Gerlach, F. M.; Beyer, M. 1999: Ärztliche Fortbildung aus der Sicht niedergelassener Ärztinnen und Ärzte – repräsentative Ergebnisse aus Bremen und Sachsen-Anhalt. In: Zeitschrift für ärztliche Fortbildung und Qualitätssicherung, 93. Jg. S. 581-589.

Hitzler, R.; Pfadenhauer, M. 2005: Bildung in der Gemeinschaft. Zur Erfassung von Kompetenz-Aneignung in Jugendszenen. In: Tully, C. (Hrsg.), 2005: Vielfalt des Lernens in einer flexibilisierten Gesellschaft, München, (im Erscheinen).

Hughes, E. C. 1971: The Sociological Eye. Selected Papers, Chicago/New York.

Peter, H. 2001: Weiterbildung und Professionalisierung. In: Otto, H.-U.; Thiersch, H. (Hrsg.): HANDBUCH Sozialarbeit Sozialpädagogik. Neuwied, S. 1961-1965.

Pfadenhauer, M. 2003: Professionalität. Eine wissenssoziologische Rekonstruktion institutionalisierter Kompetenzdarstellungskompetenz, Opladen.

Pfadenhauer, M. 2004: Professionelle Organisationen als Lernkulturen am Beispiel ärztlicher Fortbildung. In: Jahrbuch ,Kompetenzentwicklung 2004'. Lernförderliche Strukturbedingungen, Münster, S. 255-297.

Salzmann, B. 1970: Fortbildung und Diffusion von Wissen dargestellt am Beruf des Arztes, Unveröff. Dissertation an der Fakultät für Geistes- und Sozialwissenschaften der TU Hannover.

Schimank, U. 1988: Gesellschaftliche Teilsysteme als Akteursfiktionen. In: KZfSS, 40. Jg. H. 4, S. 619-639.

Schmidt, K. 2003: Im Qualitätszirkel gibt es geldwerte Punkte. Zehnjähriger Erfolgskurs in freiwilliger Fortbildung. In: Der Kassenarzt, 22, S. 20-22.

Schulze-Krüdener, J.; Homfeldt, H.-G. 2000: Professionalisierung der Sozialen Arbeit durch Weiterbildung. In: Müller, S.; Sünker, H.; Olk, T.; Böllert, K. (Hrsg.), 2000: Soziale Arbeit. Gesellschaftliche Bedingungen und professionelle Perspektiven, Neuwied, S. 495-509.

Stichweh, R. 2004: Wissensgesellschaft und Wissenschaftssystem. In: Schweizerische Zeitschrift für Soziologie, 30. Jg. H. 2, S. 147-165.

Vogd, W. 2002: Professionalisierungsschub oder Auflösung ärztlicher Autonomie. Die Bedeutung von Evidence Based Medicine und der neuen funktionalen Eliten in der Medizin aus system- und interaktionstheoretischer Perspektive. In: Zeitschrift für Soziologie. 31. Jg. H. 4, S. 294-315.

Vogt, G. 1998: Ärztliche Selbstverwaltung im Wandel. Eine historische Dokumentation am Beispiel der Ärztekammer Nordrhein, Köln.

Wiesner, G.; Wolter, A. 2005: Die lernende Gesellschaft. Lernkulturen und Kompetenzentwicklung in der Wissensgesellschaft, Weinheim/München.

Internetquellen

Colley, H.; Hodkinson, P.; Malcolm, J. 2003: Non-formal learning: mapping the conceptual terrain. Consultation Report. URL: http://www.infed.org/archives/e-texts/colley_informal_learning.htm

Eckel, H. 2004: (Muster-)Satzungsregelung Fortbildung und Fortbildungszertifikat. http://www.bundesaerztekammer.de/30/Aerztetag/107_DAET/24Referate/REckel.html (Zugriff: 25.05.2004)

Jochen Schäfers

Zum Problem der Professionalität der Geburtshilfe anhand der Selbstdeutung eines gynäkologischen Geburtshelfers

Die Fruchtbarkeit der Oevermannschen Professionalisierungstheorie (Oevermann 1997) für eine Theorie geburtshelferischen Handelns erweist sich gerade darin, dass ihre Rezeption bzw. Anwendung auf den Fall der Geburtshilfe zunächst dazu nötigt, deren Notwendigkeit zu hinterfragen, somit in der Professionalität der Geburtshilfe ein Problem zu sehen. Die Frage, worin die stellvertretende Krisenlösung im Arbeitsbündnis, laut Oevermann der Kern professionellen (vor allem des therapeutischen) Handelns, in der Geburtshilfe besteht, ist nämlich keineswegs trivial, bzw. erzeugt sogar zunächst Irritation:

Impliziert doch der Begriff Geburtshilfe allgemein (also nicht terminologisch auf die medizinische Fach- bzw. Subdisziplin eingeschränkt) verstanden nur Hilfe bei einem Prozess, der im Prinzip ohne Hilfe ablaufen kann und bei dem Eingriffe von außen störend sind. Es muss aber andererseits, wenn professionelle Geburtshilfe mehr umfassen soll als reine geburtsmedizinische Intervention, auch bei einem nicht-pathologischen Geburtsverlauf ein Arbeitsbündnis vorliegen.

Es soll also hier zunächst unabhängig von konkreteren Fragen wie der, ob der Hebammenberuf nun als Profession oder Semiprofession zu gelten hat, die Professionalität der Geburtshilfe überhaupt thematisiert werden, und zwar in zwei Schritten:

Zuerst soll gezeigt werden, dass gerade die geburtshelferische Maxime der Nichtintervention (Allert 2002), welche sich sozialisationstheoretisch begründen lässt, darauf verweist, dass nicht nur die Mutter, sondern die Einheit von Mutter und Kind Klient der Geburtshilfe ist.

Dies soll dann anhand der Interpretation eines Interviews (bzw. dessen Anfang) mit einem gynäkologischen Geburtshelfer vertieft werden, indem dessen implizite Theorie des geburtshelferischen Arbeitsbündnisses mit den Mitteln der objektiven Hermeneutik herausgearbeitet wird.[32]

1) Sozialisationstheoretische Einbettung der Geburt

Nur die (werdende) Mutter kann gebären. Hilfe bei der Geburt soll also per definitionem diesen Akt der ,natürlichen' Geburt unterstützen, ihn nicht durch vorschnelle Intervention sistieren. Nun ist aber das Gebären selbst ein sich Überlassen gegenüber einem natürlichen Prozess; die Schwangere leitet den Geburtsprozess ja nicht intentional ein. Gerade diese Paradoxie erweist sich nun sozialisatorisch als besonderer Gewinn:

Die Schwangerschaft wird biologisch durch Zeugung und Einnistung initiiert, denen sozial die Paarbildung der Eltern mit der damit verbundenen Konstitution eines sozialisatorischen Milieus bzw. einer Herkunft korrespondieren, diese selbst ist nicht nur eine Phase der physischen Reifung, sondern psychosozial gesehen eine Chance für die Mutter, sich das neu entstandene bzw. entstehende Wesen leiblich als eigenes und doch eigenständiges vermittels der Empfindung von Identität und Differenz anzueignen. In der Geburt manifestiert sich nun ebenso leiblich, dass das Kind der Mutter gegenüber biologisch und sozial etwas Neues ist;[33] die Geburt ist Manifestation der Selbständigkeit des Kindes als Transformation der Schwangerschaftssymbiose in die sozialisatorische Einheit von Mutter und Kind.[34]

Hierbei erweist es sich für den Vollzug und die Bearbeitung dieser ersten Ablösung, somit für die Wahrung der Kontinuität der Einheit in der Transformation als besonders vorteilhaft, dass der Geburtsvorgang, also der für das Kind schmerzliche Verlust der symbiotischen Aufgehobenheit im Mut-

---

[32] Zu den generellen Prinzipien objektiv hermeneutischen Vorgehens s. Oevermann (2000).

[33] Dies gilt in gewissem Sinne auch für den metaphorischen Sprachgebrauch, in dem die Geburt ebenso den Vorgang bzw. Moment bezeichnet, in dem etwas Empfangenes Selbständigkeit erlangt, also etwa eine vorher nur vage in Ahnungen vorhandene Theorie ihre gültige Form erreicht und sich damit von dem mit ihr schwanger Gehenden ablöst. Für die Geburt im engeren Sinne gilt dies nun a fortiori.

[34] Ich verwende den Begriff ,sozialisatorische Einheit' im folgenden als Oberbegriff für die Mutter-Kind-Einheit vor und nach der Geburt, da die Schwangerschaftssymbiose durchaus schon zur Sozialisation gehört, die nachgeburtliche Mutter-Kind-Dyade mindestens symbiotische Aspekte (das Stillen) hat.

terleib, nicht der Mutter intentional zurechenbar, sondern ‚natürlich' erfolgt, andererseits die Mutter positiv am Prozess des zur Welt Kommens beteiligt ist. [35] Der Vorgang der natürlichen Geburt ist also, darin der ödipalen Krise und der endgültigen Ablösung in der Adoleszenz ähnlich bzw. diese antizipierend, ein naturwüchsiger weil nicht-intentional initiierter Prozess der Ablösung; in der Dialektik von Passivität und Beteiligung der Mutter (s.o.) und in der Prozessualität des Ablaufs (Halten und Loslassen) ist er selbst bereits eine Milderung der Traumatisierung der Aufhebung der Schwangerschaftssymbiose bzw. eine Erleichterung der Wahrung der Kontinuität der sozialisatorischen Einheit.

Diese Argumentation macht nun deutlich, dass gerade die aktive Beteiligung der Mutter an der Geburt darauf verweist, dass die sozialisatorische Einheit der eigentliche Klient der Geburtshilfe ist, denn die Wahrung ihrer Kontinuität begründet die Orientierung an der natürlichen Geburt. Sie macht ebenso deutlich, dass gerade eine gebotene geburtsmedizinische Intervention einen klaren Fall von Geburtshilfe darstellt, denn dort wird die Kontinuität der Einheit im Sinne der psycho-physischen Integrität ihrer Teile bewahrt. [36]

2) Das geburtshelferische Arbeitsbündnis in der Deutung des Interviewten

Von besonderem Interesse für die genauere Bestimmung des geburtshelferischen Arbeitsbündnisses ist beim vorliegenden Interview mit einem gynäkologischen Geburtshelfer vor allem die Anfangssequenz, die Eingangsfrage und ihre Beantwortung. Die Frage enthält nämlich eine die sozialisationstheoretische Bestimmung der Geburt unterlaufende Implikation, die sie zum

---

[35] Ein streng gegensätzlicher Fall zur Natürlichkeit im Sinne der Nichtintentionalität der Geburt ist nun insofern schwer konstruierbar, als er ein willentliches Verlassen der Symbiose von Seiten der Mutter voraussetzen müsste. Schon die ungefähre zeitliche Eingrenzung des Zeitpunkts der Geburt konterkariert dies, wie der Vergleich mit dem Abstillen zeigt, das viel eher einen Kontrast darstellt; dort ist es eben für die Mütter ein Problem, dass sie die Symbiose irgendwann im Dienste des Kindes willentlich beenden müssen.

[36] Zur Schwierigkeit einer strengen Abgrenzung notwendiger und nicht-notwendiger Interventionen, insbesondere bezogenen auf den Kaiserschnitt s. Bockenheimer-Lucius (2002).

idealen Stimulus für die Artikulation des professionellen Selbstverständnisses des Interviewten macht.

2.1 Interpretation der Anfangssequenz des Interviews

I11[37]: *Ok, dann würd ich Sie als erstes gerne fragen, was Ihrer Meinung nach Kriterien sind für eine gelungene Geburt, auch hinsichtlich jetzt der Zusammenarbeit zwischen Arzt und Hebamme.*

Betrachtet man zunächst die Kernfrage, so wird man schnell auf die Schwierigkeit aufmerksam, den genauen Fragefokus zu bestimmen.[38] Inhaltlich sollen nämlich vom Befragten dessen eigene Kriterien einer *gelungene*[n] *Geburt*, benannt werden.[39] Kriterien sind Unterscheidungsmerkmale, die Grenzen der Anwendung eines Begriffs festlegen sollen, etwa in Hinsicht auf die Quantität von Einzeldingen, die aus der bloßen Ansammlung eine qualitative Einheit werden lässt, wie beim Paradox des Haufens. Die Kernfrage lässt sich somit folgendermaßen paraphrasieren: ‚was Ihrer Meinung nach Kriterien sind, die es erlauben, eine Geburt als gelungen oder nicht gelungen zu bezeichnen'. Die implizite Unterstellung, es gebe eine Dichotomie gelungener und nicht gelungener Geburten, erscheint zunächst un-

---

[37] Legende der Verschriftung:

I: Interviewerin	A: Arzt
(uv) unverständlich	__ betontes Wort
...# Wortabbruch	...? unsichere Verschriftung
...+ Heben der Stimme	(.) Pause (pro Punkt eine Sekunde)

[38] Die Eingangsfrage enthält scheinbar auch noch eine eher formale Unstimmigkeit: Die Interviewerin bringt rein sprachlich gesehen nur den Wunsch einer Frage, nicht den Vollzug derselben zum Ausdruck. Andererseits wird dieser Ausdruck zum Vollzug einer Frage verwendet. Dieses (in der Alltagspraxis übliche) rhetorische Manöver muss man allerdings nicht zwingend als Manipulation deuten, sondern kann es wohlwollender als naturwüchsige Versöhnung der beiden widerstreitenden Anforderungen bei einem Interview (Distanz zu wahren und Interesse vorzubringen) verstehen. Dafür spricht auch die weitere sprachliche Ausführung, da im Wortlaut die naheliegende Formulierung ‚als erstes mal' vermieden wird.

[39] Die Konstruktion unter Verwendung der Präposition ‚für' betont dabei gegenüber der einfacheren ‚Kriterien einer gelungenen Geburt' die Beurteilung durch einen Dritten.

sinnig. Bei einer Geburt handelt es sich nämlich um einen zielgerichteten Vorgang, die leibliche Trennung von Mutter und Kind, deren Gelingen sich nach dem Eintreten seines Ziels, eben der Trennung, bemisst. Eine Geburt ist somit per se gelungen, sie kann z.B. nicht zur Hälfte geschehen. Anders ausgedrückt: Nach Kriterien einer gelungenen Geburt zu fragen, ist sinnlos, insofern die Geburt selbst ein Kriterium ist, nämlich das der Unterscheidung von geborenen und ungeborenen Kindern.[40]

Zieht man nun allerdings hinzu, dass die Geburt in den Sozialisationsprozess eingebettet ist, ergeben sich eindeutige Fälle des Scheiterns. So ist z.B. eine Totgeburt ein Scheitern vor dem Hintergrund der stillgestellten Sozialisation, die leibliche Trennung ist als solche trotzdem vollzogen. Bezogen auf die Kontinuation der sozialisatorischen Einheit von Mutter und Kind sind damit aber nur der Tod der Mutter oder des Kindes klare Fälle nicht gelungener Geburten, denn dadurch ist die Einheit zerstört.[41] Die Frage nach Kriterien gelungener Geburten kann sich nun aber nicht nur auf die Abgrenzung dieser klaren Fälle des Nichtgelingens beziehen, die auch dem Laien sofort einleuchtend sind, sondern muss von der Pragmatik eines Expertengesprächs her betrachtet die Frage nach Grenzfällen des Gelingens als Fragegegenstand mit umfassen. Gerade aber darin ist sie unangemessen:

Ein Experte kann eigentlich nur mögliche Probleme des Gelingens einer Geburt im Hinblick auf die weitere Entwicklung angeben, nicht fixe Kriterien, die immer nur im Bezug auf problematische Konstellationen (etwa die aus übergroßer Schmerzbelastung resultierende Aggression auf das Kind) und damit auf die Einbettung des Geburtsereignisses zu entwickeln sind. Es erscheint somit wiederum selbst problematisch, von einem Scheitern der Geburt (außer bei den oben genannten Fällen) zu sprechen, insofern dadurch der sozialisatorischen Einheit die Möglichkeit der Bearbeitung und Integration des (traumatisierenden) Ereignisses abgesprochen würde. Vielmehr verhält es sich so, dass sich das Gelingen einer Geburt über die Wahrung der physischen Kontinuität hinaus eigentlich nach der gelungen Transformation der sozialisatorischen Einheit in Mutter und Kind bemisst, diese wiederum

---

[40] Und natürlich (insbesondere bei der Erstgeburt) die von (schwangeren) Frauen und Müttern.

[41] Es bleibt für den jeweils überlebenden Teil die Möglichkeit, dieses Ereignisses in seine Biographie zu integrieren, die Einheit ist jedoch gescheitert.

ist nicht bloß Effekt des singulären Ereignisses, sondern der Interaktion innerhalb der sozialisatorischen Einheit.

Die eigentlich an einen Experten zu stellende Frage wäre also zunächst einmal, von welchen Problemfällen er aus seiner Erfahrung in der Geburtshilfe berichten kann und die sich daran eventuell anschließende Frage, wie er diese im Hinblick auf das Gelingen der Geburt bezüglich der Kontinuation der sozialisatorischen Einheit bewertet und welche praktischen Konsequenzen er aus dieser Einschätzung zieht. Hieße es also in der genauen sprachlichen Ausführung ,Kriterien gelungener Geburten', so lehnte sich der Fragefokus mehr an diese Frage an, da dann die Erfahrungen des Experten anhand konkreter Fälle erfragt werden sollten.

Die Unangemessenheit der Frage tritt noch deutlicher hervor, wenn man die aus der Unklarheit der Fragestellung resultierende Bedeutungsverschiebung mitbedenkt. Aus der Unstimmigkeit des Fragefokus bezogen auf den Sozialisationsprozess ergibt sich nämlich die Möglichkeit einer zweiten Lesart:

Der andere Horizont, unter dem die Frage nach dem Gelingen einer Geburt konkrete Bedeutung erhält, ist die Leistung des die Geburt professionell betreuenden Teams. In dieser Lesart ist das Gelingen einer gemeinsamen Anstrengung erfragt, die Geburt wird somit mit deren Ergebnis gleichgesetzt. Die Relevanz dieser Lesart wird durch die Spezifizierung der Kernfrage (*auch hinsichtlich jetzt der Zusammenarbeit zwischen Arzt und Hebamme*) verstärkt. Zwar soll die Koordination der geburtshelferisch Tätigen nur eine Hinsicht des Fragefokus sein, diese verstärkt aber die Tendenz, aufgrund der pragmatisch ausgeschlossenen Möglichkeit, die Frage mit Bezug auf den Sozialisationsprozess sinnvoll zu beantworten, die Betreuungsleistung bzw. deren Gelingen als eigentlichen Fragegegenstand anzusehen. Dass sich durch diese latente Bedeutungsverschiebung die Unstimmigkeit der Frage verschärft, liegt auf der Hand, denn somit wird nicht nur der sozialisatorischen Einheit die Fähigkeit zur Integration des Geburtsereignisses abgesprochen, sondern es wird auch die Mutter rhetorisch des Status beraubt, Subjekt der Geburt zu sein.[42]

---

[42] Ein weiteres Gesprächsangebot ergibt sich, zieht man hinzu, dass es im semiöffentlichen Diskurs eine Diskussion über die wesentliche professionelle Kompetenz bei der

Der als Experte angesprochene Interviewte ist also mit einer Frage konfrontiert, die sein Selbstverständnis stark tangiert, auf die er aber kaum in der ihm angebotenen Form antworten kann, ohne sich als Geburtshelfer zu dementieren. Man darf also auf seine Antwort gespannt sein.

2A1: *Ne gelungene Geburt* [I: *Ja*] *is im Grunde das heile Kind zunächst mal,*

Der Interviewte geht auf die Frage nach Kriterien (scheinbar) nicht ein, sondern gibt eine Art Definition einer gelungenen Geburt; die Antwort besteht wörtlich in einer Identifikation einer gelungenen Geburt mit dem *heile*[n] *Kind,* die durch das *im Grunde* und *zunächst mal* abgemildert bzw. sprachlich gebrochen wird. Zunächst ist die ungebrochene Form (*Ne gelungene Geburt is* [...] *das heile Kind* [...]) zu analysieren:

Eine Redeweise, die das Ergebnis der Geburt als Geburt bezeichnet, es also mit dem Vorgang identifiziert, ist in der deutschen Alltagssprache signifikanterweise nur als Beleidigung (Missgeburt), im übertragenen Sinn bei einem zum Scheitern verurteilten, weil nicht ‚empfangenen' Plan (Kopfgeburt), allgemein bei tödlich endenden Geburten (Totgeburt, Fehlgeburt) oder bei der sogenannten Nachgeburt üblich, also immer im latent negativen Sinn, vor allem, wenn das Kind von der Geburt beeinträchtigt ist.[43] Der Sprachgebrauch interpretiert demnach den Normalfall des geborenen Kindes als vom Prozess des Zur-Welt-Kommens nicht berührt; ein Kind ist immer geboren, aber in der Regel nicht durch die Geburt gezeichnet. Die vom Arzt gewählte Formulierung spielt nun mit diesem Sprachgebrauch, indem das

---

Geburt (Arzt oder Hebamme) gibt. Die Unklarheit bzw. Unangemessenheit der Frage ist also wahrscheinlich durch den Versuch, diskret und ohne eine Positionierung diese Diskussion anzusprechen, motiviert. Die Interviewerin wollte wohl einerseits den Interviewten als einen Experten be- und gleichzeitig seine Positionierung zu einem Reizthema erfragen. Der Unstimmigkeit auf der Ebene des objektiven Sinns kann also auf der Ebene des subjektiv gemeinten Sinns durchaus eine forschungspraktisch durchdachte Intention entsprechen.

[43] Die vom Grimmschen Wörterbuch aufgeführten, das Kind mit der Geburt identifizierenden Verwendungsweisen (Grimm 1984) wirken heute archaisierend, somit gehören sie dem modernen Sprachgebrauch nicht an. In der Antwort hingegen wird die Identifikation nicht verwendet, sondern vorgenommen.

Jochen Schäfers

heile, also das gerade nicht durch den Vorgang berührte Kind mit der gelingenden Geburt identifiziert wird; der Säugling in der Spezifikation der Un-
berührtheit durch den Geburtsvorgang wird somit als das wesentliche Ergebnis des Gelingens einer Geburt angegeben. Inhaltlich entspricht diesem
Telos der Geburt ein Kriterium (‚Kriterium einer gelungenen Geburt ist, dass
das Kind heil ist'), sprachlich wird es jedoch nicht als ein solches ausgedrückt.

Im Hinblick auf die Einbettung der Geburt in den Sozialisationsprozess
erscheint die Antwort nun als ungenügend; die eigentlich naheliegendere
Formulierung ‚das gesunde Kind' ist geradezu ausdrücklich vermieden worden. Diese Vermeidung zeigt sich bei näherer Betrachtung als Artikulation
des primären Handlungsziels der Geburtshilfe von Seiten des Interviewten:
Das *heile Kind* ist Ergebnis einer nicht beschädigenden Geburt, es ist ‚heil
geblieben' oder ‚heil angekommen'. Die Betonung wird hier also mehr auf
den transitorischen, also die beiden Teile der Einheit identisch erhaltenden,
als auf den transformatorischen Aspekt der Geburt gelegt, was einer Akzen-
tuierung der Beteiligung des Interviewers als Helfer bei der Geburt gleich-
kommt. Diese Beteiligung wird aber eben von vornherein nur im Sinne der
Vermeidung von Beschädigungen gedeutet. Hätte er nämlich vom ‚gesunden
Kind' als Ergebnis einer gelungenen Geburt gesprochen, so hätte er zwar die
Geburt in die Sozialisation mehr eingeordnet, indem er für das Gelingen der
Sozialisation günstige Voraussetzungen als Ziel angegeben hätte. Anderer-
seits aber hätte er der Geburt (bzw. der zuständigen Geburtshilfe) das Gelin-
gen der Schwangerschaft als ganzer aufgebürdet. Damit hätte er sich selbst
bezüglich der eigenen Involviertheit als Geburtshelfer omnipotent gedeutet.
Es wäre aber auch der sozialisatorischen Einheit die Fähigkeit abgesprochen
worden, Traumatisierungen usw. zu bearbeiten und zu integrieren, wenn die
Krankheit des Kindes als Scheitern der Geburt bewertet worden wäre. Der
Interviewte beantwortet also die Frage, indem er auf die in ihr (tendenziell)
enthaltene Unterstellung, die Geburt sei eine Leistung der Geburtshilfe, paradox eingeht; er artikuliert das, woran sein Handeln als Helfer bei der Geburt orientiert ist: Das Kind, dessen Zur-Welt-Kommen ein erster Schritt in
seine Selbständigkeit ist, heil über diese schwierige Klippe zu bringen.[44]

---

[44] Ganz unbelastet ist die Antwort von der Zueignung der Geburt natürlich nicht: Denn

Durch die Brechung der Formulierung wird nun markiert, dass es sich beim unbeschädigten Kind nur um das wesentliche Telos handelt, dass also die (unmittelbare) Antwort noch einer Spezifikation bzw. Ergänzung bedarf. Es finden sich im Text dementsprechend, die Sequenz der unmittelbaren Beantwortung abschließend,[45] eine Begründung[46] und eine Ergänzung der unmittelbaren Antwort:[47]

> [I: *Mhm*] *denn äh seh'n Sie das is ja, wenn Sie so wollen, das Problem der Geburtshilfe, dass das Kind heil und gesund und ohne, sagen wir mal, was natürlich net immer stimmt, und ohne dass irgendwelche Beteiligten, jetzt kommt noch Anführungsstriche, schuld sind, als sch# geschädigtes Kind zur Welt kommt oder auch, das betrifft natürlich auch die ersten paar Stunden danach, äh das is klar, nicht alle Kinder sind bei der Geburt heil, ?denn? die Zahl der angeborenen Fehlbildungen und so*

---

auch ein von der Geburt beschädigtes Kind kann als Ergebnis des Gebärvorgangs in eine gelingende Sozialisation übergehen. Der Interviewte greift diesen Einwand noch in seinem ersten Redebeitrag auf: *Seh'n Sie und jetzt kommt der Begriff heile Geburt, nach dem Sie mich fragten. Der is sehr breit, ja+, es gibt ne glückliche Geburt, es gibt ne glückliche Mutter, es gibt nen glücklichen Vater,* [I: *Mhm] ja+, es gibt ne glückliche Mutter wo durchaus keine heile Geburt war,* [...]. Das Glück der Eltern ist also nicht unbedingt an die heile Überfahrt des neuen Familienmitgliedes geknüpft. Signifikant ist natürlich auch, dass nicht die Interviewerin, sondern der Arzt selbst den Begriff *heile Geburt* (implizit) ins Spiel gebracht hat. Er korrigiert diesen Begriff dann fast unmittelbar an diese Stelle anschließend: *Sagen wa man glücklich und gesund ist vielleicht die bessere Ausdrucksweise dabei.* Der Stimulus der Frage nötigt den Interviewten also zu einer Sequenz von (Selbst)korrekturen, in der er die Dialogizität des Interviews im Sinne einer internen Sachklärung verlässt. Diese Sequenz wird am Ende des ersten Redebeitrags beschlossen, indem der Arzt auf die eigentliche Fragestellung zurückkehrt, diese wieder an die Interviewerin zurückverweist: *Sie waren aber bei der bei der leichten, nee glücklichen, nee was haben wa* [I: *Gelungene] gelungen.*

[45] Eigentlich ist der gesamte erste (sehr lange) Redebeitrag des Interviewten eine Erläuterung der Antwort; siehe dazu exemplarisch die vorige Fußnote. Allerdings schließt sich durch die folgende Begründung und Ergänzung die Sequenz einer unmittelbaren Beantwortung der Kernfrage nach den Kriterien der Geburt.

[46] Die Begründung ist eigentlich auch eine Ergänzung (s.u.).

[47] Die Interpretation der beiden Stellen wird hier aus Gründen der Übersichtlichkeit nicht mehr, wie bei den vorigen Stellen, ausführlich dargestellt, sondern auf die für das professionelle Selbstverständnis des Interviewten wichtigsten Punkte reduziert.

weiter ist natürlich nicht gering, liegt f# ja wenn Sie's auswerten fast bei ein Prozent, [I: *Mhm*] *die ma auch net gemerkt hat.* [I: *Mhm*] *Ja+ so dass im Grunde unter dem dem Begriff gelungene Geburt eigentlich verstehen, dieses Kind entspricht der Zeit und ist heil.* [I: *Mhm*]

Der Interviewte führt zur Begründung der unmittelbaren Antwort das Problem der Geburtshilfe, also der geburtshelferischen Praxis (als solcher) an,[48] und nimmt dabei noch einmal das Telos der Geburt auf, und zwar sprachlich in Form eines Kriteriums (dass das Kind heil [ist]), und ergänzt es in zweierlei Hinsicht, einerseits um die Gesundheit des Kindes, andererseits, indem das heil Angekommensein des Kindes als Fehlen von Beschädigungen, insbesondere von solchen, an denen jemand Schuld trägt, interpretiert wird.[49] Der für die professionssoziologische Fragestellung interessante Aspekt der Begründung besteht vor allem darin, dass der Interviewte es also als das der Geburtshilfe anvertraute Praxisproblem ansieht,[50] dafür zu sorgen, dass die

---

[48] Aufgrund des Wörtlichkeitsprinzips der objektiven Hermeneutik muss man den Ausdruck Geburtshilfe zunächst unterminologisch interpretieren. Dies ist hier sinnvoll möglich.

[49] Diese inhaltliche Paraphrase abstrahiert insbesondere von der inkorrekten Konstruktion; diese lässt sich als Resultat des überkomplexen Gedankengefüges rekonstruieren. Zur zweiten, hier unberücksichtigten Hälfte des Zitats, s. die nächste Fußnote.

[50] Wörtlich ist von dem *Problem der Geburtshilfe*, nicht der Aufgabe, also dem an die Geburtshilfe delegierten Problem, die Rede. Dem korrespondiert inhaltlich die primär negative Selbstinterpretation der Geburtshilfe (s.u.). Der Bezug auf ein eigentlich nicht zu lösendes Problem erlaubt es auch, die unzusammenhängend erscheinende Ergänzung der Begründung, die in der Paraphrase nicht berücksichtigt wurde, zu verstehen: Dort wird *heil* mit ,ohne Fehlbildungen' implizit gleichgesetzt, bzw. resümierend die Definition einer gelungenen Geburt erweiternd korrigiert (*so dass im Grunde unter dem dem Begriff gelungene Geburt eigentlich verstehen, dieses Kind entspricht der Zeit und ist heil*); dies geschieht jedoch insbesondere unter Berücksichtigung der nicht vorhandenen Kenntnis der Fehlbildung (*die ma auch net gemerkt hat*). Durch die Geburt erst bekannt werdende Fehlbildungen des Kindes stellen nun für die Eltern eine Traumatisierung dar, bei deren (akuter) Bewältigung sie die professionelle Geburtshilfe unterstützen muss, ohne ihnen im eigentlichen Sinne helfen zu können. Genau darauf geht der Interviewte später im ersten Redebeitrag ein: *Sehn Sie, ich mein, ein ganz, ich hätt bald gesagt banales Beispiel, was meinen Sie wenn Sie als Mutter Ihr Kind bekommen und das Kind hat ne ausgeprägte ki# Lippen-Kiefer-Gaumen-Spalte, so, das sieht so grauslich im Moment für die Mutter aus,* [I: *Mhm*] *dass die f# f# ?ich nenn mal*

aktiv mit dem Prozess betrauten, die signifikanterweise durch die Bezeichnung irgendwelche Beteiligten bewusst diffus bestimmt und gerade nicht charismatisiert oder gar als Subjekte der Geburt unterstellt werden, sich nicht schuldig an einer Beschädigung machen. Dieses Ziel ist gewissermaßen die andere Seite des oben angesprochenen Telos der Geburtshilfe, welche sich hier selbst bloß negativ, als mögliche Schadensquelle, interpretiert. Die Formulierung irgendwelche Beteiligten umfasst aber gleichzeitig auch die Nichtprofessionellen, welche an der Geburt beteiligt sind, also alle bis auf das Kind. Es ist der einzige an der Geburt Beteiligte, der nicht schuld an einer Beschädigung sein kann, andererseits ist es eben dasjenige, um dessen leiblicher Autonomie Willen die Geburt stattfindet. Die Mutter hingegen wird damit als potentiell Schuldige durchaus mit inbegriffen. Diese mögliche Schuld der Mutter ist Korrelat ihrer aktiven Beteiligung (s.u.).

So und ne gelungene Geburt ist im Grunde (...) mmh ja wenn die Mutter unbeschädigt auch die Geburt übersteht, [I: Mhm] ja+, unbeschädigt heißt im Grunde sowohl körperlich wie, nennen wa den Ausdruck, psychisch (.) wobei das zweite (..) zunächst mal fhh# wenn man (uv) Begriff Gesundheit das nicht so Wichtige is, hat aber unter Umständen wesentlich längere Nachwirkungen als man sich das vorstellt

Die Ergänzung der unmittelbaren Antwort übernimmt zum Teil deren sprachliche Form: Auch hier wird die gelungene Geburt als zu prädizierendes Subjekt angeführt, diese erfolgt jedoch nicht (im engeren Sinne) durch ein (mit dem Subjekt identifiziertes) Prädikat, sondern durch einen Konditionalsatz. Es wird also hier eher mit der Angabe eines Kriteriums geantwortet. Inhaltlich korrespondiert dem, dass die Unbeschädigtheit der Mutter unter der Geburt als zweites Telos geburtshelferischen Handelns nicht im Sinne eines gegenständlichen Ergebnisses greifbar ist.[51] In der Erläuterung der Un-

---

den Ausdruck? völlig erstarrt ist. [I: Mhm] Ja+, sehn Sie da können Sie natürlich eine ganze Menge tun, wenn Sie der Frau erklären, dass man da heute ne Menge kann (..) dass man da auch ne Menge an Kosmetik fertigbringt, dass diese Kinder net gezeichnet oder die Menschen (uv) gezeichnet für ihr Leben rumlaufen. Die *ganze Menge* besteht hier auf den Verweis auf die *Menge*, die von anderen erreicht werden kann.

[51] Im Gegensatz zum Kind, das durch die Geburt erst zum greifbaren wird, ist die Mutter

versehrtheit zeigt sich die deutliche Orientierung des Geburtshelfers an der Darstellung seiner beschränkten Handlungsmöglichkeiten: Er stellt die physische Unversehrtheit der Mutter in den Vordergrund, insofern er als Mediziner auf diese in der Krisensituation am meisten Einfluss hat, und rückt die psychische, der er theoretisch einen großen Stellenwert beimisst, an die zweite Stelle. Als Geburtshelfer kann er ja eine psychische Beeinträchtigung durch die Geburt nicht akut behandeln; dies wäre Aufgabe einer Psychotherapie.

2.2) Mutter und Kind als Pole des Klienten im geburtshelferischen Arbeitsbündnis

Der Interviewte hat also die Frage mit der Angabe von zwei Handlungszielen geburtshelferischer Praxis beantwortet, der Unversehrtheit von Mutter und Kind unter der Geburt. Damit reflektiert er ein gestaffeltes Arbeitsbündnis mit der sozialisatorischen Einheit: Das ungeborene Kind ist der primäre (bzw. primär) Patient, obwohl es nicht krank ist, sondern durch eine schwierige Passage in die Gewässer physischer Selbständigkeit großen Gefährdungen ausgesetzt. Es ist als greifbares Telos der Geburt, als zu gebärendes Kind, ohnmächtig, auch und vor allem in der Hinsicht, dass es gar kein Arbeitsbündnis eingehen kann. Sein primärer Patientenstatus ist gerade an diese Ohnmacht geknüpft. Das Eingehen des Arbeitsbündnisses übernimmt der andere Pol der Einheit, die werdende Mutter, in deren eigenem Interesse nicht nur die Sorge um die eigene physische und psychische Unversehrtheit liegt, sondern ebenso sehr die um eine möglichst große Unversehrtheit ihres Kindes durch die Geburt.

Der interviewte Arzt hat sich die Komplexität dieses gestaffelten Arbeitsbündnisses dermaßen angeeignet, dass er es als Antwort auf die Eingangsfrage mit quasi-künstlerischer Verdichtung spontan zum Ausdruck bringen kann. Gerade die implizite Explizitheit dieser Verdichtung zeigt, dass hier nicht einfach ein bloßer Lehrsatz nachgebetet wird, sondern aus einer Überzeugung heraus eine Sachlage geklärt werden soll.

Seine implizite Argumentation macht nun deutlich, dass gerade auch eine gesunde werdende Mutter eine dem Leidensdruck des Kranken entsprechen-

---

auch vor der Geburt schon ein selbständiges Wesen.

de Motivation hat, ein Arbeitsbündnis mit der eine interventionspraktische Kompetenz umfassenden Geburtshilfe einzugehen:

Ist eine Schwangere gewillt, Mutter zu werden, und dies muss man im Kreißsaal voraussetzen, so ist das Gelingen ihres biographischen Entwurfs mit der Kontinuation der sozialisatorischen Einheit verknüpft. Durch den medizinischen Fortschritt sind nun viele Beeinträchtigungen und Gefährdungen dieser Kontinuation unter der Geburt, vor allem gesundheitliche Schäden für Mutter und Kind, vermeidbar und insofern zurechenbar geworden. Somit ist der Segen der Senkung der Risiken und Belastungen gleichzeitig auch eine objektive Belastung der Frauen, die nun in immer höherem Maße verantwortlich für die optimale Kontinuation der sozialisatorischen Einheit werden. Die Geburtshilfe entlastet sie insbesondere durch eine notfalldiagnostische und eine interventionspraktische Kompetenz (s. 2.3).

Das Kind ist also nur Patient im Arbeitsbündnis mit der Geburtshilfe, insofern es immer im Hinblick auf die Möglichkeit eines Notfalls und somit einer Intervention betreut wird. Die Mutter ist hingegen eher Klient, insofern nicht nur ihre eigene psycho-physische Unversehrtheit, sondern ebenso vermittelt über die Unversehrtheit des Kindes die ihres biographischen Entwurfs, der an die gelingende Kontinuation der sozialisatorischen Einheit gekoppelt ist, den Gegenstand des Arbeitsbündnisses bilden.

2.3) Hebamme und Arzt als geburtshelferische Einheit

Dass auch das Arbeitsbündnis der Hebamme mit der Mutter aus Sicht des Interviewten nur vermittelt über deren Verschränktheit mit dem Wohlergehen des Kindes eingerichtet ist, zeigt insbesondere die dritte Fragesequenz:[52]

5I3: *Aber könnte man sagen, wenn es jetzt ne ehm relativ normale Geburt ist, also routinemäßige Geburt, dass der Vater, wenn er gut mitarbeitet, auch ähnliche Aufgaben wie die Hebamme übernimmt?*
6A3: *Nein. Die Hebamme überwacht das. Bitte vergessen Sie nicht, dass die Hebamme für, nennen wir, für das Wohlerge# ergehen des Kindes zuständig ist,* [I: *Mhm*] *ja+* [I: *Nicht für die Mutter in erster Linie*] *Bitte+*

---

[52] Auch hier wird zum Einen nur die unmittelbare Beantwortung der Frage, nicht der ganze folgende Redebeitrag, zum Anderen die Interpretation nur gerafft wiedergegeben.

[I: *Nicht für die Mutter in erster*] *ja au#, nain nein, sie, sehen Sie, zunächst einmal hab ich gesagt, das heile Kind steht im Vordergrund* [I: *Mhm*] *ja+, und überlegen Sie, wenn durch Ihre Schuld* (.) *ein Kind geschädigt für sein ganzes Leben rauskommt.* [I: *Mhm*] *Ja+, Sie können, in Anführungsstrichen, in der Altenpflege, das hört sich jetzt ganz böse an, Fehler machen* (.) *Die Spanne bis zum bitteren Ende ist meistens relativ kurz.* [I: *Mhm*] *Wenn Sie sich sagen müssen, durch meine Unaufmerksamkeit (...) ist dem Kind ein Schaden entstanden,* (uv) *wenn Sie das* (räuspert sich) (.) *Ihr Leben lang so ganz unverdaut vor sich herschieben* (uv). *Ja+ wenn Sie sich den Vorwurf, und dadurch kommt, wenn Sie so wollen zunächst einmal diese, ja* (uv), *überwachende Funktion* [I: *Mhm*] *viel deutlicher und viel notwendiger raus, ja+,* (uv) *schon auch in der Relation zu der betreuenden Funktion.* (..) *Klar, hat die ne Bedeutung, ja+, aber der Vater kann seiner Frau bestenfalls beim Atmen, beim Entspannen helfen, aber nicht in dem Sinne bei der Überwachung.* [I: *Mhm*] [...]

Die Frage nach der Möglichkeit für den Vater, bei unpathologischem Geburtsverlauf Aufgaben der Hebamme zu übernehmen, verneint der Interviewte klar unter Rückgriff darauf, dass die Hebamme *das*, also die Geburt, überwacht. Er verweist begründend darauf, es sei schon eingeführt worden, dass ebenso die Hebamme für das Wohl des Kindes da ist, und führt als Beleg seine Anfangsdefinition an.[53] Daraus folgert er, dass die Betreuungsfunktion, bei der der Vater ebenso eine Rolle spielen kann, aber eben nicht muss,[54] gegenüber der Überwachungsfunktion, also dem ständigen Diagnos-

---

[53] Der Interviewte bestätigt hier also die Interpretation des Gebrauchs von *Geburtshilfe* in der unmittelbaren Beantwortung, welche diesen als einen unterminologischen deutete.

[54] Zur Wahrnehmung der Gesamtverantwortung der Geburtshilfe dafür, die Geburt leichter zu machen, kann es laut des Interviewten (in seinem ersten Redebeitrag) auch gehören, gegebenenfalls den werdenden Vaters aus dem Kreißsaal zu entfernen bzw. dies zumindest zu versuchen: *Äh, Sie können versuchen, den Vater dann rauszuschmeißen, ganz einfach,* [I: *Mhm*] *ja+, wenn der s# wenn wenn der wenn der die Geburt mehr stört als er hilft,* (.) *muß er wohl oder übel raus, ja+* [I: *Mhm*] *bzw. ihn ein bisschen dann an die Seite an die Seite zu stellen. Das können, Sie können versuchen sagen wa mal insgesamt die Geburt leichter zu machen, das si# das ist wahrscheinlich die einfachste Ausdrucksweise, und das betrifft Arzt wie Hebamme* [I: *Mhm*].

tizieren des Vorliegens eines normalen oder pathologischen Geburtsverlaufs, für die professionelle Geburtshilfe in den Hintergrund rückt.

Somit sind in der Deutung des Interviewten Arzt und Hebamme klar als professionelles Pendant zum polar gegliederten Klienten der Geburtshilfe zu sehen: Während die Hebamme eher für die überwachende, der Arzt eher für die interventionspraktische Komponente steht, bilden sie beide eine professionelle Einheit, insofern Überwachung ohne mögliche Intervention, also aktive Verhinderung von Beschädigungen, auch keine Hilfe ist. Konkret äußert sich dies zum Beispiel darin, dass die Hebamme im Prinzip beide Kompetenzen in sich vereinigt, insofern sie im Notfall selbst intervenieren muss.

Schluss

Durch die Analyse des Interviews konnte eine implizite Theorie des geburtshelferischen Arbeitsbündnisses rekonstruiert werden, die sich als eine gültige Interpretation der Einbettung der Geburt in die Sozialisation erwiesen hat. Diese Position ist nun insofern besonders subtil, als sie den Blick auf den (eigentlich) nicht-therapeutischen Anteil im geburtshelferischen Arbeitsbündnis lenkt, der auf dem Willen zur Mutterschaft auf Seiten der Gebärenden basiert. Ohne Berücksichtigung dieses Tatbestandes erscheint eine Theorie geburtshelferischer Professionalität zumindest partikular.[55]

---

[55] So ist in der Dissertation von Monika Zoege von Manteuffel über Hebammenausbildung (Zoege 2002), die der Darstellung der Oevermannschen Position großen Raum gibt und sich auf seine Position beruft, vom Kind als Patienten in der Geburtshilfe nicht die Rede; es heißt dort zum Beispiel nur lapidar: „Eine Frau bemüht sich im Bewusstsein, dass sie Hilfe und Unterstützung bei der Geburt ihres Kindes brauchen wird, um professionellen Beistand – sie sucht sich eine Hebamme, mit der sie ein Arbeitsbündnis eingeht." (ebd.: 172). Die Verwobenheit von Sozialisation des Kindes und Biographie der Schwangeren ist zwar implizit angesprochen bzw. vorausgesetzt, sie wird aber eben nicht als Basis des Arbeitsbündnisses expliziert. Ähnliches gilt für die Kompetenz der Hebamme: Zwar wird auch ihr als primäre Kompetenz medizinisches Wissen angesonnen (ebd.: 174), die Zusammenarbeit mit dem Arzt aber (nur) als Kooperation mit einer anderen Profession, nicht (auch) als Vollzug eines gemeinsamen Arbeitsbündnisses thematisiert (ebd.). Damit ist die aus der Einheit des polaren Klienten folgende Einheit der Geburtshilfe terminologisch gespalten.

Jochen Schäfers

Literatur

Allert, T. 2002: „Netzwerk für eine gute Geburt. Der Kreissaal als Kommunikationsraum". In: *Hebammenforum*, Heft 1 (2002), S. 12-17.

Bockenheimer-Lucius, G. 2002: „Zwischen ‚natürlicher Geburt' und ‚Wunschsectio' - zum Problem der Selbstbestimmheit in der Geburtshilfe". In: *Ethik in der Medizin*, Band 14 (2002), S. 186-200.

Grimm, J. W. 1984: Artikel „Geburt". In: dieselben: *Deutsches Wörterbuch*, München, Band 4, S. 1902-1906.

Oevermann, U. 1997: „Skizze einer revidierten Theorie professionalisierten Handelns". In: Combe, A.; Helsper, W. (1997): *Pädagogische Professionalität*, Frankfurt, S. 70-182.

Oevermann, U. 2000: „Die Methode der Fallrekonstruktion in der Grundlagenforschung sowie der klinischen und pädagogischen Praxis". In: Kraimer, K. 2000: *Die Fallrekonstruktion*, Frankfurt, S. 58-156.

Zoege von Manteuffel, M. 2002: Hebammenausbildung, Eine Untersuchung zur Qualifizierung von Hebammen vor dem Hintergrund der soziologischen Professionalisierungsdebatte, Diss. Universität Hannover 2002.

Gerd Göckenjan, Stefan Dreßke
Seelsorge im Krankenhaus –
Zeit haben von Berufs wegen

1) Theologen im medizinischen Milieu

Die Krankenhausseelsorge zählt, wie die Psychologie und die Sozialarbeit, zu den Kommunikationsberufen im Krankenhaus und wird, zumindest in der Palliativversorgung, auch immer genannt, wenn psychosoziale Versorgung angesprochen wird. In allen größeren Krankenhäusern tun hauptamtliche Seelsorger Dienst, aber es lässt sich immer wieder feststellen, dass Pfarrer kaum in den Klinikalltag integriert sind. Darauf angesprochen, behaupten Pflege- wie ärztliches Personal regelmäßig, keine Klinikpfarrer zu kennen, jedenfalls nie mit diesen zu tun gehabt zu haben und auch nichts Genaues über ihre Aufgaben zu wissen. Wie auch die Autoren einer Befragungsstudie resümieren: „Von der Spitalseelsorge wird Vieles und sehr Unterschiedliches erwartet und kaum jemand weiß, was sie genau tut.". (Plüss/Schenker 2002: 23) Tatsächlich sind Krankenhausseelsorger regelmäßig nicht Teil der krankenhaustypischen, arbeitsteiligen Verfahren und haben dann auch keine bestimmte Position in den Organisationshierarchien. Sie haben insofern eine Außenseiterrolle, aber sie sind als einer der psychosozialen Betreuungsdienste anzusprechen, die im Krankenhaus unverzichtbar sind. So ist nach ihrer Arbeit und ihrem Status zu fragen.[56]

Die folgende krankenhaus- und berufssoziologisch orientierte Studie basiert auf Untersuchungen zur Organisation des guten Sterbens im Krankenhaus, bei denen es nahe lag, auch die Rolle der Seelsorge näher zu betrachten.[57] Es ist hierzu eine Interviewstudie mit zwölf hauptamtlichen Krankenhausseelsorgern in fünf Allgemeinkrankenhäusern im städtischen Gebiet mit

---

[56] Wir haben Dipl.-Psych. Wenke Richter-Dreßke zu danken, die wesentlichen Anteil an dieser Studie hat.

[57] Der Schwerpunkt der empirischen Studie liegt auf Arbeitsorganisation. Religionssoziologische Fragestellungen, wie etwa das Problem der „weltimmanenten Kommunikation über Transzendenz" (Luhmann 1989: 337) werden nicht verfolgt. (vgl. dazu Knoblauch 1999)

einer vorwiegend evangelischen Bevölkerung durchgeführt worden sowie eine Literaturstudie der sehr umfangreichen Selbstdarstellungs- und Selbstverständigungsliteratur zur Krankenhausseelsorge.[58] Vorweg ist festzustellen, dass die Rolle der Krankenhausseelsorge für das gute Sterben nicht bedeutend ist, darauf wird noch eingegangen. Krankenhaussoziologisch wichtiger und professionspolitisch interessanter ist die Seelsorge als psychosozialer Dienst, denn hier repräsentiert sie auch Chancen und Grenzen psychosozialer Dienste allgemein.

Die Krankenhausseelsorge ist also ein diffuser, unbestimmter Kommunikationsdienst, der mit dem Angebot psychosozialer Beratung an die Arbeitsaufgabe der gesundheitlichen Wiederherstellung anschließt und sich deshalb unmittelbar dem Krankenhausziel unterordnen könnte. Auf der anderen Seite repräsentiert die Seelsorge einen eigenen Deutungshorizont, nämlich das Religiöse, das sich polemisch zur Medizin verhält.

Diesem Doppelcharakter entsprechend, sind Erwartungen deutlich unterschiedlich. (vgl. Plüss/Schenker 2002; Lublewski-Zienau u.a. 2003) Von Patienten und Angehörigen werden überwiegend unspezifische Leistungen, wie angemessenes Zuhören und zielneutrale, zugewandte Interaktion, aber nicht die theologische Expertenrolle erwartet. (Christian-Widmaier 1984: 205) Ärzte und Pflegepersonal dagegen neigen dazu, wie alle Beobachter feststellen, Seelsorger als Experten für „Jenseitsfragen" und Sterbespezialisten darzustellen. (z.B. Wirth 1971: 27; Schwarz 1988: 89; Klessmann 1996: 15) Diese widersprüchlichen Rollenzuweisungen zwischen psychosozialen und religiösen Aufgaben wollen wir mit den abweichenden Perspektiven aus krankenhaustypischen Interessenlagen erklären, in denen sich alle Dienste zurecht finden müssen. Dieser psychosoziale Beratungsdienst ist offenbar

---

[58] Es wurden vier katholische und acht evangelische Seelsorger befragt, drei der Krankenhäuser sind unter kirchlicher Trägerschaft. Die Konfession der Seelsorger und die Trägerschaft der Krankenhäuser haben nach unserer Einschätzung keinen systematischen Einfluß auf die Tätigkeit der Seelsorger. Weiterhin gehen in unsere Studie Ergebnisse aus der DFG-geförderten Beobachtungs- und Interviewstudie "Patientenrolle und Sterberolle in der Palliativversorgung" (Projektleiter Gerd Göckenjan) ein. Hier sind drei Seelsorger befragt und beobachtet worden. Wir danken unseren Gesprächspartnern insbesondere für ihre Offenheit, mit der sie uns Einblick in ihren Arbeitsalltag gegeben haben.

nicht ohne Theologie zu bekommen, und gelegentlich ist plausibel zu machen, dass Patienten und Angehörige gerade die Beratung durch Theologen
schätzen, sie aber in rituellen und Kirchenfunktionen distanzieren oder ab-
lehnen. (Plüss/Schenker 2002: 22ff) Während die beiden Kerndienste des
Krankenhauses dahin tendieren, die Seelsorge umstandslos mit Kirchenfunktionen gleichzusetzen und überhaupt als krankenhausfremd abzulehnen.

Die sehr umfangreiche Selbstdarstellungs- und Selbstverständigungsliteratur zur Krankenhausseelsorge spiegelt den Kampf mit widersprüchlichen
Rollenzuweisungen. Dauerthemen sind die Schwierigkeit, Seelsorge im modernen Krankenhaus zu leisten, Angebote zu machen, die Patienten und Personal nachfragen, theologische Identität zu wahren und dabei sich selbst und
anderen immer vermitteln zu müssen, was ein Seelsorger im Krankenhaus
eigentlich macht. Dabei lassen sich sehr gut Wandlungsprozesse und Kon-
stanten der Berufstätigkeit erkennen. Denn Seelsorge im Krankenhaus ist
kein historisches Relikt, das immer noch im modernen Krankenhaus herum-
irrt. Auch die Krankenhausseelsorge ist „modern", sie kann heute auf einen
etwa 35jährigen, dauernden Anpassungs- und Modernisierungsprozess zu-
rücksehen. (Klessmann 1996a; Gestrich 1998: 191ff) Dennoch, so heißt es,
ist sie „im naturwissenschaftlich ausgerichteten Krankenhaus bis heute in
andauernder Marginalität. In dieser Position hat sich die Seelsorge gleichwohl einen festen Platz erworben". (EKD 2004: 13)

Soziologisch gesprochen ist das moderne Krankenhaus „areligiös" (vgl.
Friedrich 1996), d.h. naturwissenschaftlich-technische Deutungsmodelle und
pragmatisch-utilitaristische Einstellungen begründen Aufgaben und Hand-
lungsziele. Theologen sind hier Fremde, auch in ihrem Selbstverständnis.
Dem entspricht, dass ihre Stellen in den Allgemeinkrankenhäusern von den
Kirchen finanziert werden. Seelsorger repräsentieren offenbar in mehrfacher
Art eine andere „Welt", gehören dauerhaft nicht zum Krankenhaus, sie ar-
beiten, in einer prägnanten Selbstdeutung, in einem „Zwischenraum".
(Klessmann 1996) Was aber ist dieser „Zwischenraum"? Was also ist der
Beruf der Krankenhausseelsorge? Wer betreibt Krankenhausseelsorge und
wie sind die Bedingungen dieser Berufstätigkeit?

2) Historische Linien

Die Krankenhausseelsorge durchläuft seit etwa 35 Jahren bedeutende Veränderungen und diese scheinen keineswegs abgeschlossen zu sein. Sie versteht sich als eigenständige Profession (EKD 2004: 10), aber es ist nicht zu sehen, dass alle Professionalisierungsprobleme gelöst seien. Typisch z.B. ist, dass zunächst für die Krankenhausarbeit keine besondere Ausbildung vorgesehen war und oftmals von pensionierten oder aus dem Gemeindedienst „abgeschobenen" Pfarrern durchgeführt wurde. (Stollberg 1975: 233; Piper 1985: 12; Riess 1987: 129) Heute hat die Krankenhausseelsorge als Sonderseelsorge innerhalb der Kirchen eine sichere Position mit eigenen Aufgaben und eigener Berechtigung.

Die Krankenhausseelsorge ist seit den 1960er Jahren, mit unterschiedlichen Schwerpunktsetzungen als eine klientenzentriert-gesprächspsychotherapeutisch oder tiefenpsychologisch orientierte Seelsorge entstanden, auf die mit einer zusätzlichen Klinischen Seelsorgeausbildung (KSA) vorbereitet wird. (Stollberg 1970; Allwohn 1970; Gestrich 1996) Wichtig sind hier die therapeutischen Grundwerte der klientenzentrierten Gesprächspsychotherapie. (Empathie, Wachstum, der Begriff der „idealen Beziehung") Die auf Rogers basierende therapeutische Strategie ist auch Lebensanleitung.

Klinische Seelsorgeausbildung wird als Zusatzausbildung erworben, die von jungen Theologen absolviert wird, ohne dass damit ein explizites Berufsziel verbunden sein muss. Ein Teil unserer Gesprächspartner sieht in der Krankenhausarbeit eine vorübergehende Tätigkeit, in der Regel bis eine als attraktiver geltende Gemeindestelle frei wird. Wenn unsere Informanten schon mit Teilstellen in der Gemeindearbeit tätig waren, hielten sie ihre Aufgaben dort für interessanter. Eine Zusatzausbildung in klinischer Seelsorge dürfte wohl überall Voraussetzung für die Übernahme einer Krankenhausstelle sein. Unsere Gesprächspartner sehen sich als professionelle Einzelarbeiter mit unterschiedlichen Schwerpunktsetzungen und abweichenden Selbstdeutungen in einem relativ weiten Berufsfeld.

In der Literatur finden sich zwei Hauptorientierungen in der Krankenhausseelsorge, eine intervenierende „therapeutisch" arbeitende – behandelnde – und eine eher zuhörende begleitende Position. Die „therapeutische Seelsorge" geht auf eine Richtung zurück, die in den 1960er Jahren aus den

USA über die Niederlande eingeführt wurde. (Überblick und Literatur: Klessmann 1996a: 46ff) Die zweite Position ist eine Gegenbewegung, auch unter dem weiten Mantel der Klinischen Seelsorgeausbildung selbst. Sie fürchtet in der psychotherapeutischen „Therapie"-Orientierung einen Verlust des Religiösen und versteht sich, selbst nicht allzu homogen, als „Alltagsseelsorge" auch als „energetische Seelsorge", die „heilsam", aber eben keine (klinische) Therapie sei. (Josuttis 1998; Reuter 1998; Pulheim 2003)

Die von uns befragten Seelsorger beziehen sich in ihren Selbstdarstellungen nicht auf diese konzeptionellen Positionen, aber sie bewegen sich in ihren Alltagsschilderungen sehr wohl zwischen Begleiten und Behandeln, religiöser Begegnung und psychosozialer Beratung. Hier sind systematische Probleme zu sehen, Paradoxien in der Selbstdeutung und der Darstellung der Krankenhausseelsorge als Profession. Beide Dimensionen lassen sich offenbar nicht separieren. Es sind zusammengehörende Tätigkeiten, die aber durch die Logiken klinischer Arbeit, durch Zwänge der Nachfrage und der Außendarstellung gespreizt sind und die Krankenhausseelsorge in einem Doppelcharakter halten. Zunächst werden Arbeitsumstände dargestellt.

3) Elemente einer Berufssoziologie der Krankenhausseelsorge

Unsere Studie erlaubt, drei berufssoziologisch wichtige Momente zu identifizieren, die die Arbeit der Krankenhausseelsorge charakterisieren. Sie betreffen die Diskursebene, die praktische Handlungsebene und die intentionale Ebene. Wir nennen diese: die „Rhetorik des Zeithabens", die „Handlungsstrategien der Präsenz" und das Arbeitsziel „Wahrung der Würde des Menschen". Diese drei Momente sind auch von zentraler Bedeutung für die Anerkennung der Seelsorge im Krankenhaus, es handelt sich um habitualisierte Orientierungen, durch die sich die theologische Außenseiterprofession in einen kompakt technisch-medizinisch homogenisierten Apparat zu integrieren bemüht.

3.1) Rhetorik des Zeithabens

Klinikseelsorger verstehen sich als Kommunikationsexperten, sie lassen sich als Transzendenzarbeiter charakterisieren. Transzendenz als Kommunikationsziel ist allerdings äußerst sensibel, störanfällig und von außen unverständlich. Transzendenz lässt sich auch nicht (mehr) erzwingen. Der mit li-

turgischen Mitteln um die Seele des Sterbenden kämpfende Pfarrer z.B. gehört der Vergangenheit an. Kranke müssen selbst den Wunsch nach religiöser Zuwendung und daraus resultierender Erleichterung äußern. Alle Klinikseelsorger thematisieren die Rolle der Zeit für ihre seelsorgerliche Tätigkeit,
wir sehen sie als berufssoziologisch herausragende Kategorie der Klinikseelsorge an. Zeithaben ist Ausdruck für die flüchtigen, schlecht greifbaren
Arbeitsziele. Transzendenz ist keine „Hantierung"; „Versöhnung, Verge-
bung, Erlösung" sind nicht handfeste Therapieziele. Pfarrer rekurrieren auf
Zeithaben, Wartenkönnen, Da-Sein, um das Charakteristische ihrer Tätigkeit
zu exponieren und zu vermitteln, wie es eine Informantin formuliert:

Ein fremder Mensch kommt und ist da und hat Zeit. Das ist sicher eine
ganz große Chance: Die Pfarrerin hat Zeit, wenn sie jemanden besucht,
im Gegensatz zu fast allen anderen im Krankenhaus. (I 7: 1)[59]

„Zeithaben" ist Rhetorik, eine Strategie der Selbstetikettierung. Mit dieser grenzen sich Seelsorger von den dominanten, vorwiegend mit instrumen-
tellen Aufgaben beschäftigten Berufsgruppen ab – den medizinischen und
den pflegerischen Diensten mit ihren oft strikten Zeitarrangements und
Zweck-Mittel-Kalkulationen. Die Knappheit der Zeit ist im Krankenhaus ein
immer wiederkehrendes Thema und wird nicht zuletzt als eine Art General-
absolution vom Personal bei allen möglichen Vorfällen ins Feld geführt. Das
Argument der Zeitknappheit des anderen Personals ist für die Krankenhausseelsorge zutreffender Beleg für den psychosozialen Bedarf und wesentliche
Begründung ihrer Tätigkeit im Krankenhaus.

Alle unsere Informanten verwenden die Rhetorik des Zeithabens. Auf die
Frage: „Was machen Sie denn?" antworten sie überraschend homogen mit
„Da-Sein und sich zur Verfügung halten". (I 7: 1) Diese Homogenität der
Antworten weist auf eine grundlegende professionelle Habitualisierung hin,
die im Gegensatz zu der Aussage Klessmanns steht, die Krankenhausseel-
sorger haben keine klar definierte Berufsrolle aufzuweisen. Diese begründen

---

[59] Die ausgewählten Interviewzitate sind Ankerbeispiele, die in größtmöglicher Dichte
und Klarheit die zentralen Problembereiche ansprechen. Einigen unserer Informanten
sind immer wieder prägnante Formulierungen gelungen, sie werden daher häufiger zi-
tiert. Die inhaltlichen Aussagen sind repräsentativ für das gesamte Sample.

die Gesprächspartner mit den kommunikativen Bedürfnissen des schwerstkranken Patienten: „Wer redet denn mit mir? Wer hat denn Zeit? Oder: Wer hat Zeit, mit mir zu schweigen, meine Tränen auszuhalten, meine Angst?". (I 5: 1) Zeithaben und Da-Sein sind zwei synthetisierende, im areligiösen Krankenhaus präsentierbare Elemente einer Berufstätigkeit, die diesem letztlich fremd bleibt.

Zeithaben im Kontext ärztlicher Tätigkeit

Die Ärzte sagen nicht: „Sie werden bald sterben." Sie drücken sich eher so aus: „Es gibt keine Möglichkeit mehr, sie medizinisch zu behandeln." Ich erinnere mich an eine Patientin, die wollte es [die Diagnose] nicht hören. Da haben sie mich dazu gerufen. So wie jemand, der das noch einmal bestätigt oder mithört, dass die Ärztin das gesagt hat... Es war dann bei dem Gespräch so, dass ich noch eine Weile dageblieben bin... So eine Nachricht braucht Zeit, bis sie sickert, bis man erfasst, was heißt das eigentlich. Solange bleiben ja Ärzte nicht. Die haben ja Angst davor, vor den Gefühlsausbrüchen der Patientinnen und Patienten. (I 5: 9)

Ärztliche Aufklärung, die Mitteilung schlechter Diagnosen, die Wartesituation vor einer größeren Operation, die manchmal schockierenden Veränderungen nach Operationen stellen die typischen Anlässe für das Kommunikationsangebot von Seiten der Seelsorger dar. Seelsorger sind hier ganz fraglos mit einer gravierenden Versorgungslücke konfrontiert. Es handelt sich um die täglichen, hundertfältigen Vorkommnisse des Krankenhausalltags. So ist es vielleicht zu verstehen, dass unsere Informantin zwar allgemeine Aussagen über die Zeit- und Gefühlsökonomie vor allem des ärztlichen Dienstes macht, aber sie erinnert nur eine singuläre Episode, in der sie zur Krisenbewältigung zugezogen worden ist. Gelegentlich haben unsere Gesprächspartner diese Situation beklagt, dass sie selbst in schwerwiegenden Krisen nicht zugezogen werden. Und es ist fraglich, ob in einem Apparat, der aufgrund seiner Organisationszwecke systematisch Angst und Irritation produziert, von einem Betreuungs- und Kommunikationsdienst mehr geleistet werden könnte. Nicht routinemäßig zugezogen zu werden jedenfalls, ist für die Klinikseelsorge die Voraussetzung, die Rhetorik des Zeithabens aufrecht halten zu können, die Chance, nicht in dauernden Organisationsproblemen unterzugehen.

Gerd Göckenjan, Stefan Dreßke

Mit diesem Beispiel ist zu sagen, dass die Pfarrer gerade nicht in Situationen gerufen werden – wenn sie überhaupt gerufen werden – um eine religiöse Aufgabe zu bewältigen. Sie sind nur anschlussfähig in der Funktion des psychosozialen Dienstes, der Probleme bearbeitet, die sich aus dem ärztlichen Auftrag heraus ergeben. Dann geht es darum, „Gefühlsausbrüche" zu managen oder etwa demente Patienten zu beruhigen, wenn Pflegekräfte überfordert sind, wenn übliche Praktiken versagen oder nicht angewandt werden können.

Auch die Sterbebegleitung stellt ähnliche Probleme. Obgleich es sich in der Eigen- und Fremdwahrnehmung um die Aufgabe der Krankenhausseelsorge handelt, werden diese in Sterbefällen keineswegs regelmäßig benachrichtigt. Manchmal kommen sie „zufällig ins Zimmer" (I 7: 8), wenn ein Patient stirbt. Das Dabeisein eines Seelsorgers in den Sterbeminuten ist singulär. Das liegt weniger an der Vorsicht des Personals, niemandem Seelsorger aufzudrängen. Meist wird kein seelsorgerelevantes Problem gesehen, es wird nicht an Seelsorger gedacht, aber sie sind auch nicht da. Für Seelsorger gilt im Prinzip, wie für das gesamte Personal, dass Sterben meist einen Organisationsschlamassel darstellt, das sich nicht an Arbeits- und Zeitpläne hält. Auch Seelsorger haben Dienstzeiten und Zeitpläne, machen Verabredungen und sind gezwungen, mit der Uhr zu leben.

Keine Zeit haben

Die Selbstpräsentation der von uns befragten Klinikseelsorger, von berufswegen Zeit zu haben, steht in klarem Widerspruch zu strukturellen Gegebenheiten. Die Dienstzeit der Seelsorger ist ähnlich knapp bemessen wie die anderer Dienste, zumal nicht wenige Klinikseelsorger kleine Stellen haben: „Die viertel Stelle reicht auf keinen Fall. Das wird den Patienten nicht gerecht." (I 5: 6) Insofern sie aber prinzipiell mit Dienstzeiten arbeiten, arbeiten sie wie alle anderen unter permanenter Zeitknappheit. Unsere Seelsorger arbeiten hart und entsprechen damit dem Bild vom guten Arbeiter, der niemals Zeit hat, weil er ständig zu tun hat.[60]

---

[60] In einer Studie zum Leistungsumfang der Klinikseelsorge wurde ermittelt, dass sich die Pfarrer lediglich zu 37 Prozent ihrer Gesamtarbeitszeit auf den Stationen befinden, um Patienten oder Angehörige zu besuchen. Weitere elf Prozent der Arbeitszeit umfassen liturgische Tätigkeiten. Über 50 Prozent der Arbeitszeit ist Tätigkeiten vorbehalten,

246

Klinikseelsorger, die aufrecht halten, dass sie Zeit haben, auch wenn sie keine Zeit haben, repräsentieren einen Professionstypus, der umfassende Bereitschaft zur Verantwortungsübernahme symbolisiert. In dieser Berufsethik konkurrieren sie mit der Medizin. Einige unserer Informanten sagen, sie seien auch außerhalb ihrer Dienstzeit anzusprechen bzw. herbeizurufen. Auch hier werden nur rare Episoden erinnert. Die von uns befragten Seelsorger sehen keinen Widerspruch zwischen dem Professionsmerkmal, Zeit zu haben und darin, nur höchst selten Episoden zu erleben, in denen sie außerhalb ihrer Dienstzeit gerufen wurden. Das ist nicht erstaunlich, denn das Pflegepersonal reguliert auch Chancen und Verpflichtungen zu außergewöhnlicher Verantwortungsübernahme. So sind es die großen, raren Begegnungen, die durch ein besonderes Engagement hervorgebracht werden und dieses damit rechtfertigen.

Nur eine im Krankenhaus lebende Ordensschwester kann sich plausibel als immer erreichbar darstellen: „Ich bin über Funk Tag und Nacht zu erreichen... Wenn ich nachts gebraucht werde, dann stehe ich auf.". (I 13: 10) Die Ordensfrau realisiert im Milieu fester Arbeitszeitregeln und abgegrenzter Zuständigkeiten einen archaischen Typ der Bereitschaft zur Verantwortungsübernahme. Sie erinnert an ein historisches Krankenhaus, in dem ein großer Teil des gesamten Personals im Hause selbst lebte und Freizeit oder Privatleben noch ganz unvollkommen vom Dienst am kranken Menschen getrennt war. Aber auch die Nachtruhe unserer Informantin wird offenbar fast immer respektiert: Auch konfessionelle Krankenhäuser sind nicht mehr theologisch „durchwirkt". Für das Deutungsangebot des Religiösen gibt es im modernen Krankenhaus keine systematischen Anschlussstellen.

3.2) Strategien des Präsentseins

Zeithaben als Selbstdarstellung des Berufs hat bestimmte Handlungsstrategien des Präsentseins zur Voraussetzung. „Präsentsein" heißt einfach sich zur Verfügung halten, erreichbar, ansprechbar sein. Bei der großen Zahl von zu betreuenden Patienten und der enormen Patientenfluktuation in allen Akutkrankenhäusern erfordert „Präsentsein", eine Auswahl der Patienten und

---

die nicht unmittelbar klientenorientiert sind: Teambesprechungen, Fortbildung, Verwaltung, Außenkontakte. (Projektteam 2000)

eine Kunst der ständigen Sichtbarkeit. Seelsorger werden nur selten vom Stationspersonal direkt angefordert, das Stationspersonal ist aber die wichtigste Informationsquelle. „Aufsuchende Seelsorge" heißt dann, in den Personalräumen Kontakte knüpfen und Informationen sammeln. Es bedeutet, immer wieder alle Flure des Zuständigkeitsbereichs abzugehen, in möglichst viele Zimmer hinein zu sehen und viele Personen zu grüßen. Eine unserer Informantinnen formuliert stellvertretend das allgemeine Dilemma der Patientenauswahl in dankenswert scharf umrissenen Worten. Sie gibt uns eine ungewöhnliche, sehr persönliche Erklärung dafür, wie das ihrer Ansicht nach funktioniert:

Ja, natürlich, das [ihre Tätigkeit] ist ein Fragment. (...) Ich kann noch nicht einmal jeden Patienten, der eine Woche hier liegt, besuchen. (...) Das könnte ich machen, wenn ich mir vornähme, ich gucke in jedes Zimmer fünf Minuten rein. Ich nenne das immer Gießkannenseelsorge. So ist das früher gehandhabt worden. Kleines Kärtchen dabei oder was: „Oh, die Pfarrerin ist da gewesen, au Klasse." (...) Das ist vielleicht so, wenn der Gemeindepfarrer kommt. (...) Ich habe hier quasi eine therapeutische Arbeit, d.h. ich mache keine Gießkannenseelsorge, sondern ich begleite gezielt Menschen in ihrer Zeit im Krankenhaus. (...) D.h. auch, dass ich auch auf Kosten der Quantität Qualität mache. Also einige Menschen oft besuche, intensiv besuche, dafür aber weniger Menschen besuche.

Wie die mir begegnen, haben wir schon besprochen. Die Ärzte sagen was, die Schwestern sagen was. Manchmal sehe ich auch die Patienten hier über den Flur laufen und sehe auch, dass die kariert gucken. Dann frage ich auch schon einmal: „Nun sie gucken ja so traurig, kann ich ihnen helfen? Ich bin die Pfarrerin hier im Krankenhaus." Schon ergibt sich ein Gespräch. So etwas passiert, aber das kann man nicht steuern. Ich habe mal gesagt: „Gott legt mir die Menschen vor die Füße, die es dann wirklich brauchen." (...) Ich besuche jemanden in einem Zimmer, vielleicht ein kurzes lapidares Gespräch, gehe dann noch an das Nebenbett und begrüße den zweiten Patienten im Zimmer und daraus ergibt sich ein ganz großer Kontakt. So etwas kommt vor. Man begegnet sich oft zufällig und dann erweist es sich als nötig. (I 6: 7)

Aus dem Textbeispiel können typische Zugangsweisen zum Patienten verdeutlicht werden. Die Strategien des Kontaktierens und Aufsuchens sind nicht uniform. So grenzt sich die Pfarrerin mit ihrer Art des Aufsuchens und der Auswahl der Klienten von einer traditionell motivierten „Gießkannenseelsorge" ab, indem sie ihrer Selbstdarstellung gemäß „quasi therapeutisch" vorgeht. Die Auswahl bleibt hochgradig zufällig, die Aufgabe besteht im Textbeispiel darin, die Chance des „ganz großen Kontakts" zu erkennen und zu nutzen. Es gibt den richtigen Patienten und nicht jeder Patient ist gleichermaßen geeignet. Überlegungen der Nutzenoptimierung spielen eine Rolle, wenn die richtigen Patienten besucht werden, „die es dann wirklich brauchen". Die Auswahl der richtigen Patienten kann aber auch von „höheren Mächten", von Gott selbst, motiviert sein. Damit begrenzt sich der Eigenanteil an Selektionsarbeit: Gott legt mir schon die Menschen vor die Füße, wird uns gesagt.

Andere Klinikseelsorger sind stärker in die therapeutischen Teams integriert, so gelegentlich in der Palliativversorgung. Sie betonen ihren stetigen Kontakt zur Stationsleitung, sie nehmen an Stationsübergaben, an Stationsleiter- und Pflegedienstleiterkonferenzen teil, um sich keine Informationen über Patienten entgehen zu lassen. (I 2: 2) Eine solche Strategie wird so viel Zeit in Anspruch nehmen, dass erst recht wenig Kranke besucht werden können. Wichtiger ist allerdings etwas anderes: Engere Kooperation wird nach unserem Eindruck damit erkauft, dass religiöse zugunsten organisatorischer und psychosozialer Aufgaben zurückgestellt werden. Seelsorger übernehmen Vermittlungsaufgaben im Rahmen von Stationsanforderungen, organisieren Sitzwachen, begleiten Personen im Hause, halten sich für Angehörige bereit usw.

Ein eher traditioneller Typus von Pfarrern hingegen wird möglichst viele Patienten sehen wollen. Während die Pfarrerin im Textbeispiel „Gießkannenseelsorge" als ein historisches Relikt ironisiert, kann für einige Seelsorger gerade das „Oh, die Pfarrerin ist bei mir gewesen" entscheidend sein. Es geht um die Realisierung der religiösen Symbolfunktion, die immer nur durch Präsenz dargestellt werden kann. Auswahlkriterien braucht es nicht: Jeder soll etwas von der Gnade Gottes erfahren können, alle, Patient wie Kollege oder Angehöriger, sind geeignete Gesprächspartner. Hier leitet die ältere Vorstellung von der Herstellung religiöser Gemeinschaft oder Gemeinde im Krankenhaus, die antithetisch zu den individualisierenden Bearbeitungsverfahren ist. Eine Bedürftigkeit aller ist für diese Sucharbeit selbstverständlich, aber der Seelsorger braucht sie nicht zu erkennen. Gott schaut in die Seele, heißt es.

3.3) Arbeitsziel: Würde des Menschen

Krankenhausseelsorge hat in der medizinischen Festung einen Sonderstatus. Dieser wird nach außen ausgedrückt durch die Rhetorik des Zeithabens, die Handlungsstrategien des Präsentseins und durch das Arbeitsziel, das als polemisch zu den medizinisch-technischen Zielen verstanden wird: Wahrung der Würde des Menschen. Menschenwürde wird verstanden als Einheit biologischer, sozialer und psychischer Ansprüche unter der Dominanz des geistigen Wesens. Krankenhauspfarrer sehen sich als Anwalt der Würde, positioniert gegen die krankenhaustypischen Reduktionen des Menschen auf seinen Körper, seine physiologischen Defizite und psychiatrischen Probleme. Abweichend zu den anderen psychosozialen Diensten, z.B. der Sozialarbeit, die ebenfalls auf die Notwendigkeit ganzheitlicher Betreuung rekurrieren, wird Menschenwürde als Recht auf Transzendenz, auf Glaubenserfahrung gesehen.

In der Selbstpräsentation ihrer Tätigkeit bieten Seelsorger Symbolisierungen von Krankheit und Sterben an. Existentielle Lebenskrisen werden in Metaphern und Geschichten oder in biographischen Ereignissen sichtbar und kommunizierbar, die begleitenden Gefühle bekommen einen Darstellungsraum. Diffuse Gefühlsäußerungen können als Trauer, als Angst, als Aggression usw. ausgedrückt und erlebt werden. Als eine Folge dieses Zum-Ausdruck-Bringens kann Ordnung und Orientierung entstehen, mit Visionen des Ganzwerdens, der Erfüllung von Beziehungswünschen, der Möglichkeit von Sinnverstehen. Einsicht in die Schicksalshaftigkeit des Lebens, Akzeptanz des Sterbens, die bewusste Regelung der letzten Dinge werden möglich. Der Mensch wird nicht als Objekt, wie immer gearteter funktionaler Manipulationen, sondern als geistiges Wesen verstanden und in dieser Figuration rekonstruiert.

Das Ziel der Wahrung der Würde richtet sich nicht speziell auf Sterben und Sterbebegleitung, jeder Anlass für besinnungslose Angst zerstört die Würde des Menschen, sie findet aber in den Vorstellungen des guten Sterbens ihre Zuspitzung. Würdiges Sterben ist für die Klinikpfarrer bewusstes Sterben, das ein geplantes und organisiertes Abschiednehmen möglich macht und den Betroffenen so zu einem gewissen Einverständnis mit dem bevorstehenden Lebensende führt. Würde ist also auch im Krankenhaus und ggf. ohne Familie möglich. Ohne Abschiedsrituale aber werde der Sterbende als einsam Sterbender und damit unwürdig Sterbender in Erinnerung behalten. Nach diesen Merkmalen werden die meisten Menschen im Krankenhaus unwürdig sterben.

Die Bearbeitungsverfahren, die das Krankenhaus für das Sterben vorhält, sind im Wesentlichen auf den Körper gerichtet. D.h. falls im kurativen Sinn „nichts mehr zu tun ist", setzen Verfahren ein, die Linderung bzw. Schmerzfreiheit zum Ziel haben. Diese medizinische Priorität der Schmerzfreiheit und die häufig folgende Nichtansprechbarkeit der Patienten werden immer wieder beklagt. Dennoch wird von den Pfarrern auf unsere Frage nach ihrem Verständnis von gutem und schlechtem Sterben nur äußerst selten die konkurrierende Konsequenz von Schmerzfreiheit und Bewusstheit so unmissverständlich formuliert:

Schön ist es auch, wenn der Sterbende nicht zu sehr unter Schmerzmitteln steht und noch in der Lage ist, ein Gebet zu hören..., dass wäre ein schönes Sterben, das bewusste Sterben... Das Dahindämmern ist nicht so gut. Das entspricht nicht uns Menschen. Das schlechte Sterben wäre das unbewusste [Sterben]. (I 12: 7)

Für die Würde des Menschen wäre ein niedriger Sedierungsgrad wichtiger als die Schmerzfreiheit, aber Schmerzen sind dem heutigen Menschen nicht mehr erträglich und nicht zuzumuten, heißt es. Die Idee des würdevollen Sterbens als bewusstes Sterben, konkurriert mit dem medizinischen Ideal des schmerzfreien Sterbens. Wir verstehen es als Ausdruck der Situation der Klinikseelsorger, dass sie diesen Testfall spiritueller Ansprüche nicht in der wünschenswerten Klarheit gegen das medizinische Universum bewusst machen.

„Zeithaben", „Präsentsein", „Würdewahren" sind, recht verständlich, die profanen Signaturen der spirituellen Tätigkeit der Klinikseelsorger. Mit diesen inszenieren sie ihre soziale Statur und versuchen sich in die technischarbeitsteilige Welt des Krankenhauses einzuordnen. Auch das Arbeitsziel Würde, also Ermöglichen von Ganzheitlichkeit, folgt dieser Zielsetzung, aber hier ist die Rolle als Transzendenzarbeiter handgreiflich. Diese ist immer tendenziell konflikthaft, in dieser entziehen sich Klinikseelsorger dem herrschenden medizinischen Code von gesund und krank und stellen dem medizinischen Kosmos einen parallelen spirituell-theologischen gegenüber.

4) Paradoxien in der Krankenhausseelsorge

Die Krankhausseelsorge zeigt einen Doppelcharakter, das ist dargestellt, der durch den Zwang zur Anschlussfähigkeit entsteht und ihre Tätigkeiten widersprüchlich erscheinen lässt. Zusammenfassend ist zu sagen, Krankenhausseelsorger haben als Passagearbeiter die Funktion der Herstellung von Transzendenz und zugleich eine weltliche Beraterrolle. Im modernen Krankenhaus ist ganz offenbar immer die eine durch die andere gefährdet. Das zeigt zunächst die Schwierigkeit des Umgangs mit der Sterbebegleitung.

Sterbebegleitung

Tatsächlich gilt Sterbebegleitung in der Selbstdarstellungsliteratur ganz oft nicht als Kernbereich der Seelsorgetätigkeit. (Konzeption 1994; Pulheim 1995: 297; anders: Piper 1989: Sp. 1458; Duesberg 1999: 292) Klessmann (1996: 15) etwa warnt geradezu vor der Sterbebegleitung als einer professionspolitischen Falle: „Seelsorger/innen finden nicht bestimmte formal umschriebene Aufgaben vor. Sie müssen sie sich in der Regel auf informellem Weg suchen – oder sie werden abgeschoben auf religiöse Spezialaufgaben oder Sterbebegleitung.". Diese Vorsicht betrifft die Festlegung auf die Rolle eines Sterbespezialisten, dem dann andere Aufgabenbereiche verwehrt sind. In einer soziologischen Terminologie sind Seelsorger in jedem Fall Passagearbeiter. Aber im Gegensatz zu den im Krankenhaus typischen Passagen zwischen „krank" und „gesund" steht der Seelsorger für Transzendenzerfahrungen, das ist sein eigentliches, unverwechselbares Arbeitsfeld, und hier liegt auch die Aufgabenstellung bei der Sterbebegleitung. Aber sich hiermit zu eng identifizieren zu lassen, gilt als gefährlich, beinahe Ruf schädigend.

Dabei beinhaltet das Fremdbild der Krankenhausseelsorge Sterbebegleitung, wie schon erwähnt. Schwerstkranke und Sterbende sehen dazu in Pfarrern häufig den Todesboten. Alle Klinikseelsorger unseres Samples versichern, Sterbebegleitung durchzuführen – „Sterbebegleitung… ist ein klares Aufgabenfeld der Pfarrerin" (I 5: 3) – aber sie legen Wert darauf, für alle Sorgen und Ängste zuständig zu sein. Um die seelsorgerliche Tätigkeit zu charakterisieren, ist es wichtig festzustellen, dass Begleitung oder Begegnung etwas anderes meint, als es der übliche Sprachgebrauch erwartet. Für Klinikseelsorger sind einmalige Begegnungen mit Schwerstkranken Sterbebegleitung, so wird uns versichert, wenn Entspannung eintritt, eine religiöse Erhebung oder ein gelasseneres Verhältnis zu Sterben und Tod entsteht. Dagegen ist z.B. für Pflegekräfte, nach unseren Beobachtungen, Sterbebegleitung wirkliche Anwesenheit und Arbeit im therapeutischen Sinne, etwa nach den Vorstellungen von Kübler-Ross. Punktuelle Kontakte, also religiöse Begegnung, werden von den Pflegekräften übersehen oder nicht als Sterbebegleitung etikettiert.

In der Sterbebegleitung ist augenfällig, wie missverständlich der Terminus Begleitung ist. Begleitung oder Begegnung ist metaphorisch, es hat kaum etwas Alltagsweltliches. Es bedeutet viel eher Mitdenken und Mitfühlen, vielleicht ein gemeinsames Durchschreiten spiritueller Räume in einer geglückten, intensiven Begegnung, nicht aber häufige Besuche oder gar Krankenwachen. Sterbebegleitung ist ein signifikantes Beispiel für die unklare Tätigkeit der Klinikseelsorger. Im Fremdbild sind sie für die Bewältigung von Sterbeprozessen zuständig und im Selbstbild übernehmen sie ganz selbstverständlich Sterbebegleitung. Aber tatsächlich ist es – verständlicherweise – Außenstehenden nicht klar, was sie hier eigentlich tun. Das gleiche gilt auch für die eher therapeutisch deutbaren Tätigkeiten.

Reintegration in Lebensanforderungen

Immer ist von Pfarrern am Krankenbett erwartet worden, dass sie zur Gesundheit oder eben zur Seelenruhe beitragen, ihre Angebote auch den Körper und die Schmerzen beruhigen, dass sie nicht etwa eine Krise der Patienten produzieren oder eine solche eskalieren, wie das in dem historischen Bild des theologischen Kampfes um ein seliges Sterben möglich war. Wichtiger als die Sterbebegleitung ist der Klinikseelsorge das, was man Reintegration der Leidenden in Lebensanforderungen nennen kann. Unsere Informanten nennen psychosoziale Beratungen in verschiedenen Formen, aber immer gehen diese mit der Möglichkeit der Vermittlung von Tranzendenzerfahrungen einher. Als Leitbegriff dieser Tätigkeit lässt sich „Berührung" identifizieren. Körperberührung durch Handauflegen bis zur Massage und seelische Berührung durch Stimme und Wort. In der Bemühung, die besondere Leistung der Seelsorge gegenüber anderen Spezialisten der Kommunikation zu identifizieren, sagt uns eine Pfarrerin, dass sie glaubt, schon ihr Gespräch unterscheide sich von dem der Psychologin, mit der sie zusammenarbeitet, oder der Sozialarbeitern, mit denen sie nicht viel zu tun hat:

„Vielleicht in diesem Moment der Unterschied, dass ich als Pfarrerin da bin, ich stärker die Pfarrerin bin, die dann religiöse Handlungen [repräsentiert], also ein Gebet oder einen Segen zu sprechen, von der Gesprächsebene auszugehen oder der Kommunikationsebene, die dann noch mal so etwas öffnet, für das Göttliche, für das, was weiterträgt; das, was Kraft zuspricht oder Hoffnung." (I 5: 4)

Sie versteht ihr Gesprächsangebot als spirituelle, als transzendierende Leistung, die über die Gesprächssituation hinausgeht, die die Psychologin herstellt, deren Tätigkeit sie abgrenzend als „Sozialdienst" charakterisiert. Aber diese Pfarrerin erklärt uns zugleich, dass sie die Beschränkung der anderen Kommunikationsexperten auf die Rede wahrnehme und dass mit dieser eine Distanz entstehe, die sich bis in die Körperhaltung feststellen lasse.

Die Berührung eröffnet eine Transzendenz. Wenn ich die Hand eines Menschen halte, kann ich da hineingehen. Dann spürt er auf der einen Seite meine Hand, die warm ist, die vermittelt: „Lege sie hier hinein, hier ist meine Hand, ich bin da!" Das kann entspannend sein. Ich sitze ja da nicht als Frau B. sondern als Pfarrerin. Das zu wissen: „Das ist eine Pfarrerin, die mich hält." also kann doch diese Weite öffnen. „Da gibt es einen Gott, der mich hält in meiner Situation. Ich brauche nicht zu verzweifeln." Das ist schon Transzendenz, dieses Gefühl. (I 5: 2)

Ein wesentliches Paradox der Selbstdarstellung ist, dass Pfarrer als die traditionellen Meister des Wortes sich gegen Psychologen abgrenzen, weil diese zu stark Sprach- und kognitiv orientiert seien. Das entspricht der Lehre der Klinischen Seelsorgeausbildung, die einen Zugang zu Angstphantasien und Zukunftshoffnungen herstellen will, nicht um Bewusstseinsprozesse in Gang zu setzen, sondern um sie zum Ausdruck zu bringen, sie zu inszenieren, die nach biographischen Ereignissen schaut, nicht um sie „durchzuarbeiten", sondern um sie als Erlebnis der Begegnung empfinden und wirken zu lassen. Denn es ist fester Glaube, dass der Mensch religiöses Wesen sei, „Seele ist", seine Lebensprobleme und Beziehungswünsche religiösen Charakter haben, und dass diese in einer dialogischen Form erlebt werden müssen – im Dialog mit dem Göttlichen. Dieses Bedürfnis nach der Begegnung mit dem Göttlichen müsse der Seelsorger erspüren, könne es u.U. vermitteln und begleiten.

Für alle unsere Gesprächspartner sind Berührungen wichtig, die das „Halten" einer bedürftigen, sonst haltlos versinkenden Person ausdrücken sollen. Begegnung ist Berührung, Berührung ermöglicht Transzendenz. Selbst ein kurzer Momentkontakt zu Verwirrten und Nichtansprechbaren, könne zu einem „Stück geistiges Geleit" werden. (Gestrich 1998: 223) Allerdings werden nichtansprechbare Patienten von den Seelsorgern nicht unbedingt gesucht, nach unserem Datenmaterial jedenfalls. Seelsorger geben auch Nacken- oder Fußmassagen, wenn Kranke sehr unruhig sind. (Ebeling 1994: 394; Naurath 2000) Körperarbeit im Sinne der Anwendung von Massagen und Akupressurpunkten finden sich allerdings nicht in unserem Sample.

Transzendenzarbeit

Alle Arbeit der Klinikseelsorge ist offenbar durchwirkt mit religiösen, spirituellen Motiven. Sie sind es auch dort, wo sie psychosoziale Betreuung, sogar dort, wo sie Körperarbeit durchführen. Pfarrer sind als Passagehelfer Transzendenzarbeiter, auch wenn ihre Anknüpfungspunkte für Kommunikation Alltagsprobleme sind. Die Arbeit an der Transzendenz, also die Reformulierung einer krisenhaft erlebten Alltagserfahrung in eine Glaubenserfahrung, wird als Arbeitsziel von unseren Seelsorgern nahegelegt. Die von uns befragten Seelsorger präsentieren sich denn auch vor allem als Experten der Transzendenzkommunikation. Sie wollen gesehen werden als Repräsentanten einer spirituellen Welt, als Mittler zu Kräften und Ressourcen, die, wie sie glauben, dem Menschen insbesondere in Lebenskrisen nötig und heilsam sind.

Es ist eine der Paradoxien, dass das in Interviews mitgeteilte Selbstbild der Klinkseelsorge und ihre Präsentation in der Kliniköffentlichkeit nicht übereinstimmen. Selbst wenn wir immer wieder von dem Symbolcharakter der Seelsorger berichtet bekommen, pflegen sie tatsächlich im Klinikalltag ein niedriges Sichtbarkeitsniveau. Nur die Ordensfrauen sind ohne weiteres als Religionsrepräsentanten erkennbar, allerdings sind nur einige von ihnen Krankenhausseelsorgerinnen. Es gibt in der Regel keine Art von Habit, „Kalkleisten" sind verpönt, meist wird eine „ordentliche" Freizeiterscheinung gepflegt. Entgegen der Selbstdeutung wird auf den Symbolcharakter der Person und eine Funktionserscheinung verzichtet. Wir sind Klinikpfarrern begegnet, die ihre Unauffälligkeit bis hin zur Tarnung treiben und sich dem öffentlichen Bild eines Sozialarbeiters anpassen. In der älteren Literatur finden sich viele Beispiele für die Symbolrolle der Pfarrer, die gesucht wird und vor der Patienten erschrecken, auch hier „Berührungen", die dann zu spontanen Schuldbekenntnissen, aggressiver Ablehnung oder biographischem Erinnern führen können. Unsere Informanten wollen dagegen ihre Rolle als Transzendenzarbeiter nur einnehmen, wenn sie ausdrücklich darum gebeten werden. Denn zur heutigen Krankenhausseelsorge gehört das Selbstverständnis, nicht zu missionieren, sich mit Belehrungen und Bibelworten zurückzuhalten und niemandem Glaubensmeinungen „überzustülpen", wie uns immer wieder versichert wird. Es dürfte keine Frage sein, dass diese Selbstbeschränkung erzwungen und nicht frei entschieden ist.

Dazu ist hervorzuheben, dass Transzendenzarbeit in einem technisch orientierten Milieu stattfindet. In sehr sprechender Selbstdeutung heißt es, stehe der Seelsorger, verglichen mit dem Kernpersonal des Krankenhauses „mitunter recht wehr- und hilflos vor dem Patienten, an dem er ja zunächst einmal nichts zu messen, zu fühlen, zu injizieren, zu reiben, zu stechen, zu reißen, zu füttern, zu klopfen, kurzum nichts zu hantieren hat". (Mayer-Scheu 1977, zit. nach Klessmann 1996: 23) Die Krankenhausseelsorge sieht sich zu Recht als Helferprofession mit „leeren Händen", der nicht zuletzt Distanz und Sicherheit fehlen, die „Hantierungen" auch bieten. Dieses Problem haben alle psychosozialen Dienste. Die Seelsorge kann keine Psycho- und keine Soziotherapie sein, das machen auch andere schon. In der Selbstdarstellung symbolisiert die zum Segen aufgelegte leere Hand des Klinikseelsorgers seine Gabe: das charismatische Gewicht seiner Tätigkeit. Räume öffnen, Vertrauen ermöglichen, Verbindungen zulassen. Für diese „Gabe" gibt es aber keine Anschlussstellen im modernen Krankenhaus.

5)   Passagehelfer ohne generalisierten Auftrag

Krankenhausseelsorge ist ein Kommunikations- und Betreuungsdienst, der trotz eines enormen Bedarfs wenig integriert ist. Es gibt zu wenig Seelsorger im Krankenhaus für die vielen kommunikativ und spirituell Bedürftigen, das ist eine alte Klage der Krankenhausseelsorge, aber das erklärt nur unvollkommen, warum die wenigen nicht stärker integriert sind.

Widerstände gegen die Krankenhausseelsorge kommen aus drei Bereichen. Der wichtigste, alles andere bestimmend, ist die strukturelle Fremdheit, ja Feindlichkeit des areligiösen Krankenhauses gegen Kirchenrepräsentanten. Aufgrund unserer Krankenhausuntersuchungen können wir sagen, dass Pfarrer viel eher als „kirchliche Kontaktbereichsbeamte" angesehen werden, die ja auch Amtshandlungen vollziehen wie Krankensalbung, Taufe, Aussegnung und Urkunden ausstellen. Pfarrer sind in der Regel nicht Krankenhausmitarbeiter, ihre Arbeit ist nicht in den arbeitsteiligen Apparat eingebunden, ihre Stellen sind in den Kirchen, nicht in den Krankenhäusern etatisiert. Dazu kommt, dass ihre Tätigkeit in den großen Krankenhäusern für die anderen Dienste meist unbestimmbar, ja unsichtbar ist. Denn ihre Präsenz auf den Stationen wird häufig als Störung empfunden, als Fremdkörper im medizinischen Betrieb. Ihre Selbstachtung erfordert es, den Visitenzeiten auszuweichen und Konfrontationen aus dem Weg zu gehen. Pfarrern wird im Krankenhaus nicht selten schroff und feindlich begegnet. Es ist mehr als Unverständnis, wenn sie gefragt werden: „Was tun Sie eigentlich?" oder etwas eleganter: „Was für eine Therapie können Sie denn, Herr Pfarrer?". (Reuter 1998)

Zum anderen zwingt das moderne Krankenhaus die Seelsorge areligiöse Angebote zu machen, die offenbar schlecht mit theologischen Aufgaben zusammengehen und paradoxe Folgen haben. Die Klinische Seelsorgeausbildung hat ein therapeutisch-psychosoziales Beratungsangebot und Vermittlungskonzepte entwickelt, die aber das Problem der Marginalität nicht gemindert haben. Es drängt sich der Eindruck auf, dass nur in den konzeptionellen Entwürfen Religion und profane Alltagsberatung wirklich vereinbart sind. Unsere Informanten jedenfalls präsentieren sich als Transzendenzarbeiter, tatsächlich aber sind „Begegnungen" gelungener Transzendenzarbeit rare Ausnahmen. Diese Darstellungen unserer Informanten müssen vor allem als Programmatik angesehen werden, als Potentiale und Chancen, die angeboten werden. Die konkrete Arbeit dagegen ist Alltagskommunikation, Kontaktieren, Informieren, Aufmuntern, Routinegespräche. Das ist oben dargestellt worden. Dort, wo wir Klinikseelsorger bei der Arbeit beobachten konnten, bestätigt sich die absolute Dominanz profaner Alltagskommunikation. Das moderne Krankenhaus ist kein Ort für Bekenntnis und Verkündigung, kein Ort für Gottesdienst, außer in den dafür vorgesehenen Räumen und Anlässen natürlich. In einigen Einrichtungen haben Seelsorger daraus die Konsequenz gezogen, die Transzendenzarbeit aufzugeben bzw. sie nur in ihren Ritualfunktionen auszuüben.

Ein dritter Bereich ist immer schon angeklungen: Widerstände entstehen aus der professionspolitischen Konkurrenz zwischen Medizin und Theologie. Aus unserem Material geht hervor, dass Ärzte gegenüber Seelsorgern wenig Toleranz entwickeln. Sie exekutieren ihre prioritäre Therapeutenrolle und überlassen jenen bestenfalls marginale Bedeutung. Das Spiegelbild findet sich in der Selbstdarstellungsliteratur der Krankenhausseelsorge. Hier werden ebenfalls umfassende territoriale Forderungen gestellt, die jede Aversion der Medizin rechtfertigen mag. Das religiöse Menschenbild wird ganzheitlich spirituell und polemisch zum technisch-medizinischen entwickelt. Krankenhausseelsorger haben sich entsprechend im Krankenhaus immer wieder in einer „Frontsituation" gesehen, gegen die moderne Medizin und gegen eine entchristlichte und pathogene Gesellschaft. (Giera 1969: 41, 37f) Hier wurde die „Hilfestellung zur Integration des Krankseins in unser Menschsein" als Aufgabe der Theologie entwickelt, die unmittelbar in psychotherapeutische Aufgaben übergeht, z.B. die „Pflicht zur entsprechenden Auseinandersetzung mit dem Arzt" beinhaltet und ggf. den „seelsorgerlichen Rat" erfordert, die Behandlung abzubrechen. (ebd.: 38) Konsequent wird z.B. auch eine „Befreiungstheologie" für das Krankenhaus gefordert, die prinzipielle Parteilichkeit für Kranke und Sterbende. (Pulheim 2003: 36)

Klessmann (1996: 18), einer der Autoritäten der Klinischen Seelsorgeausbildung, formuliert zwar, dass mit einer „generellen Frontstellung gegen die moderne Medizin (...) niemandem geholfen" sei. Aber auch er hält den Konflikt mit dieser Medizin für unvermeidlich, fordert vom Krankenhausseelsorger „eine andere Sicht vom Menschen, (...) die Ergänzung und Korrektur des kausal-medizinischen Modells darstellt". (ebd.: 25) „Als Vertretung der Kirche, als Repräsentanten der Religion 'verwalten' Seelsorger/innen das Geheimnis des Lebens; sie sind Symbolfiguren einer Tiefendimension des Lebens." (ebd.: 21) Am Ende solcher Argumente wird die Krankenhausseelsorge zu einer praktisch-theologischen „Organisationsentwicklung unter der Perspektive des anbrechenden Gottesreiches" aufgefordert. (Duesberg 1999: 302)

Dankenswert klar wird von Seiten der Theologie die prinzipielle Konkurrenz der jeweils hegemonialen Weltbilder dargestellt und der vorgestellte Kampf um die Deutungshoheit über das Wesen des Menschen und die als angemessen verstandene Behandlung. In unserem Material gibt es allerdings keine Hinweise auf konkrete Machtkämpfe. Aber es gibt auch keine Hinweise auf eine größere Akzeptanz der kommunikativen und psychosozialen Professionen im Akutkrankenhaus überhaupt. (dazu Friedrich 1996: 174f)

Aus unserem Material lässt sich sagen, Klinikseelsorger übernehmen die Berufsrolle des Transzendenzarbeiters selten und zufällig. Von der Rekonstruktion eines christlichen Menschenbildes gegen die naturwissenschaftlich-technische Medizin kann keine Rede sein. Stattdessen werden die profanen Dimensionen eines Kommunikations- und Betreuungsdienstes aufgerufen: Zeithaben, Da-Sein, Gespräche. Gewiss ist die Suche nach den großen Begegnungen authentisch. Aber unsere Informanten sind ganz überwiegend therapie- und supervisionserfahrene, selbstkontrollierte Einzelarbeiter, die den Eindruck vermitteln, dass sie pragmatisch mit dem medizinischen Milieu kooperieren.

Aus der Krankenhausperspektive wird Seelsorgern bestenfalls der Platz zugewiesen, Ängstigungen von Patienten zu bearbeiten, um die organisatorischen Abläufe angesichts existentieller Krisen aufrecht zu halten. Vom Krankenhaus wird nicht die Glaubensfunktion wahrgenommen, vielmehr Fassungsarbeit für besondere Situationen, in denen das therapeutische Personal an seine Grenzen stößt. Seelsorger werden so dem Organisationszweck des modernen Krankenhauses verpflichtet und untergeordnet.

Die Diskrepanz von Fremd- und Eigenwahrnehmung und die Paradoxie von Transzendenzarbeit und therapeutischem Betreuungsdienst bestimmt das Professionsbild der Klinikseelsorge. Das Alltägliche, Psychosoziale, Profane gestattet dem Seelsorger in den Medizinbetrieb eingelassen zu werden, nur so wird er akzeptiert und sein Dienst nachgefragt. Der religiöse Kern seiner Tätigkeit wird nicht systematisch wahrgenommen. Es fehlen die

Verweisstrukturen und die geteilten Vorstellungen über das Religiöse. Dem entspricht die mangelnde Nachfrage in einer säkularisierten Gesellschaft nach einer profilierten Berufsrolle des bekennenden Passagehelfers, eines erlösungsorientierten Lebenskrisenmanagements der Rekonstruktion einer christlichen Kosmologie. Auch in konfessionellen Krankenhäusern gibt es diese Nachfrage nicht.

Der Klinikseelsorge als Profession fehlen keineswegs Identitätsentwürfe, Berufsrollen oder abgegrenzte Berufsfelder, das dürfte jedoch für alle psychosozialen Dienste gelten. Aber anders als z.b. die Sozialarbeit, verfügt die Seelsorge auch über monopolisierbares Wissen. Allen psychosozialen Berufen fehlt aber das wichtigste, der gesellschaftlich generalisierte Auftrag der Verwaltung krisenhafter Lebensphasen. Für diese hält die Medizin das Monopol, seitdem sie das moderne Krankenhaus als Festung wissenschaftlich angeleiteter Überlebenschancen und als eine black box gegenüber dem gesellschaftlichen Alltag entwickelt, und im Übrigen die Theologen verdrängt hat, die das alte Hospital spirituell geleitet haben.

Literatur

Allwohn, A. 1970: Evangelische Pastoralmedizin, Grundlegung der heilenden Seelsorge, Stuttgart.

Christian-Widmeier, P. 1984: Der institutionelle Rahmen thanato-therapeutischer Arbeit, In: Spiegel-Rösing, I.; Petzold, H. (Hrsg.): Die Begleitung Sterbender, Theorie und Praxis der Thanatotherapie, Paderborn, S.183-236.

Duesberg, H. 1999: Perspektiven der Seelsorge in der Institution Klinik. In: Wege zum Menschen, 51. Jg. S. 289-303.

Ebeling, R. 1994: Spiritualität im Krankenhaus, In: Wege zum Menschen, 46. Jg. S. 390-397.

EKD, (2004: Die Kraft zum Menschsein stärken, Leitlinien für die evangelische Krankenhausseelsorge, Eine Orientierungshilfe, Broschüre hrsg. von der Konferenz für Krankenhausseelsorge in der EKD und der Konferenz der Verantwortlichen für Sonderseelsorge in den Gliedkirchen der EKD, Hannover.

Friedrich, H. 1996: Die Klinikseelsorgerin und der Klinikseelsorger im Dickicht von Zweckrationalität und Krankenhaussubkultur. In: Wege zum Menschen, 48. Jg. S. 164-175.

Gestrich, R. 1996: Aus- und Fortbildung für Krankenhausseelsorge. In: Klessmann, M. (Hrsg.): Handbuch der Krankenhausseelsorge, Göttingen, S. 259-269.

Gestrich, R. 1998: Die Seelsorge und das Unbewusste, Stuttgart.

Giera, R. 1969: Seelsorge im Krankenhaus, Berliner Hefte für evangelische Krankenseelsorge, Berlin.

Josuttis, M. 1998: Von der psychotherapeutischen zur energetischen Seelsorge. In: Wege zum Menschen, 50. Jg. S. 71-84.

Klessmann, M. 1996: Einleitung: Seelsorge in der Institution „Krankenhaus". In: Klessmann, M. (Hrsg.): Handbuch der Krankenhausseelsorge, Göttingen, S. 13-27.

Klessmann, M. 1996a: Von der Krankenseelsorge zur Krankenhausseelsorge – Historische Streiflichter. In: Klessmann, M. (Hrsg.): Handbuch der Krankenhausseelsorge, Göttingen, S. 40-48.

Knoblauch, H. 1999: Religionssoziologie, Berlin.

Konzeption 1994: Konzeption und Standards in der Krankenhausseelsorge. In: Wege zum Menschen, 46. Jg. S. 430-432.

Lublewski-Zienau, A.; Kittel, J.; Karoff, M. 2003: Was erwarten Patientinnen und Patienten von der Klinikseelsorge? In: Wege zum Menschen, 55. Jg. S. 463-478.

Luhmann, N. 1989: Die Ausdifferenzierung der Religion, In: Luhmann, N. (1989): Gesellschaftsstruktur und Semantik, Bd. 3, Frankfurt a.M. S. 259-357.

Mayer-Scheu, J. 1977: Seelsorge im Krankenhaus, Mainz.

Naurath, E. 2000: Seelsorge als Leibsorge, Perspektiven einer leiborientierten Krankenhausseelsorge, Stuttgart.

Piper, H.-C. 1985: Krankenhausseelsorge heute, 4. Aufl. 1994, Berliner Hefte für evangelische Krankenseelsorge, Berlin.

Piper, H.-C. 1989: Krankenseelsorge. In: Evangelisches Kirchenlexikon, Bd. 2, Göttingen.

Plüss, D.; Schenker, D.; (2002: Welche Seelsorge hätten Sie denn gerne? Oder Was willst du, dass ich für dich tun soll? (Lk 18, 41) Ergebnisse einer Patientinnen- und Patientenbefragung im Kantonsspital Basel. In: Praktische Theologie, 37. Jg. S. 22-33.

Projektteam der katholischen und evangelischen Krankenhausseelsorge Wien 2000: Krankenhausseelsorge, Wiener Studie zur exemplarischen Leistungsdarstellung. In: Krankendienst, 76. Jg. S. 253-259.

Pulheim, Peter 1995: Das Krankenhaus: Ort des Sterbens, Ort des Gebets, Ort der Toten. Sterbebegleitung im Krankenhaus als gefährliche Reise. Lebendige Seelsorge: 297-301.

Pulheim, P. 2003:Qualifizierte Krankenhausseelsorge. In: Krankendienst, 76. Jg. S. 33-40.

Reuter, W. 1998: „Welche Therapie können Sie denn, Herr Pfarrer?" Über die unbewußte Tendenz zur „Kastration" der Seelsorge. In: Zeit, T.; Klieser, E. (Hrsg.): Seelsorge als Therapie – Therapie als Seelsorge, Gelsenkirchen, S. 13-23.

Riess, R. 1987: Seelsorge am kranken Menschen. In: Riess, R.: Sehnsucht nach Leben, Göttingen, S. 127-138.

Schwarz, D. 1988: Zur Alltagswirklichkeit von Klinikseelsorgern: Persönliche und professionelle Bewältigungsformen im Umgang mit schwerer Krankheit, Sterben und Tod, Eine kultursoziologische Untersuchung, Frankfurt a.M.

Siegrist, J. 1996: Seelsorge im Krankenhaus aus der Sicht der Krankenhaussoziologie. In: Klessmann, M. (Hrsg.): Handbuch der Krankenhausseelsorge, Göttingen, S. 28-39.

Stollberg, D. 1970: Therapeutische Seelsorge, München.

Stollberg, D. 1975: Zwischen Paragraphen und Krankenschein, Über den Stellenwert der Seelsorge im Krankenhaus. In: Evangelische Kommentare, 8. Jg. S. 232-234.

Wirth, U. 1971: Die Rolle des Pfarrers im Krankenhaus, Berliner Hefte für evangelische Krankenseelsorge, Heft 29, Berlin.

Autorinnen und Autoren

Prof. Dr. Johann Behrens, Dr. phil. habil., Dipl.-Soziologe; Direktor des Instituts für Gesundheits- und Pflegewissenschaften der Medizinischen Fakultät der Martin-Luther-Universität Halle-Wittenberg; Arbeitsschwerpunkte: Medizin- und Gesundheitssoziologie, Evidence-based Nursing.
johann.behrens@medizin.uni-halle.de

Prof. Dr. Heinrich Bollinger, Dr. rer. biol. hum., Dipl.-Soziologe; seit 1992 Professor für Organisationssoziologie an der Fachhochschule Fulda; Arbeits- und Forschungsschwerpunkte: Theorie die Gesundheitsberufe, Gestaltungsorientierte Soziologie, Humanisierung des Arbeitslebens, Hochschulpolitik. heinrich.bollinger@sk.fh-fulda.de

Dr. Stefan Dreßke, Dipl.-Soziologe; wissenschaftlicher Mitarbeiter am Fachgebiet Gesundheitspolitik am FB 4 der Universität Kassel; Arbeitsschwerpunkte: Medizinsoziologie, Organisationssoziologie.
dresske@uni-kassel.de

Anke Gerlach, MPH, Dipl. Pflegewirtin, Doktorandin an der Fakultät für Gesundheitswissenschaften der Universität Bielefeld; seit 2002 Lehrbeauftragte und seit 2003 wissenschaftliche Mitarbeiterin an der Fachhochschule Fulda. Arbeits- und Forschungsschwerpunkte: Akademisierung und Professionalisierung der Pflege, Kompetenzerwerb in den Gesundheitsberufen.
anke.gerlach@pg.fh-fulda.de

Prof. Dr. Gerd Göckenjan, Professor für Gesundheitspolitik an der Universität Kassel; Arbeitsschwerpunkte: Geschichte des Alters, Medizinsoziologie und Medizingeschichte. gg@uni-kassel.de

Prof. Dr. Annette Grewe, Dr. med.; seit 1995 Professorin für Medizinische Grundlagen der Pflege an der Fachhochschule Fulda; Arbeits- und Forschungsschwerpunkte: Akademisierung und Professionalisierung der Pflege; Kompetenzerwerb in den Gesundheitsberufen; Gesundheitsversorgung im Nationalsozialismus, Gesundheitsversorgung aus der Nutzerperspektive; Hochschulpolitik. annette.grewe@pg.fh-fulda.de

Monika Hutwelker, Magister Artium Soziologie/Pädagogik; Lehrerin für Pflegeberufe, Schulleitung der Katholischen Schule für Gesundheits- und Krankenpflege, Katharina-Kasper-Schule & Regina-Protmann-Schule, Arbeits- und Forschungsschwerpunkt: Berufliche Sozialisation, Professionalisierungen in sozialen Berufen. monika-hutwelker@t-online.de

Dr. phil. Karl Kälble, M.A., Soziologe; wissenschaftlicher Mitarbeiter in Forschung und Lehre an der Abteilung für Medizinische Soziologie der Albert-Ludwigs-Universität Freiburg, Mitarbeiter der Geschäftsstelle der „Akkreditierungsagentur für Studiengänge im Bereich Heilpädagogik, Pflege, Gesundheit und Soziale Arbeit e.V." (AHPGS) in Freiburg; Arbeits- und Forschungsschwerpunkte: Themen der Berufs-, Professions- und Bildungssoziologie mit Schwerpunkt Gesundheitswesen, Hochschul-, Studienentwicklung und „Bologna-Prozess", Interdisziplinäre und interprofessionelle Kooperation, Public Health, Sozialer Wandel. karl.kaelble@medsoz.unifreiburg.de

Dr. Michaela Pfadenhauer, Dr. phil., Dipl.-Politologin; wissenschaftliche Mitarbeiterin im Fach Soziologie an der Universität Dortmund; Arbeitsschwerpunkte: Professionssoziologie und Soziologie professionellen Handelns, Konsumsoziologie, Methoden nichtstandardisierter Sozialforschung; Aktueller Forschungsschwerpunkt: Kompetenzforschung in divergenten Handlungsfeldern. pfadenhauer@professionssoziologie.de

Jochen Schäfers, M.A. (Philosophie, Soziologie, Mathematik); seit 2002 wissenschaftlicher Mitarbeiter am Fachbereich Gesellschaftswissenschaften der Universität Frankfurt am Main; Forschungsschwerpunkte: Hegels Beitrag zur Fundierung der Sozialwissenschaften, Theorie der Schwangerschaft und Geburt, Darstellung sozialer Realität im Film. schaefers@soz.uni-frankfurt.de

Sigrid Stahl, Krankenschwester, Dipl. Pflegewirtin; von 2001 bis 2004 Lehrbeauftragte an der Fern-Fachhochschule Hamburg, seit 2001 Lehrbeauftragte und wissenschaftliche Mitarbeiterin an der Fachhochschule Fulda, seit September 2005 Geschäftsführung des Hessischen Institut für Pflegeforschung (HessIP); Arbeits- und Forschungsschwerpunkte: Palliative Care, Pflegewissenschaft, Multimediale Lehr- und Lernarrangements. sigrid.stahl@pg.fh-fulda.de

Dr. phil. Beate Stiller, Berufspädagogin, Studium der Gesundheits-, Erziehungs- und Bewegungswissenschaft an der Universität Hamburg; Lehrbeauftragte für Pflegewissenschaft am Institut für Gewerblich Technische Wissenschaften der Universität Hamburg und für Ergo-, Physiotherapie und Logopädie an der HAWK Hildesheim; Arbeits- und Forschungsschwerpunkte: Interaktion in personzentrierten Dienstleistungen, psycho-soziale Aspekte der Pflege, Methoden qualitativer Sozialforschung; Weiterbildungsstudium zum Master of higher Education an der Universität Hamburg. b-stiller@gmx.de

PD Dr. Werner Vogd, Dr. rer. biol. hum., venia legendi für das Fach Soziologie; zur Zeit wissenschaftlicher Mitarbeiter im DFG-Projekt Ärztliches Entscheiden unter veränderten ökonomischen Rahmenbedingungen am Institut für Qualitative Bildungsforschung an der Freien Universität Berlin; Arbeits- und Forschungsschwerpunkte: u.a. Organisationssoziologie, Medizinsoziologie, Qualitative Methoden. vogd@zedat.fu-berlin.de